赛事认同对球迷消费行为影响研究

杜 江 ◎ 著

RESEARCH ON THE IMPACT OF
THE SPORTS EVENT IDENTIFICATION
ON THE CONSUMER BEHAVIOR OF FANS

长春出版社
全国百佳图书出版单位

图书在版编目（CIP）数据

赛事认同对球迷消费行为影响研究 / 杜江著. —长春：长春出版社, 2022.12
ISBN 978-7-5445-6962-0

Ⅰ.①赛… Ⅱ.①杜… Ⅲ.①足球运动-球迷-消费者行为论-研究 Ⅳ.①G843

中国版本图书馆 CIP 数据核字（2022）第 248718 号

赛事认同对球迷消费行为影响研究

著　　者　杜　江
责任编辑　张中良
封面设计　宁荣刚

出版发行　长春出版社
总 编 室　0431-88563443
市场营销　0431-88561180
网络营销　0431-88587345
地　　址　吉林省长春市长春大街309号
邮　　编　130041
网　　址　www.cccbs.net

制　　版　佳印图文
印　　刷　三河市铭诚印务有限公司

开　　本　787毫米×1092毫米　1/16
字　　数　228千字
印　　张　18.5
版　　次　2023年3月第1版
印　　次　2023年3月第1次印刷
定　　价　78.00元

版权所有　盗版必究
如有图书质量问题，请联系印厂调换　　联系电话：0316-3183076

前　言

为促进群众体育与竞技体育全面发展，加快体育强国建设，不断满足人民群众日益增长的体育需求，2014年10月，国务院发布《关于加快发展体育产业促进体育消费的若干意见》。2015年2月国家审议通过的《中国足球改革发展总体方案》强调，应通过打造赛事品牌以加强足球产业开发。可见，以足球消费为代表的体育消费已经成为我国现阶段体育产业发展的重要组成部分。与此同时，足球球迷的消费行为成为职业联赛可持续发展至关重要的因素，对于足球球迷消费行为的研究理应成为职业联赛管理与赛事品牌研究的重要指向。

在过去的20年中，以足球产业为代表的体育产业经历了前所未有的快速发展，足球球迷业已成为体育领域主要的研究对象。越来越多的学者对球迷消费行为研究产生浓厚的兴趣，为更好地了解球迷的消费行为与动机、忠诚、满意度以及认同之间的关系，国内外学者进行了大量的研究，并提出消费主体的球迷与消费客体的体育赛事所形成的心理联系、认同情感是体育消费行为的独特之处。因此，足球球迷、认同、体育赛事以及消费行为四者之间究竟存在怎样的联系，这一问题成为摆在国内外学者面前的共同问题。在此基础上，本研究的核心问题进一步聚焦为"赛事认同对球迷消费行为的影响"，并对辽宁足球球迷进行实证研究，试图从影响机制角度探究中超足球联赛的赛事认同与球迷消费行为之间的影响关系。

本研究基于经济学、管理学、心理学以及社会学的基本理论，结合球迷、认同、体育赛事以及消费行为等相关理论和研究成果，综合运用文献资料法、深度访谈法、问卷调查法、逻辑分析法和数理统计法等科学研究方法，将社会认同、消费认同等概念与理论引入体育研究领域，进一步提出赛事认同测量体系的理论研究思路。本研究，首先对认同、社会认同、消费认同、球迷的赛事认同以及对消费行为影响的相关理论来源进行梳理，对国内外相关文献进行综述，清晰界定球迷的赛事认同的概念和内涵。在此基础上，进行包括量表编制在内的研究设计与模型维度的探索性、验证性因子分析，明确并锁定了本研究的具体研究指向与框架，进一步通过文献综述、理论分析等论证过程，提出有关赛事认同对球迷消费行为影响相关的理论模型与研究假设。

本研究以辽宁足球球迷的实证调查为基础，利用结构方程模型统计建模技术，完成对赛事认同对球迷消费行为影响机制的结构模型构建，并进行实证检验与讨论。首先，证明球迷的赛事认同测量体系具有一定的科学性，并进一步验证赛事认同对球迷消费行为影响机制的结构模型是一个相对简单又拟合较好的模型，可以较好地揭示其影响机制。其次，进一步验证了球迷个体认同、球迷群体认同、赛事价值认同以及赛事文化情境认同四个维度对球迷消费行为呈现显著性影响，证明赛事认同是影响球迷消费行为的重要前因变量。最后，通过消费者特征多组比较分析，进一步验证模型适应的一致性。

在此基础上，在研究实践中逐渐明晰并凸显赛事认同对球迷消费行为的影响因素、机制、路径和作用机理等方面，以指导中超联赛赛事市场、俱乐部的具体营销与管理工作，并拟从实证角度对其可行性和具体应用价值进行探究。最终从中超联赛赛事认同的角度提出对促进球迷消费意愿与实际消费问题的认同策略探索。具体包括：应构建科学的具有中国特色的中超联赛价值认同机制；科学、合理地处理俱乐部与球迷关系，形成良好、健康的球迷群体认同；提高球迷的群体认同，促进基于群体认同的球迷消费；对不同特征消费者群体进行市场细分，实行差异化营销与管理。

总体上，本研究既对球迷消费行为的重要性予以充分关注并为球迷消费行为研究提供科学视角，又为社会认同对消费行为影响研究提供体育视角实证探究。因而，体现出一定的理论探索与实践指导意义。

目 录

第一章 绪 论 / 001

第一节 问题的提出 / 001
一、对球迷消费行为的重要性予以充分关注 / 002
二、赛事认同为球迷消费行为研究提供科学视角 / 003
三、为社会认同对消费行为影响研究提供体育视角实证探究 / 005

第二节 研究目的与意义 / 006
一、研究目的 / 006
二、研究意义 / 007

第三节 研究对象与研究方法 / 009
一、研究对象 / 009
二、研究方法 / 009

第四节 研究的基本思路、框架结构与主要内容 / 011
一、研究思路 / 011
二、研究的框架结构 / 012
三、研究的主要内容 / 012

第二章 文献综述 / 016

第一节 个人认同的研究 / 016

第二节　社会认同的研究 / 020

第三节　消费认同的研究 / 024

第四节　球迷消费行为的研究 / 027

第五节　球迷与认同的研究 / 032

第六节　体育赛事与认同的研究 / 035

第七节　社会认同对消费行为的影响研究 / 039

第三章　赛事认同对球迷消费行为影响的理论分析 / 042

第一节　赛事认同的理论基础 / 042

一、个体身份认同 / 042

二、群体社会认同 / 044

第二节　球迷及其表现出的赛事认同 / 046

一、球迷的研究界定 / 046

二、球迷所表现出的赛事认同 / 050

第三节　文化情境的前因变量作用 / 052

一、文化情境分析 / 052

二、文化情境与认同 / 053

第四节　足球球迷的赛事认同过程与消费行为 / 055

一、赛事认同 / 055

二、球迷个体认同 / 057

三、球迷群体认同 / 059

四、赛事价值认同 / 059

五、赛事认同与消费行为 / 062

第四章　研究设计与模型维度的因子分析 / 066

第一节　研究设计 / 066

一、变量的操作性定义 / 066

二、中超联赛赛事认同量表的编制 / 066

目 录

　　三、调查问卷的形成 / 076

　　四、抽样方法 / 078

　　五、抽样对象和抽样过程 / 080

　　六、缺失值处理 / 081

第二节　预测试与探索性因子分析 / 082

　　一、预测试的信度评估 / 085

　　二、赛事认同量表的探索性因子分析 / 090

　　三、赛事认同量表的效度分析 / 096

　　四、球迷消费行为维度的探索性因子分析 / 097

　　五、球迷消费行为维度的效度分析 / 099

第三节　正式测试与验证性因子分析 / 100

　　一、调查样本分析 / 100

　　二、验证性因子分析 / 102

　　三、信度评估 / 104

　　四、赛事认同量表的验证性因子分析 / 105

　　五、球迷消费行为维度的验证性因子分析 / 111

　　六、效度评估 / 112

　　小结 / 122

第五章　理论模型与研究假设 / 124

第一节　理论模型的理论基础及其推演 / 124

　　一、理论模型的理论基础 / 124

　　二、理论模型的推演 / 128

第二节　研究假设 / 130

　　一、赛事文化情境认同总体影响机制的假设 / 131

　　二、赛事认同对球迷消费行为影响机制的假设 / 133

　　三、赛事认同主客体影响机制的假设 / 136

第三节　理论模型的构建 / 139

第六章　赛事认同对球迷消费行为的影响机制实证检验 / 141

第一节　分析方法和样本数据 / 141
一、分析方法 / 141
二、样本数据 / 142

第二节　各维度测量模型检验 / 146
一、测量模型的信度检验 / 146
二、各维度测量模型效度检验 / 147

第三节　结构模型检验 / 156
一、预设结构模型及其检验 / 157
二、结构方程模型的分析 / 159
三、结构方程模型的构建 / 161
四、研究假设的检验结果 / 162

第四节　竞争性模型选择 / 164

第五节　结构方程模型的效应分析 / 168
一、各潜变量间的直接效应分析 / 168
二、各潜变量间的间接效应分析 / 170

第六节　结构方程模型的讨论 / 171
一、讨论1：球迷个体认同对球迷消费行为正向影响最为显著 / 171
二、讨论2：赛事价值认同对球迷消费行为的影响作用显著 / 177
三、讨论3：球迷群体认同对球迷消费行为的影响作用显著 / 185
四、讨论4：文化情境认同成为球迷认同过程与消费行为的重要前因变量 / 192

第七节　基于消费者特征的多组比较分析 / 195
一、消费者不同特征对消费者行为产生不同的影响作用 / 195

二、基于年龄特征的分析与讨论 / 197

三、基于性别特征的分析与讨论 / 200

四、基于收入特征的分析与讨论 / 203

五、基于学历特征的分析与讨论 / 207

六、基于团体归属特征的分析与讨论 / 211

第七章 研究总结 / 217

第一节 研究结论与建议 / 217

一、研究结论 / 217

二、研究建议 / 222

第二节 研究的创新之处 / 226

一、球迷赛事认同测量体系的构建 / 226

二、构建并检验中超联赛赛事认同对球迷消费行为影响机制的理论模型 / 226

三、从实证角度对社会认同对消费行为的影响进行多组比较验证 / 227

第三节 研究的局限性与展望 / 228

主要参考文献 / 230

附录1 赛事认同量表修订专家咨询评议表（第一轮）/ 240

附录2 赛事认同量表修订专家咨询评议表（第二轮）/ 255

附录3 专家访谈提纲 / 267

附录4 中超足球联赛球迷赛事认同与消费调查问卷 / 268

后 记 / 276

第一章 绪 论

第一节 问题的提出

在过去的20年中，越来越多的学者对球迷消费行为研究产生浓厚的兴趣，为更好地了解球迷的消费行为与动机、忠诚、满意度以及认同之间的关系，国内外学者进行了大量的研究。有关球迷消费行为的相关研究主要在球迷认知、影响要素、欲望意向以及行为忠诚度等方面展开，而球迷作为体育消费中的特殊群体，其消费行为也具有其特殊性。与普通消费者相比较，球迷消费指向更多为非实物消费，其消费动机更多源于自身对于某体育项目、赛事、球队等的认知，进而形成强烈的爱好倾向，产生浓烈的个体、群体情感，继而形成一定的个体认同、群体认同、文化认同以及对消费对象的价值认同等。与此同时，消费行为学主要研究消费者在获取、使用、消费和处置产品和服务过程中所发生的心理活动特征和行为规律。[①] 由于体育消费具有较强的消费体验性，因此，体育消费行为是体育消费者的体验行为，往往是一种感性的行为、情感性较强的行为，并具有较强认同特征的消费行为。由此，作为球迷的消费者是在体验中认知、在体验中购

---

① Hawkins D. I, Mothersbaugh D. L. *Consumer Behavior: Building Marketing Strategy*[M]. Boston: McGraw – Hill Irwin, 2010: 36 – 40.

买、在体验中认同以及在体验中消费,消费主体的球迷与消费客体的体育赛事所形成的心理联系、认同情感是体育消费行为的独特之处。因此,球迷、认同、体育赛事以及消费行为四者之间究竟存在怎样的联系,这一问题成为摆在国内外学者面前的共同问题。在此基础上,本研究核心问题进一步聚焦"赛事认同对球迷消费行为的影响",试图从影响机制角度探究中超足球联赛的赛事认同与球迷消费行为之间的影响关系。

一、对球迷消费行为的重要性予以充分关注

消费者的消费行为研究对营销管理的重要性是本研究选题的思维起点。可以说,充分了解消费者的消费行为,对于制定正确的营销策略和取得最佳组织管理效果至关重要。在足球进入市场以后,球迷的身份也发生了根本性的变化。对于足球市场而言,球迷成为其最主要的消费者,成为足球市场经济运行中的"上帝"。通过购买联赛球票和俱乐部开发的产品,球迷具有"联赛产品"的直接消费者身份;通过购买赞助联赛和为联赛提供广告的企业的产品,球迷又成为足球产业的间接消费者。因此,无论是联赛相关利益企业,还是联赛管理公司都应充分认识到球迷的"上帝"身份,必须对球迷消费行为的重要性予以充分关注,进而真正切实、可行地了解与把握球迷的消费行为的规律。

相关研究表明,球迷是职业足球联赛长远发展的重要支撑力量,球迷的消费行为对足球职业联赛发展的影响作用尤为重要,球迷消费成为职业联赛可持续发展的根本保证。没有球迷的消费行为,职业联赛将成为无源之水、无本之木。因此,球迷消费行为成为职业联赛可持续发展至关重要的因素,球迷消费行为的研究理应成为职业联赛管理与组织研究的重要指向。世界知名的欧洲五大联赛,其经营、管理策略皆以球迷消费行为为核心,在此基础上进行长期、稳定、相对科学的商业运作,形成良好的投

资、回报比率与盈利态势，总体上表现为良性运行状态。然而，在我国的足球职业化进程中，不仅限于足球行政管理者，甚至许多足球俱乐部的管理者都有着一种错误的想法，"即球迷就是球迷，主要的任务就是看球、侃球、助威和起哄"。这种错误的想法致使各联赛管理者均不重视球迷的地位与作用，都没有对球迷消费行为给予足够的重视，这成为直接导致我国中超联赛非良性运行的诱因。为此，对球迷消费行为的重要性予以充分关注成为我国足球职业联赛可持续、健康发展的当务之急。

本研究面临的问题是：如何正确认识球迷的"上帝"身份？如何从联赛运营、管理的角度去理解"上帝"需要？究竟是什么在影响着球迷的消费行为？对于球迷消费的研究应更多地关注球迷的心理活动特征以及所产生的消费行为规律，为此，应首先探究球迷消费过程中的认知、情感、动机以及认同等情况，以及包括价值、文化与环境等相关因素。总体上，球迷消费行为研究应关注球迷为什么参与体育消费、球迷的身份认同情况、对赛事价值的认同情况，在此基础上，进一步探究如何更好地满足球迷的消费需求，促进其可持续的消费行为，培养其消费满意度与忠诚度。

二、赛事认同为球迷消费行为研究提供科学视角

2015年，中国足球超级联赛在电视等媒体所做的宣传口号为"我们的联赛"。可以看出，中超联赛开始注重对赛事本身进行宣传，以唤起所有中超球迷对中超联赛赛事本体的认同。2015年8月15日，中国新闻网以《中国人应为中超感到骄傲，有世界级球员》为标题发表了一篇文章，其中，广州恒大俱乐部主帅斯科拉里认为："大家不用去担心别的国家队教练看不看中超，我们应该为中超感到非常骄傲。中超联赛有很多优秀的世界级球员，也有很多优秀的中国球员。其实我觉得中国人已经可以为拥有这么好的联赛而骄傲。我相信现在我们拥有的一切，足以在不久的将来让中国足球有能力去争夺更高的荣誉。"① 作为一名中超俱乐部的外籍主教练，斯科拉里提出"中超的荣誉感"，足以引起对中超联赛进行重新审视的关注。从中超俱乐部管理的角度，球迷的消费行为研究至关重要，而从中超联赛赛事品牌与组织运营角度，赛事认同研究或许可以为球迷消费行为研究提供崭新与科学的视角。

中国足球经过20年的职业发展，2013年中超赛场均近2万人的上座率和全年2.79亿的收视人次，一跃成为亚洲第一职业联赛。然而，从球迷数量上看，如果进行基数统计，估计中超球迷约为5000万人。相比较而言，德国知名的"SPORT+MARKT"体育市场调查显示，巴塞罗那俱乐部拥有的球迷数量超过5000万；在欧洲范围，西甲联赛所有俱乐部拥有超过1.035亿球迷；英超联赛也拥有9920万名球迷。② 从联赛盈利情况看，经过20年职业化的发展，中国职业足球从未盈利，从甲A联赛过渡到中超联赛，职业足球的整体经营状况并没有较大的变化，绝大部分的俱乐部仍处在亏损状态。与之相比，英国《太阳报》调查显示，2013—2014赛季英超联赛总收入为32.6亿英镑，位列世界第一，并且20支球队中有15支盈利，同时还实现了从1998—1999赛季以来的首次总体盈利；德甲联赛的总收入也达到了20亿英镑。③

从上述数据比较可知，无论是球迷数量还是联赛盈利情况，

---

① 中国人应为中超感到骄傲，有世界级球员 [EB/OL]. 中国新闻网. 2015-08-25.

② SPORT+MARKT体育市场调查公司报告. [EB/OL]. 阿森纳中国网. 2012-06-11.

③ 德甲盈利超英超世界第一！英超反击签55亿大单. [EB/OL]. 腾讯体育. 2013-06-06.

第一章 绪 论

中超联赛与欧洲著名联赛之间均存在巨大差距。因此，中超联赛的发展应更多地关注球迷消费行为，更多地关注球迷对于赛事的认同。目前，我们面临的问题是：中超球迷的消费行为是对球队的认同还是对赛事的认同？球迷的赛事认同是否重要？有何作用？如果说，之前的消费行为更多地是对球队的认同，那么，引导球迷消费从球队认同转向对赛事认同是否有必要？如果有必要，那么通过何种途径来有效实现对球迷消费行为的赛事认同引导？

三、为社会认同对消费行为影响研究提供体育视角实证探究

消费者行为研究的一个关注焦点是消费者的行为及其心理因素与营销管理策略之间的关系。一般情况下，消费者行为具有稳定、持久的个性特点，随着消费文化与情境的变化，消费者行为会表现出较大的不同取向，在此过程中，消费者的身份、认同意识与社会文化情境对消费决策行为会产生显著影响。消费者通常会将个人、群体身份与其购买的产品、品牌相关联，与此同时，消费者的消费过程在某种程度上又表现为其建构社会身份的过程。由此，具有诸多社会身份的消费者所表现出的统一的身份、群体认同如何形成？而如此身份、群体认同又是怎样对消费者的消费行为产生影响的？为达到消费者忠诚，如何通过营销策略、组织管理等手段持续促进其同一性消费认同的形成？对于以上三个问题，近年来，通过引入社会心理学范畴的认同与社会认同理论，国内外学者开展了一系列研究。

从社会认同视角研究基于自我概念的消费者行为，被认为是一个有效且意义重大的研究视角。社会认同视角的消费者行为研究试图从消费者社会身份类别区分的心理认知角度，来科学解释消费者行为所展现的差异，在此基础上，期待通过探索消费者的社会身份感及其生活方式，为营销实践、组织管理过程中的产品性质与品牌定位提供理论基础，将理论与实践探究紧密结合。但

值得注意的是，社会认同对消费者行为影响相关研究仍然处于探索阶段，对社会认同如何影响消费者的消费行为的机理与实证研究尚不多见，而我国学者对该领域的研究更待深入。基于以上分析，本研究提出"赛事认同对球迷消费行为的影响研究"命题，首先是对消费社会学研究成果的肯定。在此基础上，将社会认同、消费认同的概念与理论引入体育研究领域，进一步提出"赛事认同"的理论研究思路，同时，在研究实践中逐渐明晰并凸显赛事认同对球迷消费行为的影响因素、机制、路径和作用机理等方面，以指导中超联赛赛事市场、俱乐部的具体营销与管理工作，并拟从实证角度对其可行性和具体应用价值进行探究。

第二节 研究目的与意义

一、研究目的

（1）充分重视球迷消费行为研究，为我国体育赛事市场科学发展提供方向性建议。

在我国社会主义市场经济发展的新形势下，中超联赛等体育赛事的发展应与时俱进，充分尊重市场经济运行规律，关注市场需求。通过本研究的深入，引导赛事相关管理者、经营者对球迷消费行为进行充分的关注，破除以往从体育赛事本体去谈论赛事的经营与管理的思想束缚。强调球迷的消费行为是赛事运行与发展的研究起点，通过球迷消费行为而进行赛事管理相关研究应成为主要的研究思路。

（2）在社会认同、消费认同研究的基础上，提出赛事认同研究的必要性与可行性，为我国体育赛事品牌价值创造与绩效管理提供指导性建议。

从总体上看，与国外著名体育赛事运作相比，我国体育赛事的受众、球迷人数有限，作为消费者的观赛者其消费能力、水平也存在较大的差距，与之相对应的是，体育赛事的盈利能力较弱，绝大部分处于亏损状态，赛事的品牌价值与绩效管理处于较低水平。通过本研究的深入，指出赛事认同研究是必要的、可行的，引导赛事相关管理者、经营者对赛事认同问题予以充分的重视，将赛事受众、球迷的关注点由原来的球队向体育赛事本体进行认同性转变。

（3）深化社会认同对消费行为影响的研究，拓展体育领域中的认同问题的实证研究。

从社会认同视角开展消费者消费行为研究是一项有效且具有重大意义的研究。通过本研究的深入，提出在社会认同研究框架内的赛事认同对球迷消费行为影响问题，阐述其重要的理论与实践意义，将社会认同与消费行为相关研究拓展到体育领域，并通过区域性调查做具体影响研究的实证性研究。

二、研究意义

1. 理论意义

（1）本研究从体育的视角，以认同为理论视角，推进认同问题的研究，具体定位至赛事认同问题研究，以社会学为主要理论研究背景，运用社会心理学、哲学、管理学、组织行为学等相关理论对赛事本身的认同问题展开系统理论研究。继而，推进社会认识论相关议题的研究，彰显理论学术研究价值。

（2）以认同、社会认同与消费认同理论为研究基础，提出赛事认同为三种理论在体育赛事消费中的特殊表现形式，继而，从消费者社会身份类别区分的心理认知角度，对消费者行为所展现的差异进行科学解释，将研究方向引入赛事认同影响球迷消费行为的调节因素分析，希冀深层次挖掘其影响机理，拓展社会认同对消费行为影响研究。

（3）本研究试图找到真正影响赛事组织与管理的因素，然后依据其理论进行消费行为方面的深度解释，希望能发现或弥补社会认同理论上的不足，拓展认同理论研究的深度，期待对体育赛事的社会性研究起到推动作用，期冀对于社会认同理论的细化发展提出建设性意见。

2. 实践意义

（1）对球迷消费行为展开细化研究，为其消费行为提供有效引导。

球迷消费行为已经成为体育消费总体中的重要组成部分，因此，应开展对球迷消费行为的细化研究。在具体的研究过程中，应充分关注球迷群体与普通消费者的不同，研究球迷消费行为的特殊性以及影响球迷消费行为的具体因素。在此基础上，关注球迷消费过程中的认同行为，尤其是对赛事的认同行为，将球迷消费行为与赛事认同做链接分析，找寻赛事认同对其消费行为的调节因素及作用机理，以期为球迷具体消费行为提供有效引导。

（2）加强体育赛事的组织与管理，为其营销、管理科学性提供建议。

本研究以消费者的行为及其心理因素与组织管理策略之间的关系为关注焦点。通过赛事认同对球迷消费行为的影响研究，探索真正影响球迷消费行为的心理、情境、价值等因素，找寻赛事认同对其消费行为的影响因素及作用机理，继而从消费者角度出发，以市场需要为出发点，通过探索消费者的社会身份感、心理感知及其生活消费方式，进行赛事产品、品牌定位与组织管理，从社会认同视角对体育赛事的球迷消费行为进行分析，从球迷与中超联赛互动影响机制角度探索中超联赛的品牌策略与组织管理，提供科学性建议。

第一章 绪 论

第三节 研究对象与研究方法

一、研究对象

本研究的研究对象为赛事认同影响下的球迷消费行为。研究对象具体选取中超联赛为具体的赛事认同对象，以辽宁足球球迷为具体调查对象，以球迷对中超联赛所形成的赛事认同为自变量，以球迷消费行为为因变量开展影响研究。

二、研究方法

1. 文献资料法

分析收集体育学、社会学、经济学、管理学等与本研究相关资料，通过中国期刊网（CNKI）、维普中文科技期刊数据库、超星数字图书馆、EBSCOhost、SPORTDiscus、ProQuest、Google Scholar等数据库获取国内外相关硕士论文、博士论文、期刊论文、研究课题、研究报告和相关文件等。广泛收集和阅读国内外社会认同、消费认同、赛事认同、球迷消费行为等方面书籍、杂志、报纸等相关课题研究成果，为本研究积累翔实的研究资料。充分利用百度、中国知网等搜索引擎及时获取与本研究相关的最新研究资料。把握理论基础，了解研究动态，为本研究做理论准备。通过阅读并分析相关文献与资料，在回顾了个人身份认同、社会认同理论、消费认同、球迷消费行为、体育赛事与认同、社会认同对消费行为影响等相关研究的基础上，对相关理论形成较为全面且清晰的认识，找寻已有研究的不完善之处和需要进一步探索的问题，结合中超联赛管理实践与球迷消费实际情况，确定本研究的研究问题。在此基础上，通过理论分析构建理论模型并推导出研究假设。文献资料研究为相关概念界定、理论分析、研究假设、理论模型与本研究整体框架构建奠定了理论基础。

2. 问卷调查法

在文献综述的基础上，通过访谈和开放式问卷调查的方式，对辽宁球迷对于中超足球联赛的认同影响因素进行收集，并收集国外相关研究中球迷认知、赛事认同、球迷消费等调查问卷的具体项目，形成了由125个条目组成的球迷赛事认同初始调查问卷。对初始问卷进行修改，得到由109条目组成的预试问卷。以预试问卷邀请42位专家、学者进行两轮的专家咨询，分别通过量表项目分析、因子载荷判断等方式形成包括42个指标项目的球迷赛事认同量表。在此基础上，根据对球迷消费行为调查的需要，利用赛事认同量表，制定《中超足球联赛球迷赛事认同与消费调查》问卷。首先，通过小范围的预测试以检查量表信度和效度，对发现的问题进行及时修正。再通过大样本正式调查获取最终的调查数据，对其进行统计分析，验证研究假设。

3. 深度访谈法

根据研究需要，制定"赛事认同对球迷消费行为影响"访谈提纲。具体深度访谈的开展分为四个层次：一是访谈相关领域的专家，对研究的思路、内容体系等进行求证和指导，并对调查所得数据征求专家意见进行科学的分析。二是就赛事定位、赛事认同对球迷消费行为的影响机理及干预策略请专家把脉，获得建设性意见。三是对中超联赛、辽宁赛区的管理者（包括政府部门管理者、体育赛事公司管理者）和参与者进行访谈，了解中超联赛的组织与管理情况及其存在的问题。四是对辽宁省球迷俱乐部的球迷协会的相关负责人进行深度个案访谈。

4. 数理统计法

使用SPSS17.0和AMOS17.0软件，对问卷调查与专家访谈获取的数据进行统计分析。首先，应用SPSS17.0软件进行问卷调查数据的统计分析,采用描述性统计、信度分析、探索性因子分析、相关性检验等方法,对相关数据进行科学处理。其次,应用 AMOS17.0 软件进行了验证性因子分析,分别对测量模型、理论模型进行检验,并最终形成赛事认同对球迷消费行为的影响机制的结构模型。最后,运用多组比较分析技术,对不同特征的消费者,分学历、收入、性别、年龄以及是否参加球迷团体五个维度分别进行对比分析。

5. 逻辑分析法

采用逻辑分析的方法,结合中超联赛的改革、发展背景和球迷消费水平、情境等,对中超联赛的赛事定位、赛事认同进行深入分析,对赛事认同对球迷消费行为的影响机理及干预策略进行逻辑推理,掌握其本质和发展规律。

第四节 研究的基本思路、框架结构与主要内容

一、研究思路

本研究以中超联赛赛事认同对球迷消费行为影响为课题,以辽宁足球球迷为例展开实证研究。试图在社会认同对消费行为影响研究的基础上,进一步将体育赛事与球迷消费行为紧密结合,将球迷消费行为的出发点具体定位为对体育赛事的认同,并对赛事认同研究的必要性与可行性进行分析。与此同时,还应对赛事组织方予以关注,对球迷需求的感知,了解球迷所在地域的社会文化、经济发展水平、球迷消费偏好和特征等,以更好地打造赛事文化,积极、能动地引导和影响球迷的消费行为。在此基础上,首先,沿着"个体"(球迷)—"群体"(球迷协会或相关组

织）—"赛事"（社会文化、体育文化、地域文化的集合或融合）的主线展开分析。以个体、群体层面为出发点，开展赛事认同影响因素的分层分析，把"认同"作为一个中间转换器，进行双向影响，即互动研究。其次，梳理赛事认同影响球迷消费行为的调节因素，从相互影响的过程中，分析出来到底哪些因素是主要因素，进行赛事认同对球迷消费行为影响研究的实证检验。最后，对赛事认同影响球迷消费行为的机理及干预策略进行深层次理论探析，从而为赛事主办、产品营销和球迷管理等，提供建设性建议。

二、研究的框架结构

本项目的研究框架见图1—1。

三、研究的主要内容

本研究的核心问题是：中超联赛的赛事认同对球迷消费行为到底存在何种影响关系？基于这种关系，要促进球迷的消费意愿与实际消费，有哪些认同策略？

针对这两个问题，本研究首先对认同、社会认同、消费认同、球迷的赛事认同以及社会认同对消费行为影响的相关理论来源进行梳理，对国内外相关文献进行综述，清晰界定球迷赛事认同的概念和内涵。在此基础上，进行包括量表编制在内的研究设计与模型维度的探索性、验证性因子分析，明确并锁定了本研究的具体研究指向与框架，进一步提出本研究的理论模型与研究假设。利用结构方程模型统计建模技术，完成赛事认同对球迷消费行为影响机制的结构模型构建，并进行实证检验与讨论。最终，从中超联赛赛事认同的角度提出对促进球迷消费意愿与实际消费问题的认同策略探索。

第一章 绪 论

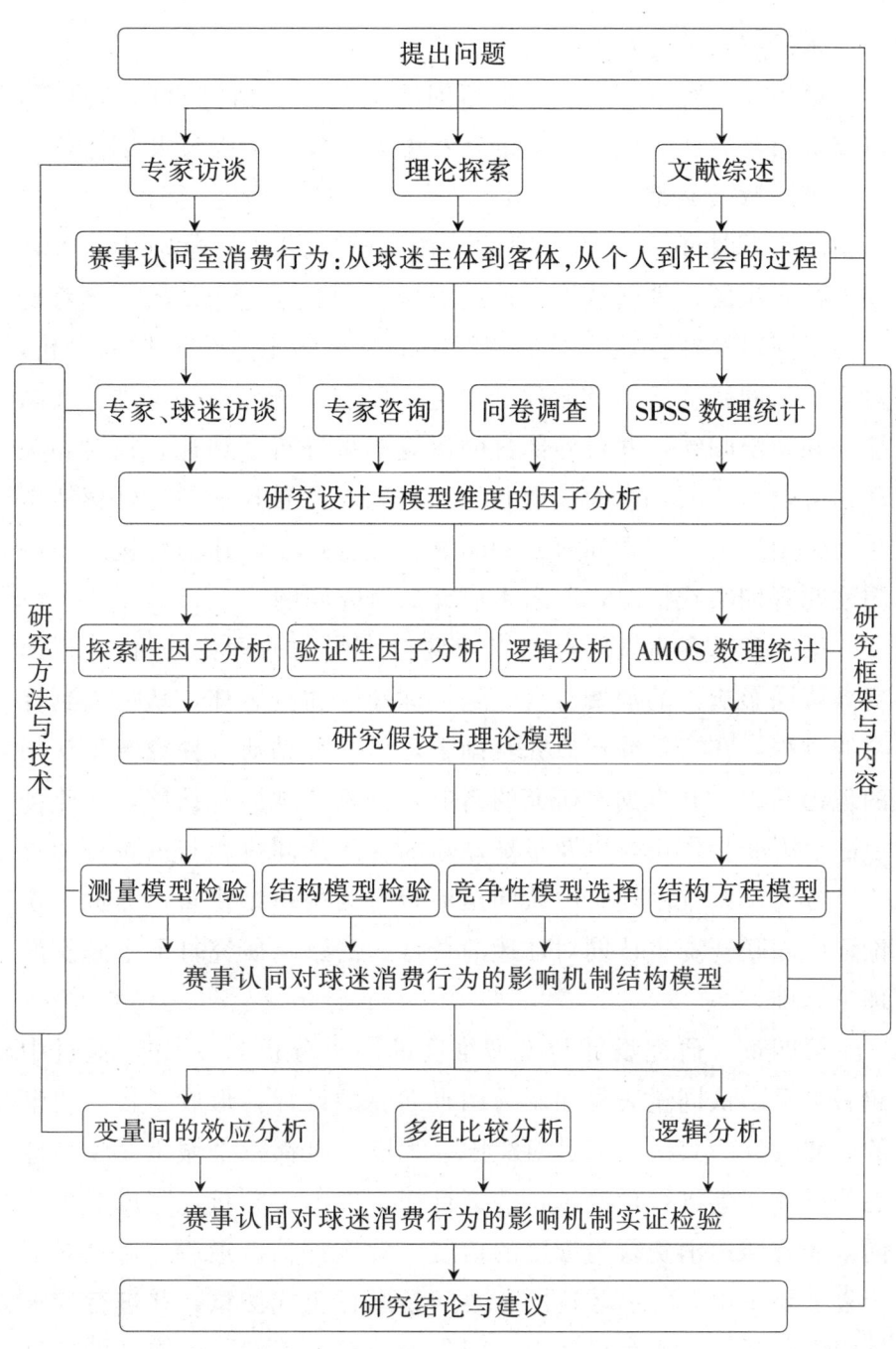

图 1—1 研究框架

本研究共分七章。主要内容如下：

第一章《绪论》。主要包括问题的提出，研究目的与意义，研究对象与方法，以及研究的基本思路、框架结构与主要内容。

第二章《文献综述》。由于本研究的核心研究指向主要为赛事认同与球迷消费行为，因此，在文献综述部分分别从个人认同、社会认同、消费认同、球迷消费行为、球迷与认同、体育赛事与认同以及社会认同对消费行为的影响等七个方面展开分析，对赛事认同研究所涉及的理论源起、要点、研究现状等进行文献梳理和系统归纳，并对各部分的研究成果进行了评述，在对相关理论有较为清晰、全面梳理并认识基础上，寻找认同与体育赛事相互作用进一步探索和研究的问题，结合辽宁球迷消费实际与中超联赛管理实践情况，明晰本研究的研究问题。

第三章《赛事认同对球迷消费行为影响的理论分析》。指出赛事认同影响下的消费行为，是从球迷主体到客体，从个人到社会的过程。在文献综述研究基础上，进一步钻研、探究赛事认同的理论基础，并根据本研究的需要，分别从球迷与认同，文化情境的前因变量作用，以及足球球迷的赛事认同过程与消费行为等三个方面，系统阐述赛事认同至消费行为的思维逻辑，为进一步论证中超联赛赛事认同对球迷消费行为的影响研究打下了坚实的理论基础。

第四章《研究设计与模型维度的因子分析》。首先，通过中超联赛赛事认同量表的编制与调查问卷的设计，形成了较为明晰的研究设计。其次，通过对沈阳、大连、盘锦三个城市294名球迷的有效问卷进行预测试，并进行探索性因素分析，完成赛事认同量表与球迷消费行为维度的信度与效度评估。最后，通过对辽宁省主要城市886名球迷的有效问卷进行正式测试，并进行验证性因素分析，再次完成赛事认同量表与球迷消费行为维度的信度与效度评估。进一步肯定了本研究设计的科学性与可行性，明确

第一章 绪 论

并锁定了本研究的具体研究指向与框架,通过竞争性模型比较分析与选择,证明该模型可以较好地揭示赛事认同对球迷消费行为的影响机制。

第五章《理论模型与研究假设》。以认知心理学的认知理论为基础,积极引入社会心理学中以人境互动理论与态度—行为—情境理论为代表的行为改变理论,以认同、社会认同的相关理论为模型研究的理论基础,通过理论基础分析及理论模型推演,继而提出本研究的十个主要理论假设,并据此构建出本研究的理论模型。

第六章《赛事认同对球迷消费行为的影响机制实证检验》。首先,将调查所得的所有辽宁省主要城市球迷的1421份问卷数据进行整理,利用结构方程模型统计建模技术,在各维度测量模型信度与效度检验基础上,完成赛事认同对球迷消费行为影响机制的结构方程模型的构建与检验,并对研究假设检验结果进行分析。其次,构建竞争性模型——结构方程模型1,通过竞争性模型比较分析与选择,证明原结构方程模型是一个相对简单又拟合很好的模型,可以较好地揭示赛事认同对球迷消费行为的影响机制。再次,对结构方程模型中各潜变量间的效应进行分析,并结合辽宁省球迷与俱乐部的实际情况与我国足球职业化进程情境,讨论主要的变量关系及缘由。最后,基于年龄、性别、收入、学历以及团体归属等五个维度球迷消费者特征,利用独立样本T检验与结构方程模型进行多组比较分析,证明不同消费者特征的球迷,其赛事认同对其消费行为的影响作用存在不同,但总体上也表现出影响机制结构模型的适应一致性。

第七章《研究总结》。本研究最终总结出四个方面研究结论,提出四个方面研究建议。其创新之处主要体现在球迷赛事认同测量体系的构建、构建并检验赛事认同对球迷消费行为的影响机制理论模型以及从实证角度对结构方程模型进行多组比较检验三个方面。最后,还讨论了本研究的局限性和未来的研究方向。

第二章 文献综述

认同（identity）是一个"求同"与"存异"同时发生的过程，是社会互动过程的结果，是人们面对一定的社会、群体时，参照特定的社会或者群体特征、边界来确定自己的归属过程。① 总体上，可以将这一过程分为两个层面，即"个人认同（self-identity）"与"社会认同（social-identity）"。此外，认同主要建构于认同对象的意义、特性、价值之上，认同既是对认同对象的重要表征，又是认同过程的重要结果。根据本项目研究需要，首先，将研究综述对象聚焦为个人身份认同、社会认同、消费认同等方面；其次，进一步收集、分析球迷消费行为、体育赛事与认同的相关研究情况；最后，从社会认同对消费行为影响的相关研究角度进行总结。

第一节 个人认同的研究

自涂尔干（Durkheim）开始，社会学的一个核心概念就是团结（solidarity），任何社会制度的"黏合剂"都一定程度地建立在个体将其社会规范、价值观以及行为模式内化基础上。在20世纪上半叶，社会理论家帕森斯和哈贝马斯已经意识到认同是一

---

① 石德生. 社会心理学视域中的"社会认同"[J]. 攀登，2010（1）：73.

第二章 文献综述

个核心问题。那时他们主要关心的是组成社会时的个体,并认为认同的本质已经成为建构理解人类社会行动的一个关键因素。对帕森斯来说,认同理论首先关注个体认同如何形成,并聚焦其在社会结构和行动过程中所产生的作用效果。他认为,认同是一种社会功能,并认识到认同在生物动力上的来源。对哈贝马斯来说,在他试图阐述重新建构社会科学的基本假设的议程的时候,一个动力的认同机制是一个最重要的准则。他提出形成有凝聚力的社会制度的基本前提为首先产生满意的群体认同。[1]

在此基础上,吉登斯(A. Giddens)认为,个人认同是个体依据个人的经历所反思性地理解到的自我,个体通过向内用力,通过内在参照系而形成了自我反思性,人们由此形成自我认同的过程。[2] 对弗洛伊德和米德来说,认同是一个从生物学方面进行驱动的心理动力。在心理学理论中心理分析学家埃里克森将"认同"放置于核心的位置,并且将这一概念拓展至公共使用的范围中,尤其将认同与危机互动、关联。他把心理所表现的社会自我称为"自我认同"。[3] 与此同时,有学者指出任何认同本质上都意味着由两方面内容所组成:认同者(the identifier)和被认同对象(the identified);把认同理解为附属动机或者说是"需要倾向"更适合社会学的方法;成功的认同意味着对于基本需要的成功满足,也就是说一个成功的连续的认同是同主要需要的满足不可避免地联系在一起的。由于每一种认同都是由外部社会行动者(external social actor)所组成的,因此,同个人的心理活动

---

[1] 哈贝马斯. 交往行动理论 [M]. 重庆:重庆出版社,1994:176 - 180.

[2] 安东尼·吉登斯. 现代性与自我认同 [M]. 赵旭东,方文译. 北京:三联书店. 1998:56 - 61.

[3] Erik H. Erikson. *Identity and Life Cycle* [M]. New York:Norton, 1959:132 - 135.

一样，认同也是一个社会行动。因而，对社会学家和社会理论家来说，认同已然成为非常重要的概念。

为进一步解释人的社会行为，认同理论通过加强自我和社会之间的交互关系研究予以实现。这一点与微观社会学中的符号互动理论（Symbolic Interactionism）有着紧密的承启关系。在符号互动理论的形成过程中，社会学家库利和米德所提出的观点产生了重要奠基作用。库利指出自我存在着一个过程，自我的产生伴随着个人同他人的交往或互动过程。① 在此基础上，乔治·米德进一步促进了符号互动理论的发展。两位学者的观点构成了符号互动理论的基础，他们认为社会影响人们的社会行为过程是通过影响自我而形成，其作用机理就是"个人扮演他人的角色"。在库利和米德研究基础上，斯特莱克在《符号互动论：一种社会结构观点》一书中指出，一方面，自我"是社会行为的积极创造者"，另一方面，社会为各种角色提供了自我和认同的基础。②

国内学者王成兵认为，个人认同是一种内在性认同，它是一种内在化过程和内在身份感知，作为反思性理解的自我，是依据个人的生活与社会经历所形成的。他的研究主要聚焦于对人主体性问题的研究，并认为对个人自身意义的反思应成为个人认同的直接对象。③ 吴玉军认为，自我意义感追寻、自我的同一性建构以及自我归属感获得等三个方面是个体认同诉诸的主要问题。④ 谢俊认为，个人认同是一个人区别于另一个人的完整性标示，是

---

① 库利. 人类本性与社会秩序[M]. 北京：华夏出版社，1989：118.
② Sheldon Stryker. Symbolic Interactionism, A Social Structural Version[M]. Paln Alto: Benjamin/Cummings, 1980: 76-79.
③ 王成兵. 当代认同危机的人学探索[M]. 北京：中国社会科学出版社，2004：16.
④ 吴玉军. 现代社会与自我认同焦虑[J]. 天津：天津社会科学，2005(6)：43-44.

个人的一系列个性的社会统一,是社会存在个体对自己角色的一种自我确认。[①] 概括而言,"自我认同"是对于"我的存在意义是什么""我是谁"这些看似简单的问题的不断诘问的过程。自我认同是个体对自我意义和身份的寻找和确认。个人认同的过程是在自我之外寻找自我、反思自我的过程,是以内省的方式把握自己的过程,更是个体以他人或社会为中介确认自我身份的过程。自我认同是一个人进行社会生活的立足点,当一个人不是对自我意义和个体身份进行定位时,而是体现个体接受社会意识过程,自我认同也就转换成了社会认同。

从认同概念本身来看,可以从三个层次进行个体认同的认知:第一,个人认同是指个人为确认自己在一个社会中的地位,而要获取的较为明确的、具有显著特征的依据与尺度,它其实是个体对自身角色以及与他人关系的一种定位,可以用"个体身份认同"来将其概念化。第二,个人认同更是社会互动过程的结果,即认同不是自发产生的,而是通过自我观照学习与社会规范作用而在复杂的社会互动过程中形成的。只有通过社会互动过程,个体才能对自己以及与社会的关系产生一种明确的定位,进而产生对自己的角色、形象、地位以及与他人关系等方面的判定,继而形成认同。基于此,认同具有社会性的特点,即认同是"个体与社会之间的纽带"。第三,个人认同又是一个动态的过程,即认同不是固定不变的,而是处于一个不断变化过程之中。吉登斯认为,认同是由人类根据需要而自己创造的一个动态的、没有终点的过程。简金斯也指出:"认同事实上更应理解为过程,表现为'成为'或'变成'的过程。"基于此,认同的变化既是人们之间相互关系不断变化的结果,也是对外部社会环境不断反应的结果。除此之外,个人认同不但反映了人们对自我的认同的

[①] 谢俊. 虚拟自我论[D]. 武汉:华中科技大学,2008:23-26.

改变,而且也成为社会对某一个体或群体的态度变化表现。

第二节 社会认同的研究

社会认同概念是源自心理学,心理学家泰弗尔(Henri Tajfel)和约翰·特纳(John C. Turner)在 20 世纪 70 年代提出社会认同理论,其先是用于研究民族之间互相排斥对立的命题,后被应用于说明欧洲一体化进程中国家、民族和宗教的心理历程。泰弗尔(Henri Tajfel)(1970,1971)由"最简群体范式实验"揭示了产生群体行为的基本条件是群体成员身份意识。他将社会认同定义为:"个体认识到他属于特定的社会群体,同时也认识到作为群体成员带给他的情感和价值意义。"[1][2] 吉登斯(Giddens)(2003)提出社会认同是个体或者群体对各种社会群体、文化、现象的认识,以及在这些认识和自我认同基础上将自己划归到某一群体,并对所归属群体产生认同的过程。[3] 此后,特纳(Turner)等(1987)、布鲁尔(Brewre)(1991)、霍格(Hogg)(1993,2000)等人进一步探索研究,相继提出社会分类理论(self-categorization theory)、最优特质理论(optimal distinctiveness theory)以及群体动机理论(group motivation theory)等,促进了社会认同理论进一步丰富和系统化。

---

[1] Tajfel H. *Experiments in Ingroup Discrimination*[J]. Scientific American,1970,223(5):43-46.

[2] Tajfel H,Billig M G,Bundy R P. Social Categorization and Intergroup Behaviour[J]. Earopean Journal of Social Psychology,1971,1:149-178.

[3] 安东尼·吉登斯. 社会学方法的新规则——一种对解释社会学的建设性批判[M]. 田佑中,刘江涛译. 北京:社会科学文献出版社,2003:24-27.

第二章 文献综述

在哲学领域社会认同有时以集体认同名称出现。J. 哈贝马斯把生活世界三个构成性的成分（文化、社会和人格），作为集体认同形成的要素。他的一系列著作与文章是从民族国家的起源入手，提出现代社会的集体认同是某些主体缔造的，而不是现成的。法国社会学家涂尔干特别强调"集体认同"，提出社会认同可定义为"集体意识"，它将一个共同体中不同的个人团结起来而形成内在凝聚，是社会成员平均具有的感情和信仰的总和，并分别构成各成员自身明确的生活体系，可称之为集体意识或共同意识。[1]

心理学社会认同理论偏重于对集体行动，特别是群体之间的冲突情况主体心理活动层面的研究，而社会学更偏重于社会生活中主体具有一致的属性，如对身份、地位和利益的确认，并分析它们对社会关系的影响。社会心理学视域中的"社会认同"理论模式为探索不同社会情境下的文化认同、社会认同及其有效路径建构提供了认识论与方法论的基础，并使"社会认同"与"自我认同"成为当前国际社会科学研究领域，尤其是社会心理学研究领域中的热点与焦点的论题。

从本质上看，社会认同表现为一种极为复杂的精神现象。社会认同理论以个体对群体的认同是群体行为的基础，并不断扩延至其他社会科学研究领域，为现代性普及状态下的文化认同、自我认同、社会认同以及其认同危机等相关研究提供了崭新的视角与框架。社会认同的构成可分为宏观、中观、微观三个层面。宏观的社会认同主要包括"民族认同""地域认同""国家认同"和"制度认同"等；中观的社会认同主要包括"组织认同""职业认同"等；微观的社会认同主要包括"性别认同""专业认同"等。有学者提出，社会认同建构于认同对象的特性、价值以及意义之

---

[1] 埃米尔·涂尔干. 社会分工论 [M]. 北京：三联书店. 2000：154-158.

上，并成为对诸对象的诠释，由此，推导出"文化的认同就是社会认同的实质"。在此基础上，巴尔默（Balmer）和格雷泽（Greyser）（2001），哈奇（Hatch）和舒尔茨（Schultz）（2002）已经研究出各种解释认同与形象相互依赖关系的模型。詹姆斯·科尔曼（J. S. Coleman）（2008）在《社会理论的基础》一书中又进一步提出了七类认同。[①]

国内学者从 2001 年开始对社会认同理论研究予以关注，并逐渐发展起来，郑航生（2009）总结认为，社会认同相关研究已经得到快速发展，并呈现星火燎原之势。国内社会学者李友梅（2007）认为，社会认同是社会成员所共同拥有的价值、信仰以及行动取向的集中体现，作为增强团体内聚力的价值基础，本质上是一种集体观念。[②] 王成兵认为，社会认同是人在劳动中所形成的，在特定社会情境中所形成的对该社区特定的信念、文化与价值的本质上或共同接近的态度。社会认同的直接对象是人行为的客观性与普遍性社会意义。与此同时，国内心理学研究者提出社会认同的结构主要包括四个维度：认知、情感、动机、行为。尽管学者们对社会认同理解与研究的出发点出现不同，但在本质上皆认为社会认同以群体性的观念呈现，是增强社会内聚力的必要条件，是社会成员所共同拥有的价值、信仰与行动取向的集中体现。在此基础上，国内许多专家学者进一步通过研究我国情境的社会认同现象来验证和拓展社会认同理论，并取得一定的突破与成就，主要表现为利用社会认同理论解释群体刻板印象与偏见，对中国人社会认同的心理历程进行探究，以及研究揭示我国

[①] 詹姆斯·科尔曼. 社会理论的基础 [M]. 北京：社会科学文献出版社，2008：231-236.

[②] 李友梅. 重塑转型期社会认同 [J]. 社会学研究，2007（2）：183-186.

第二章　文献综述

民族认同相关问题等方面。

总体上，社会认同理论研究认为，当个体认为归属于某一社会组织，并以作为该社会组织成员来确定自己身份时，所形成的由群体定位的自我认知在行为中便会产生心理区辨效应（psychological distinctive effects）。当个体行为与其群体认知达成一致时，个体就会产生满意，并且一致性程度越高，个体就越会维持其行为以强化认同感，并主动与他人进行交流进而形成群体认同感受。反之，将产生不满意，并对其行为进行相应的调整。在此基础上，社会认同理论延续了心理学中的"个体自我"的界定，认为"个体自我"是由"多重自我"所构成的，个体在社会关系网络中存在，会形成自我认知中的相对重视某些类型的"自我"，这些"自我"容易被具体的文化情境所激发，从而凸显（salience）出对特定社会或群体身份的认同。综上所述，社会认同理论始终将个体对群体的认同定位为核心问题，通过对人际行为与群际行为的差异比较，以及对"个体自我"的社会认同进行凸显分析，从而对个体行为与社会行为进行有效的解释和预测。

多米尼克·艾布拉姆斯（Dominic Abrams）（1992）提出群体行为的公共表现不是服从或社会赞许性，而是认同的表达。[①]与此同时，社会认同研究的最新进展突出了群际行为的个人和社会方面的自然整合。有关这一整合性质的争论表明，这是进一步研究的一条重要途径。虽然对个人主义理论保持抵抗是非常重要的，但我们应该集中于整合我们对于认知过程、个人动机、人际/群内关系、群体目标和群体结构的理解。相关社会认同的研究，经常停留在微观层面，且只关注普通心理学层次上的机制探究，而缺少现实

---

① Dominic Abrams. *"Processes of Social Identification". In Social Psychology of Identity and the Self Concept* [M]. UK：Surrey University Press，1992：57-99.

社会层面的实践研究,对于社会认同的支撑体系的研究较为缺乏。这些皆为我们开展对赛事认同的深层次研究提供了思考方向。

第三节 消费认同的研究

在解释人的个体行为和群体行为等方面,社会认同理论得到了广泛的探索与应用,因为人的消费和认同是一个过程的两个方面,部分学者将研究视角与方向聚焦于消费认同。近年来,消费社会学已经逐渐成为外国学者以及我国社会科学研究中的重要领域之一,它跨越社会学、经济学、心理学、人类学、历史学和美学等诸多学科。消费认同成为消费社会学研究领域中的一个重要研究方向。

消费认同有其深层次的哲学根源与社会基础。维布伦(Veblen)(1964)总结了商品作为支付能力证明的荣誉性,即人类的竞争倾向促使利用物品的消费作为歧视性对比的一个手段,从而使消费品成为相对支付能力的证明的派生品。消费品的这个间接的或派生的用途,使消费行为有了荣誉性,从而使最能适应如此消费的竞争性目的的物品也有了荣誉性。[1]青木贞茂(1988)认为,商品一旦被确定为品牌,便超越其物理的特性,而带有某种象征性,于是商品被予以"图腾化"[2]。弗洛姆(Fromm)(1989)进一步指出,现代消费者可以定位为一个公式,即我就是我占有和我所消费的一切。迪特玛(Dittmar)(1992)认为,"拥有不仅仅象征着个体的个人属性,而且象征其所归属的群体以及其一般性的社会身份。这意味着人们通过物质拥有,既向个体自己又向他人表达其个人的和社会的属性。这便意味着我们可以推论出他

---

[1] T. 维布伦. 有闲阶级论 [M]. 北京:商务印书馆,1964:26-28.
[2] 青木贞茂. 商品的符号学 [M]. 台北:远流出版社,1988:224-225.

第二章 文献综述

者的认同建立在他们的拥有物的基础上"。布尔斯廷（Boorstin）（1993）将消费者共同体概念定义为"相互从未见过面且素不相识的人们，由于使用、消费相似的，且连物品的主人都无法区分的物品而产生联系"[①]。博科克（Bocock）（1995）指出，"认同感的建构，如果不是透过消费，就很可能必须建立在族群、种族或国族的认同与目标之上，而这种认同往往会导致人们——主要是男人——对'非我族类'的暴力攻击，相比较下，消费主义还不算太坏"[②]。卢里（Lury）（2003）认为，消费文化提供的环境对发展个人自我构成和群体成员身份之间的新型关系是至关重要的。[③]

在此基础上，国外学者开展了消费认同的相关学术研究。克罗宁（Cronin）和泰勒（Taylor）（1992），帕特森（Patterson）和斯普伦（Spreng）（1997），西奥多拉斯基（Theodorakis）等（2001），田－科勒（Tian-Cole）等（2002），齐塔姆尔（Zeithaml）等（1996，2006）等研究服务质量与诸如消费者满意、购买意愿以及忠实等其他消费者变量之间的积极认同关系。瓦利（Varley）和克劳瑟（Crowther）（1998），尤德（Yoder）（1997）指出，认同相关的消费通过销售互动予以实现。戴维斯（Davis）（2000）提出，更加个人化和易变的"生活方式"认同，诸如电视人格、广告主角、电影明星和虚构媒体角色的关系建构了消费品和媒介图像等。[④]

消费社会学者从社会学视角开展研究，提出作为一项社会活动，消费成为创造认同的特定方式。研究者对消费认同的概念进行了界定，提出消费认同是通过消费方式来表达自己与他人或社

[①] Boorstin, D. 美国人：民主历程 [M]. 北京：三联书店，1993：178-180.
[②] Bocoek, R. 消费 [M]. 台北：巨流图书公司，1995：88-89.
[③] Lury, C. 消费文化 [M]. 南京：南京大学出版社，2003：63-66.
[④] Davis. *Identity and Social Change* [M]. New Brunswiek：Transaction Publishers, 2000：233-236.

会群体之间的同一性与差异性，将自己归属于特定的社会群体，从而对自己进行社会定位和归类。与消费社会学相对宏观的研究角度不同，营销学者从微观层面通过消费者的种族、性别、宗教、职业认同等对消费者行为的影响展开了深入研究，进一步确认了消费认同的存在，并提出诸如消费者消费自我一致性、社会身份、参照群体和自我概念等一系列与消费认同相关联的界定。营销学和消费社会学的相关研究表明，在消费者行为研究视角下，消费认同的内涵通过三个方面的特征予以表现：第一，在消费认同的个人认同层面，不仅关注个人在消费过程中的自我形象，同时也对其公共形象予以关注；第二，消费认同是基于个体消费过程中的分类与比较机制而产生的自我认知，对个体在消费情境下的信念、态度、决策以及行为产生影响；第三，为谋求消费的群体认同，消费者的行为必然遵从其认同的消费群体规范。

国内有学者认为，现代消费不仅展现了消费模式的变化，更是对消费者认同形式变化的诠释，消费与认同的关系变得尤为密切。姚建平提出的消费方式与身份之间的双向建构与区分模式为我们理解消费认同提供了一个很好的社会学视角。王宁（2001）认为："消费生活方式构成民族认同的一个内在的方面。"[①] 韩震（2005）认为："现代生产技术的逻辑是越来越同一化，而消费的逻辑则相反变现出越来越走向多样化。既然认同形成于差异，那么认同的动力必定转向了消费的场域[②]。"伍庆（2009）将研究焦点集中在消费所建构的认同和消费者共同体上，提出消费正在日益成为人们认同塑造的主要方式，消费认同也正逐渐成为许多人的核心认同的体现，并认为消费认同是作为利用商品作为道具、

---

① 王宁. 消费与认同——对消费社会学的一个分析框架的探索 [J]. 社会学研究, 2001 (1): 9.

② 韩震. 全球化、现代消费和人的认同 [J]. 江海学刊, 2005 (5): 45.

通过消费这种表演形式而给其他人留下的一种印象。马枫(2010)提出,在现代消费社会中,人们倾向于不再依赖劳动以建构认同,而主要通过消费获得并形成自我认同。①

消费认同的相关研究表明,公民消费行为与其个人的、社会的身份认同有较高的正相关性。消费认同的本质是消费者通过消费行为进行构建、维系并强化自己所认同的某种特定社会角色与身份,是象征性消费、符号性消费等行为的本源动机。有学者提出,消费文化对当代认同危机的发生和发展起到了非常重要的作用;消费似乎已经成为塑造和表征人的文化认同和自我认同的主要因素;消费已经成为界定人们的存在、个性、文化定位、价值观和政治立场等方面的标志;应该把人们的消费升级至发展性消费,进而上升至精神发展的消费,只有这样我们才能借助现代消费动力构筑人们的现代认同而避免消费主义的负面影响。基于以上,个体消费行为如何与消费认同互动发展?基于消费认同的赛事认同如何建构?消费社会中的赛事认同之哲学根源与社会基础如何?这些都将成为本研究所不可回避的重要问题。

第四节 球迷消费行为的研究

一直以来,很多学者围绕消费行为的内涵界定问题展开一定的争论,主要从广义和狭义两个方面对人类消费行为进行探索、论证与分析,相关研究成果将消费行为界定为:"消费行为是指消费者为满足自身的需求所采取的,可以产生决策对产品及服务进行付款、购买和使用的心理上与行动上的活动,主要表现为认知、感情、行为以及环境因素之间的动态互动过程。"(美国市场营销学会,AMA)

---

① 马枫. 论消费社会中的认同问题 [D]. 长春:吉林大学,2010:37-39.

赛事认同对球迷消费行为影响研究

美国学者安德森在所做的"在大联盟棒球体育消费行为中的性别差异"研究中,从不同性别角度对棒球消费者所产生的不同消费行为进行了深入的研究;美国学者费罗里在其"球迷的服务质量感知在体育赛事中的作用"研究中提出了体育赛事所提供的球迷服务对体育赛事经营、组织与管理有重要的借鉴作用;在此基础上,冯克(Funk)和詹姆斯(James)(2006)指出,不管球迷是否为支持其喜爱的球员花时间,但每位球迷都会为其喜爱的球队进行体育消费。[1] 鲍尔(Bauer),斯托克伯格-索尔(Stokburger-Sauer),埃克斯勒(Exler)(2008)认为,忠实的球迷会在参与比赛、对球队的媒体关注以及购买球队衣物等方面有更多的花费。[2] 国外专家学者的研究已经涉及影响球迷消费决策以及球队认同等众多认同因素,主要包括球星的表现(Noll,1974[3])以及对球队成功的贡献(Wann,Roberts & Tindall,1999[4]),球迷的参与(Hill & Green,2000[5]),促销活动

---

[1] Funk, D. C. , J. James. *Consumer Loyalty: The Meaning of Attachment in the Development of Sport Team Allegiance*[J]. Journal of Sport Management, 2006, 20: 189 - 217.

[2] H. H. Bauer, Stokburger - Sauer, N. E. , Exler, S. *Brand Image and Fan Loyalty in Professional Team Sport: A Refined Model and Empirical Assessment*[J]. Journal of Sport Management, 2008, 22: 205 - 226.

[3] Noll, R. G. *Attendance and Price Setting. In R. G. Noll (Ed.), Government and Sports Business*[M]. Washington, DC: The Brookings Institute, 1974: 115 - 157.

[4] Wann, D. L. , Roberts, A. , Tindall, J. *The Role of Team Performance, Team Identification, and Self-Esteem in Sport Spectators' Game Preferences*[J]. Perceptual and Motor Skills, 1999, 89: 945 - 950.

[5] Hill, B. , Green, B. C. *Repeat attendance as a Function of Involvement, Loyalty, and the Sportscape Across Three Football Contexts*[J]. Sport Management Review, 2000, 3: 145 - 162.

(McDonald & Rascher, 2000[①]; DeSchriver & Jensen, 2002[②]), 球队的成功（Baade & Tiehan, 1990[③]）, 认同的动机（Sloan, 1989[④]; Robinson & Trail, 2005[⑤]）, 球迷的忠诚度（Hill & Green, 2000）, 体育消费行为（Trail & James, 2001[⑥]）, 等等。

现阶段，我国体育产业、职业体育、社会体育等方面的发展局限，致使有关球迷消费的相关研究较为有限，对于球迷消费行为的理论研究更处于探索阶段。钟赋春（1997）翻译研究认为，球迷忠诚与球队成绩表现是影响观众上座率的主要原因，与此同时，服务质量与赛场设计等因素的作用也不容忽视。[⑦] 郭李亮（1997）对我国足球市场所展现的消费现象进行实证研究，总结出了我国足球球迷观众的消费行为与观念等的原因及特点，并指

[①] McDonald, M., Rascher, D. *Does Bat Day Make Cents? The Effect of Promotions on the Demand for Major League Baseball*[J]. Journal of Sport Management, 2000, 14:8-27.

[②] DeSchriver, D., Jensen, E. *Determinants of Spectator Attendance at NCAA Division Ⅱ Football Contests*[J]. Journal of Sport Management, 2002, 16:311-330.

[③] Baade, R. A., Tiehen. L. A. *An Analysis of Major League Baseball attendance*[J]. Journal of Sport and Social Issues, 1990, 14:14-32.

[④] Sloan, L R. *The Motives of Sports Fans. In I. H. Goldstein (Ed.), Sports, Games and Play: Social and Psychological Viewpoints (2ed)*. Hillsdale, NI: Lawrence Erlbaum Associates, 1989:175-240.

[⑤] Robinson, M. J., Trau, G. T. *Relationships among Spectators Gender, Motives, Points of Attachment, and Sport Preference*. Journal of Sport Management, 2005, 19:58-80.

[⑥] Trail, G. T, James, J. D. *The Motivation Scale for Sport consunmption: Assessment of the Scale's Psychometric Properties*. Journal of Sport Behaviour, 2001, 24(1):108-127.

[⑦] 钟赋春译. 运动员的号召力及赛场条件对观众上座率的影响[J]. 国外体育科学, 1997（3）: 56-57.

出了球迷消费的特点及其消费方式与内容，最终，提出引导球迷消费行为的途径。① 在此基础上，朱亚坤（2002）研究认为，对球迷的消费进行较为系统的分析，可以通过建立"两个指标（某种消费方式被接受程度，年龄、收入、生活费分布），三个依据（年龄、收入、生活费），以及五种消费方式（门票、书报杂志、装备、纪念品、相关娱乐）"的模式，并据此对俱乐部的经营管理提出相应的建议。刘志云（2004）对足球球迷的收入以及消费情况进行实证调查，认为我国足球球迷的消费水平处于一个低消费阶段，对球迷消费进行引导的潜力很大；② 逯明智（2003）通过对球迷用品开发与俱乐部经营开发的影响关系研究，对球迷用品市场现状及需求进行了分析，进一步细分球迷市场，提出了对球迷产品开发的相关建议；③ 邹尚全（2004）对从社会学与心理学两个方面，对球迷观看比赛的消费动机进行了细致的剖析；④ 徐波等（2007）以256名会员球迷和246名非会员球迷为具体调查对象，对俱乐部球迷忠诚度展开研究，研究认为会员球迷的主场比赛消费忠诚度高于非会员球迷，球迷的经济和情感方面是造成两类球迷消费忠诚度差异的主要原因。⑤

国内外学者对消费者与体育消费者的相关研究表明，消费行

---

① 郭李亮. 关于我国足球观众消费观念及消费行为的研究 [J]. 体育科技, 1997 (12)：5-7.

② 刘志云, 高玖灵. 湖北省足球球迷月收入与足球消费关系的初步研究 [J]. 武汉体育学院学报, 2004 (1)：16-18.

③ 逯明智. 球迷用品市场开发浅析 [J]. 辽宁体育科技, 2003 (1)：77-78.

④ 邹尚全. 对足球迷观看比赛动机的研究 [J]. 辽宁师专学报, 2004 (1)：65-67.

⑤ 徐波, 岳贤峰, 马冰, 徐旭. 职业足球俱乐部会员与非会员球迷主场比赛消费忠诚度比较 [J]. 天津体育学院学报, 2007 (5)：413-416.

第二章 文献综述

为是受社会文化情境影响的，受心理认知制约的，消费行为的指向是寻找并获得能满足消费者需要的产品和服务，是一种经济活动。而影响球迷消费行为的因素众多，包括心理因素、个人因素、文化因素以及社会因素等方面。李辉（2008）认为，个人因素主要包括性别、年龄、经济收入状况、职业、生活方式以及个性与自我形象等个人情况。[①] 个人因素方面，个人的实际情况影响着球迷具体的消费行为，有着不同情况的个体所购买的球迷用品是不同的，对于同一类球迷用品的要求是不同的，对球赛的喜好、关注程度是不同的，对消费档次、服务方式等要求也不同，最终，所表现出的球迷消费行为明显不同。文化因素方面，生活在不同文化圈层的球迷，都会受到不同文化情境的文化、政治、经济等方面的外在影响，因而形成不同的球迷情感与价值观。外部媒体、产品方面的刺激，使得球迷对球迷用品、球赛依赖性等方面产生不同的反应，这些都将直接或间接地作用于球迷的消费观，形成不同的消费行为。球迷自身的习惯与兴趣爱好等都在受着文化的影响，因此，球迷自身的文化层次及底蕴也将影响着其消费习惯与行为。社会因素方面，社会群体、社会阶层、角色、家庭和地位等社会因素对消费者的消费行为产生影响，因此，球迷的购买意愿、决策等必然受到其朋友、同事、家人以及其他消费者共同体的影响，除此之外，各种社会现象通过外在的环境也必将影响着球迷的消费行为。

从消费心理学研究角度看，影响球迷消费行为的因素主要包括以上四个方面。然而，从社会认同的角度来看，情感因素、消费偏好和经济因素则可能为主要因素。国外学者对于球迷消费行为中的球迷忠诚度、球队认同、球迷划分等方面的研究较为深

---

① 李辉．影响武汉足球俱乐部球迷消费的因素分析及发展对策［D］．武汉：武汉体育学院，2008：44-47．

入，整体研究具有一定的科学性、系统性以及研究深度。主要表现为对研究理论与模型进行了积极的探索与尝试，从多个角度进行理论与实证探究，研究方法并不局限于文献资料法、专家访谈等方法，更多地采用问卷实证调查、数理统计等方法。与国外研究成果相比，国内学者的研究主要集中在球迷消费需求、消费方式、影响消费行为的因素分析等方面，高水平、高质量的研究成果与论文较为有限，研究的系统性较弱，较少进行理论与模型的同步探索，研究缺乏理论基础，研究视角相对单一，科学性较为欠缺。从研究方法上看，文献资料法与专家访谈法运用较多，数理统计、问卷调查法与案例分析法运用较少，研究的深度有待挖掘。

第五节 球迷与认同的研究

国外研究者往往从球迷忠诚角度来研究认同问题。泰弗尔（Tajfel）和特纳（Turner）（1985）在论述社会认同理论过程中，曾阐明体育可让它的球迷去感受在同一球场中与他人的自动连接，即使他们相互不认识，也能感受到一种社区感觉。[①] 随后，米纳罕（Meenaghan）（1991）指出，消费者参与为社会行为提供有力解释，如体育迷狂热的忠诚度；并提出对于市场营销的研究者来说，对个人与组织之间关系的理解是基础的兴趣点。[②] 在此基础上，史蒂芬·曼福德（Stephen Mumford）（2004）认为，

[①] Tajfel, H., Turner, J. C. *The Social Identity Theory of Intergroup Behavior*, In S. Worchel & L. W. Austin (Eds.), *Psychology of Intergroup Relations* (2nd ed.) [M]. Chicago: Nelson-Hall, 1985: 7 - 24.

[②] Meenaghan, T. *The Role of Sponsorship in the Marketing Communications Mix* [J]. International Journal of Advertising, 1991, 10 (1): 35 - 47.

第二章 文献综述

体育忠诚往往涉及持久、热情的情感投入，很少指个人。① 同时，福尔（Foer）（2004）认为，曼联这样的足球俱乐部是依靠不可分割的球迷与俱乐部认同而展现的热情与忠诚。②

在球队认同量表的开发研究方面，旺恩（Wann）和布兰斯康伯（Branscombe）（1993）研究出了第一个球队认同的测量工具"体育观赛者认同量表"（Sport Spectator Indentification Scale，简称 SSIS）③。旺恩（Wann）（1995）通过努力创造出包含八个动机的体育迷动机量表（Sport Fan Motivation Scale，简称 SFMS）④。在此基础上，对于球队认同概念的深入研究引出更为复杂的理论模型与测量工具（e.g., Funk & James, 2001; Fink, Trail & Anderson, 2002; Heere & James, 2007a）。

由此，国外学者开启了球迷认同这一崭新研究领域。早期研究者指出那些对球队有认同感的球迷，会对具体的球队表现出更强烈的支持以及更积极的情感回应（Warm & Branscombe, 1993; Wann, Royalty & Rochelle, 2002）。后续的研究已经得出结果并表明拥有高度团队认同的球迷将不仅会为支持、跟随其钟爱球队花费时间，更重要的是花费金钱（Heere & James, 2007a; Fink, Trail & Anderson, 2002; Funk & James, 2004; 2006）。在以上研究基础上，多纳文（Donavan），卡尔森（Carlson），齐默尔曼

---

① Stephen Mumford. *Allegiance and Identity* [J]. Journal of The Philosophy of Sport, 2004, XXXI: 184 – 195.

② Foer, F. *How Soccer Explains the World: An Unlikely Theory of Globalization* [M]. New York: Harper Collins, 2004.

③ Wann, D. L., Branscombe, N. R. *Sports Fans: Measuring Degree of Identification with Their Team* [J]. International Journal of Sports Psychology, 1993, 24: 1 – 17.

④ Wann, D. L. *Preliminary Motivation of the Sport Fan Motivation scale* [J]. Journal of Sport and Social Issues, 1995, 19: 377 – 396.

（Zimmerman）（2005）提出，社会认同理论假设这些自造的社会分类使得我们将拥有相似兴趣的人们进行定位，并立即形成对于团队、组织或球队的亲密感觉。① 旺恩和格里夫（Wann&Grieve）（2005）提出，团队内外的喜爱与排斥只会增强来自对于确定体育团队认同的社会认同感知。旺恩（Wann）（2006）将球迷认同定义为"球迷所感受到的与球队之间心理联系程度以及视球队表现为自我状态的程度"。一些涉及球迷认同作用的理论已经应用在诸如赞助（Madrigal，2000）、危机沟通（Brown&Billings，2013）以及媒体消费（Murrell&Dietz，1992）等相关研究中。

在最近的相关研究中，体育营销研究者也开始在球队认同对于品牌（球队）忠实与体育消费者行为的影响方面展开验证研究（e.g.，Bauer et al.，2008）。斯雷明（Scremin）（2008）认为，对球队认同的不断发展将最终指引球迷个体展示其对于球队态度性与行为性的忠诚。同时，他也承认有些个体球迷参与体育赛事与球队或赛事基本无关。② 最近的实证研究指出，在职业体育环境中，团队认同对于体育迷动机与球队忠诚之间的联系起到中介作用。大卫·加尔戈纳（David Gargone）（2010）通过不同层次、程度的球队认同与忠诚调查，对球迷动机展开研究。

值得注意的是，娜塔莉·布朗（Natalie A. Brown），迈克尔·德弗林（Michael B. Devlin），安德鲁·比林斯（Andrew C. Billings）（2013）的研究表明，在性别、年龄以及感觉获取行为方面，球迷认同存在显著不同，并提出独特的人口统计学变量对球迷认同

---

① Donavan, D., Carlson, B. D., Zimmerman, M. *The Influence of Personality Traits on Sports Fan Identification*[J]. Sport Marketing Quarterly,2005,14.

② Scremin, G. (2008). *Selected Antecedents and Consequences of Team Identity:A Study of the Milwaukee Wave and Philadelphia Kixx of the Major Indoor Soccer League.*

的影响作用不同,其不仅体现在体育媒体消费,也体现在未来赛事消费中。表明最新的研究成果已经将球迷认同、组织认同与体育赛事做连接,为球迷赛事认同研究提供全新的研究思路与方向。[1]

在对球迷行为与认同互动研究的过程中,"球迷与认同"问题逐渐成为研究热点。李广周、王永(2012)所做的研究为基于社会认同的球迷暴力行为研究。将球迷暴力行为看作一个特殊的社会现象,是球迷实现社会认同的一种方式;球迷暴力是一个有"意义"的社会行动,能够构建产生社会意识与团结的集体记忆[2]。翁志强,张军(2012)通过对江、浙、沪现场观众的实证研究,开展了对CBA赛事中球迷参与度、球队认同感的相关研究。实证研究的结果显示,球迷参与度、球队认同感和广告态度都会对赞助效益产生正向显著的影响,此外,球队认同感与球迷参与度会通过广告态度以正向显著地影响赞助效益。[3]

第六节 体育赛事与认同的研究

体育赛事已经成为当今社会特殊的一种节事现象。那么,为了参与体育赛事而出行的人们,究竟有没有认同意识?他们的认同是对体育本身认同,还是对赛事的认同?这个问题应该引起学

---

[1] Natalie A. Brown, Michael B. Devlin, Andrew C. Billings. *Fan Identification Gone Extreme: Sports Communication Variables Between Fans and Sport in the Ultimate Fighting Championship*[J]. International Journal of Sport Communication, 2013, 6:19 - 32.

[2] 李广周,王永. 基于社会认同的球迷暴力行为研究 [J]. 体育与科学, 2012 (5): 93 - 95.

[3] 翁志强,张军. CBA赛事中球迷参与度、球队认同感及广告态度对赞助效益的影响——基于江、浙、沪现场观众的实证研究 [J]. 北京体育大学学报, 2012 (1): 22 - 25.

者们的反思。国内外学者的相关研究,也许会给予我们启示。

鲍德温(Baldwin)和诺里斯(Norris)(1999),唐纳利(Donnelly)和杨(Young)(1988),哈格德(Haggard)和威廉姆斯(Williams)(1992),克莱伯(Kleiber)和克什尼特(Kirshnit)(1991)提出体育亚文化的参与是对个人认同的观点。克里斯蒂娜·格林(B. Christine Green)(2001)试图探索并阐释作为营销沟通目标的体育亚文化与认同的独特性。瑞安·斯奈尔格罗夫(Ryan Snelgrove)和劳拉·伍德(Laura Wood)(2010)通过对个人认同与社会认同调查,提出与首次到访游客相比,重复旅游者由于其体育认同而更具有动机。[1] 还有学者提出,体育认同对于诸如商品购买等个人体育行为(Dimanche&Samdahl,1994),对于赛事的忠实(Green,2001;Green&Chalip,1998;Laverie&Arnett,2000;Trailet et al.,2005),对于目的地忠诚(Simpson&Siguaw,2008),以及对于赛事旅游意愿(Snelgrove et al.,2008)具有重要影响。在此基础上,近几年,相关学者从体育出发,逐渐开展赛事认同内容相关探索。

瑞安·斯奈尔格罗夫(Ryan Snelgrove),玛丽克·塔克斯(Marijke Taks),劳伦斯·查利普(Laurence Chalip)和克里斯蒂娜·格林(B. Christine Green)(2008)通过对参加体育赛事的当地居民与旅游者的调查,比较出其动机与认同的不同。[2] 研究表明,尽管已有对于体育团队认同对当地观众的影响的研究,已有对于体育亚文化对消费选择的研究,然而,在为赛事而旅游

---

[1] Ryan Snelgrove, Laura Wood. *Attracting and Leveraging Visitors at a Charity Cycling Event*[J]. Journal of Sport&Tourism 2010,15(4):269-285.

[2] Ryan Snelgrove, Marijke Taks, Laurence Chalip, et al. *How Visitors and Locals at a Sport Event Differ in Motives and Identity*[J]. Journal of Sport&Tourism 2008,13(3):165-180.

的背景下，有关认同的研究很少。尽管有关将体育赛事参与者分为当地人、偶然参与者以及专为参与赛事的旅游者，但很少具体研究这三类参与者有何不同。并通过研究阐释出在研究体育赛事旅游者过程中，球迷动机与认同合并测量的价值所在。玛丽克·塔克斯（Marijke Taks）等（2009）通过对参加泛美少年田径冠军赛的四类参与者进行调查，分析四种动机（社会化、逃避、了解目的地、了解田径运动）、赛事认同（自我与社会认同）、信息搜索、旅游活动之间的关系，认为选择中型、一次性体育赛事可促进赛事的可持续发展。[①]

高永杰（Yong Jae Ko）等（2010）以跆拳道市场为例，基于体育参与和认同对消费者体验与感知的调查，认为积极的认同感和参与会影响赛事质量感知与体验；尤其是高认同度的体育迷会高度满意与更积极感知服务质量；消费者的认同会积极影响观众的满意与忠实。这项研究引发了赛事管理者关于赛事认同与消费者之间理论与实践的讨论。[②]格雷戈里·埃佩尔鲍姆（L. Gregory Appelbaum）等（2012）以"什么是体育观赛者的认同"为题展开研究，为了更好地理解体育观赛者的认同，以其他观赏者为比较对象，认为尽管在现代社会中体育表现显著，但对于体育观赛者的认同与个性特点了解较少。并提出现有的研究通过不同领域并采取广博方法对观赛者认同展开研究，进而对体育、性格如何与现

[①] Marijke Taks et al. *Factors Affecting Repeat Visitation and Flow-on Tourism as Sources of Event Strategy Sustainability* [J]. Journal of Sport & Tourism 2009,14(2-3):121-142.

[②] Yong Jae Ko et al. *The Role of Involvement and Identification on Event Quality Perceptions and Satisfaction: A Case of US Taekwondo Open Asia Pacific* [J]. Journal of Marketing and Logistics,2010,1:25.

代社会互动给予广泛解释。① 贝特丽丝·阿巴拉赛(Beatrice Abalasei)(2012)利用范畴内容与主题分析,通过行为、反应与体育信息量等,研究体育赛事观众的分类问题,并将参加体育赛事的观众分为无信息观众、占有信息观众、支持观众与敌意观众四个类别。②

值得注意的是,米莲娜·帕伦特(Milena M. Parent)和彼得·福尔曼(Peter O. Foreman)(2007)通过综述分析,认为很少有研究体育组织如何建构与管理认同、形象以及名声这些无形然而却很重要的方面;在此基础上,探索主要体育赛事体育组委会的认同建构过程,并阐明三种认同参照对象,包括赛事的本质、环境、组委会的关键个体;提出探究形象与认同管理的复杂性,以及在体育领域中,认同、形象与名声创造出较高价值。③

综观国内体育与认同相关研究,主要从社会认同的理论视角做宏观体育研究。对于认同的基础理论阐释较少或基本没有,或只在体育文化认同角度有所涉及。值得注意的是,在具体研究中,体育与认同研究的紧密性不够,仅从大的认同理论框架上泛泛而谈,更没有将体育赛事与认同相结合进行相关研究。可见,国内体育认同相关研究已经落后于国外学者研究的步伐。

另外,在体育管理研究中,无论国内还是国外,很少有学者研究认同在体育赛事管理中的作用;较少有学者去探索球迷赛事认同所潜在的独特表现或者影响;在大型体育赛事管理的文献

---

① L. Gregory Appelbaum et al. *What is the Identity of a Sports spectator?* [J]Personality and Individual Differences,2012,52:422-427.

② Beatrice Abalasei. *Types of Audience Attending Sports Events in Romania*[J]. Procedia-Social and Behavioral Sciences,2012,46:3482-3486.

③ Milena M. Parent,Peter O. Foreman. *Organizational Image and Identity Management in Large-Scale Sporting Events*[J]. Journal of Sport Management,2007,21,15-40.

中，较少有学者将赛事、认同与球迷消费行为相结合做多角度分析与构建。当代社会认同命题关涉社会认识、现代性等哲学多领域研究，本研究从体育的视角对体育的专属领域——赛事进行认同性研究。通过文献综述研究，笔者总结出体育领域的认同研究主要涉及职业认同、体育文化认同、组织认同以及体育认同与行为关系等方面，少量研究将体育赛事与认同结合，但仍缺乏系统性，至今，较少有研究直接提出"赛事认同"这一概念。笔者认为，人们对体育乃至体育文化的认同太宽泛，而体育赛事发展至今，已经成为体育这一社会现象的重要组成部分，绝大部分的体育赛事已完全成为体育与体育文化的集大成者，因此，体育赛事可以成为具体的研究对象而避免体育研究的泛化。基于以上分析，笔者认为"赛事认同"的理论研究将会成为今后体育认同相关研究的趋势。从研究方法上看，有关体育认同相关研究，更多倾向于基于体育现象所进行的实证研究，而很少运用社会心理学、哲学等相关理论对赛事本身的认同问题展开系统理论研究。

第七节 社会认同对消费行为的影响研究

从管理实践与学术研究的角度，探究社会认同对消费行为的影响机制问题是十分必要的。社会认同对消费行为的影响路径、机理和关键问题研究，对于合理的影响机制假设和理论模型构建是进一步进行理论研究的基本前提，同时也可以从组织管理角度为企业主体提供实践性指导意义。但是，目前对社会认同如何建构并对消费者行为产生影响的研究尚不多见。从文献综述研究看，仅瑞德（Reed）、福尔汉德（Forehand）（2003）[①]、郭毅与杜

[①] Reed A., Forehand M. *Social Identity and Marketing: An Integrative Framework*. Unpublished, Wharton School of Business, University of Pennsylvania, 2003.

娟(2009)等对该领域问题进行了一些有益的、开创性的探索分析。

在奥克斯(Oakes)(1986)、沙维特(Shavitt)等(2000)、斯塔普(Stapel)等(2000)以及特纳(Turner)、福尔汉德(Forehand)等(2001,2002)等学者研究成果的基础上,瑞德(Reed)等(2003)构建了一个社会认同对消费行为影响的理论模型。该模型认为社会认同对消费者行为的影响必须经历可及性(accessibility)和可诊断性(diagnosticity)两个前置阶段。郭毅与杜娟(2009)在认同理论基础分析并借鉴相关研究成果的基础上,对该模型进行了进一步的深度探索。提出随着自我、身份等概念在消费者行为方面研究的深入,社会认同逐渐成为研究自我与品牌互动关系的一个有效的、意义重大的研究视角与方向。消费者所形成的社会认同在经历了可及性和可诊断性两个阶段之后,还应该在消费情境中逐渐将所定位的特定社会身份进行内化,使其成为消费者自我概念与身份的必要组成部分,这样而产生的社会认同才能不断地影响消费者的购买与决策过程。消费者社会认同内化的实现前提为经过反复的社会确认和消费者自我意识的内省过程。[①] 在瑞德(Reed)等(2003)以及郭毅等(2009)等学者的研究基础上,李颖灏、朱立(2013)将社会认同对消费者认知、态度与行为产生影响的过程及作用机制进行进一步细致研究与分析[②]。

此外,白莹雪(2010)通过对白领阶层的消费行为的研究展开认同对消费的影响的研究,认为消费所建构的认同构成消费认同,是个体通过消费行为来逐渐明晰和表达个体与他人或社会群

---

① 郭毅,杜娟. 基于社会身份的消费者决策形成机制研究 [J]. 营销科学学报,2009,5(2):31-42.

② 李颖灏,朱立. 社会认同对消费行为影响研究的述评 [J]. 经济问题探索,2013(2):165-167.

体间的同一性或差异性，从而对个体进行社会定位与归类的过程。通过研究发现白领的身份认同也与其消费行为有着密不可分的联系。①闫超（2012）从社会认同对新生代农民工炫耀性消费行为影响视角展开研究，分别探析个人价值观、参照群体影响以及社会认同对于炫耀性消费行为的部分调节作用，②较全面地从社会认同的视角对消费行为影响进行较为科学的实证尝试研究。

学者们对社会认同影响消费行为的作用机制模型的构建和深入研究，不仅能帮助研究者进一步认知、理解社会认同的作用过程，而且促进有关影响消费者消费行为因素中的社会认同的作用的实证研究的进行。最终，为组织管理实践工作者思考消费者如何建构特定的社会身份认同，进而形成合理、科学的消费决策提供了思维框架。国内外学者的相关研究成果，为赛事认同对球迷消费行为的影响研究提供了一定的理论基础与研究借鉴。

---

① 白莹雪. 消费视域中的白领身份认同研究 [D]. 哈尔滨：黑龙江大学，2010：25-27.

② 闫超. 基于社会认同视角的新生代农民工炫耀性消费行为影响机理研究 [D]. 长春：吉林大学，2012：34-36.

第三章 赛事认同对球迷消费行为影响的理论分析

第一节 赛事认同的理论基础

在认同理论与社会认同理论研究的基础上,学者及研究者们提出了各种各样的认同定义。认同可以定义为与某一对象、群体或者组织形成心理联系的一个过程,其结果是将认同视为自己的身份确认(Scott&Lane,2000[①])。与此同时,认同也是一个定位于"会话"关系的沟通过程,并构成一个人身份确认的实际表达。为此,认同理论主要关注个体身份认同,而社会认同理论更加关注群体社会认同。在本研究的探索阶段,个体身份认同与群体社会认同相关理论研究成果成为开展赛事认同研究重要的理论基础与来源。

一、个体身份认同

认同(identity)或社会认同(social identity)是现代社会学与社会心理学研究领域中的关键词,它通常涉及个体对自己、个体对群体身份定位与依赖问题的理解。认同,通常理解为同一

[①] Scott,S. G. ,Lane,V. R. *A Stakeholder Approach to Organisational Identity*[J]. Academy of Management Review,2000,25:43-62.

第三章 赛事认同对球迷消费行为影响的理论分析

性、统一性或身份，它是对"某一事物与其他事物相区别的认可，包括自身统一性中所具有的所有内部变化和多样性"。可见，无论是认同还是社会认同，其研究的起始点都应为认同主体的确定。对于一个人来说，首先要搞懂的一个问题是"我是谁"，这也成为所有认同研究的起点，即个体身份认同是认同研究的起点。对于个体而言，认同本身表征是个体与身份之间的关系，并且是从"自我"出发进行确定的。

吉登斯认为，个人认同是个体依据个人的经历所反思性地理解到的自我，个体通过向内用力进行内化，通过内在参照系统而形成了自我反思性，并由此形成自我认同的过程。国内学者王成兵认为，人的自我认同是一种内在性认同，它是一种内在化过程和内在深度感，是个人依据个人情况内化所形成的，作为反思性理解的自我而存在。谢俊认为，个人认同或自我认同就是自己对自己角色以及身份的一种自我确认，是关于个人的一系列个性与认知的统一，是一个人区别于其他人的完整性标示。他所提及的自我认同是个体对自我意义和身份的寻找和确认。

个体身份认同的过程即"贴标签"的过程，"身份确认"的过程，标签在塑造行为者决定如何生活的问题上发挥了作用，在一个人认同形成的过程中发挥了作用。

一旦被贴上标签，这些标签所蕴含的观念将塑造人看待个体以及其计划的方式。因此，标签开始影响身份确认（identification）的过程，认同通过参考可获得的标签、可获得的认同来塑造个体的计划——包括他们的生活计划以及他们的好的生活观念。因此，个体通过思考"我是谁"这一问题，给自己找到了个体的标签，并通过观念形成与沉淀为自己贴上标签来进行身份确认。与此同时，"认同所提供的是一种价值的源泉，采取一种认同，让它成为我的，就是让认同去构造我的生活方式"。最终实现个体身份认同，并形成属于个体的生活方式。

值得注意的是,伍锡洪(Ng Sik-hung)(2004)等人意识到,要了解人的社会行为,就必须了解人们是如何建构自己与他人的认同的。[①] 为此,个体身份认同成为群体社会认同的逻辑前提。

二、群体社会认同

群体行为是社会心理学的一个重要课题,社会群体承受着一定的驱动力和压力,它们使一个社会群体寻找群体内部的一致性以及群际差异性,将自身与其他群体区分开来。因此,群体社会认同成为群体研究的重点问题。认同理论属于社会学研究范畴,而社会认同理论则更多倾向于社会心理学研究范畴。个体身份认同更多考虑的是个体行为如何根据身份来定位的,而群体社会认同更倾向于关注群体情感、群体规范、隶属需要、刻板印象以及压力情境等影响。在个体身份认同的基础上,我们逐渐明晰了群体、角色和个人认同是怎样发生相互联系的,在个人、角色与群体以及社会之间,必然存在一种微观(micro)、中观(meso)与宏观(macro)的关系,身份角色首先依赖于个体的主观表现,而客观上又受制于群体归属、社会期望与文化情境。

威廉·布鲁姆提出所有认同或多或少都是社会的,从家庭到棒球队到地球上的市民。同样,所有认同或多或少都是共享的(shared)。这一观点将个体认同推进至群体、社会层面。泰弗尔(Tajfel)(1978)认为,社会认同为个体认识到自己属于特定的社会群体,并明显感知到作为群体成员所具有的情感和价值意义。每一种社会认同看来都具有这样的结构:它要求在群体公共

---

① Ng Sik-hung, Chiu Cy, Cn Cndlin. "*Communication, Culture and Identity: Overview and Synthesis*", in Ng Sik-hung, Chiu Cy, Cn Candlin et al. (eds.), *Language Matters: Communication, Culture and Identity*[M]. HongKong: City University of Hong Kong Press, 2004.

第三章 赛事认同对球迷消费行为影响的理论分析

领域中可以通过身份归属与情感需要让一些术语找到其承担者，为此，一些人便成为这个群体的成员，而社会群体成为持有共同的社会认同或将自己视为相同的社会类别成员的一群个体。在此基础上，特纳（Turner）与泰弗尔（Tajfel）（1986）通过进一步研究并区分个体认同与社会认同，认为个体认同强调对个人的认同作用，通常说明个体身份具体特点的自我定位，是个人所特有的自我参照；而群体社会认同更多强调的是社会的认同作用，是由归属于一个社会类别全体成员得出的自我与群体的共同描述。[①]

群体社会认同是群体认同和社会分类这两个过程互动的产物。吉登斯（Giddens）提出，社会认同是包含个体或者群体对各种社会现象、文化、群体的身份性认识，以及在这些认识和自我认同基础上将自己划归到某一群体，并对所归属群体产生认同的过程。国内社会学者研究认为，社会认同本质上表现为一种集体观念，是一个社会的成员共同拥有的价值、信仰、精神和行动取向的集中体现。一般认为群体社会认同主要包括群体情感、认知、动机以及行为等维度。一个拥有共同社会认同的群体，具有潜在地一起行动来保护和提高那种共同认同的动力。这样的群体拥有一种重要意义的社会认同范式，即存在相对固定的行为模式。

综上所述，个体身份认同与群体社会认同成为赛事认同研究重要的理论基础。对赛事认同的主体——球迷进行研究，首先要将其划分为个体身份与群体身份，沿着个体身份认同与群体社会认同相关理论研究的思路与框架，找寻球迷与中超足球联赛的"一致性"，构建赛事主体认同的研究架构，继而形成中超足球联赛赛事情境下的球迷个体身份认同与群体社会认同两个部分。

[①] Tajfel, H., Turner, J. C. *The Social Identity Theory of Intergroup Behavior.* In S. Worchel and L. W. Austin(eds.), Psychology of Intergroup Relations[M]. Chigago: Nelson-Hall, 1986.

第二节 球迷及其表现出的赛事认同

一、球迷的研究界定

"迷"的释义为"沉醉于某种事物的人"。体育迷是各项体育赛事中的重要组成部分。他们既是赛事中的参与者,也是赛事中的表演者;既是消费者,也是被消费者;既是赛事的观赏者,也是赛事的角色扮演者。美国学者旺恩(Wann D)(2001)提出了体育迷与体育观众是存在明显差别的,认为体育观众是有主动意愿通过电视、广播等公共媒介来观赏体育比赛的个体。而体育迷是对某个运动项目、球队或运动员感兴趣并愿意追随的个体。体育迷的身份认同对压抑、异化等不良情绪具有缓冲作用,同时也可以提升自我尊重和群体价值感。[①] 克劳福德(Crawford G)(2004)从道德层面来阐释体育迷内涵,认为体育迷是以支持者为个体认同,能够在很大程度上区分和明辨他人行为的群体。[②] 本研究主要围绕足球球迷(简称"球迷")展开研究。

"足球球迷"一词源自现代足球发源地英国。詹森(Jenson)(1992)认为球迷所表现出的过于狂热,是对球星或球队的不理性忠诚的表达,并且是对于比赛成绩的表达过分热烈而不受控制的热情。《现代汉语词典》解释为球迷为喜欢打球或看球赛而入迷的人。《辞海》定义足球球迷为喜欢踢球(除专业运动员外)或看球而入迷的人。

---

① Wann D,Melnick M,Russell G,Pease D. *Sport Fans:The Psychology and Social Impact of Spectators*[M]. New York:Routledge,2001:2,164.

② Crawford G. *Consuming Sport:Fans,Sport and Culture*[M]. London:Routledge,2004:42.

第三章 赛事认同对球迷消费行为影响的理论分析

国内学者根据足球运动的发展情况以及球迷研究的需要,对球迷的内涵做了较多有价值的尝试。卢元镇认为,体育运动爱好者可广义地称作"球迷"。宋凯提出,球迷作为一种社会现象与产物,需要足球运动功能作用与球迷需求契合而产生共同价值取向,本质上促进球迷狂热现象。[①] 傅道华等(2006)认为,狭义的球迷是以现场看球为主要行为特征的痴迷人群(观众群体);而与之相对的广义的球迷是对某项球类运动表现为痴迷的人,包括酷爱并直接参与或不直接参与某项球类运动的人(运动员与观众)。[②] 邹尚全(2004)认为,狭义的球迷指因对足球喜爱发生特殊爱好而迷恋、沉醉其中的人,并表现出为了足球而不顾一切;广义的球迷则表现为热爱球类运动的人,即凡是喜欢球类运动的人都可划为球迷范畴。[③] 刘志云(2004)认为:"足球迷是现场看足球赛的足球观众。"[④] 郭李亮在其硕士论文中给"足球观众"的定义为:"特指在足球比赛现场观看比赛的人。"从消费学的角度看,观众观看比赛是体验、享用并消费精神文化产品的行为与过程,即足球观众是消费足球运动精神文化产品的消费者。[⑤] 马自达(1996)提出,被狭义地称作"球迷"的足球观众,是文化生

[①] 宋凯. 国内外球迷现象研究 [J]. 北京体育大学学报,1997(4):6-7.

[②] 傅道华,张培志,孟宪林. 球迷的经济文化功能与越轨行为成因和预防对策研究 [J]. 中国体育科技,2006(6):33-37.

[③] 邹尚全. 对足球迷观看比赛动机的研究 [J]. 辽宁师专学报,2004(1):65-67.

[④] 刘志云,高玖灵. 湖北省足球球迷月收入与足球消费关系的初步研究 [J]. 武汉体育学院学报,2004(1):16-18.

[⑤] 郭李亮. 关于我国足球观众消费观念及消费行为的研究 [J]. 体育科技,1997(12):5-7.

活中游离性最大，而又倾向性最强的一种非正式群体。[①] 谭淼（2014）研究认为，真正的球迷是一些喜欢参与足球运动或者自己观看足球比赛并能享受快乐的人群。具体指对足球项目达到痴迷状态，包括愿意亲身参与其中和酷爱但不参与运动的群体。还有学者提出，球迷是以现场看球为主要行为特征的痴迷人群。[②] 江檀从社会学角度，将球迷定义为"对足球运动有共同兴趣的人们自发形成的一个社会群体"。

在对球迷内涵及定义研究基础上，国内外学者尝试对球迷进行探索性分类。英国心理学家B.J.克列季依据观众与体育场的"距离"标准将球迷划分为"第一线基本助威者""第二线助威者""第三线助威者"三个类型。朱利安诺蒂（Giulianotti R）（2002）将足球迷分为冷球迷（flaneur）、热球迷（fan）、追随者（follower）以及拥趸（supporter）四个程度类别。[③] 美国研究者从迷恋与狂热的程度，将球迷划分为迷恋者（fan）、迷狂者（fanatic）以及越轨者（deviant）三个类别。亨特（Hunt）等提出光晕效应（halo effect）对球迷形成的影响，并将球迷划分为"临时球迷"（temporary fan）、"本土球迷"（local fan）、"投入的球迷"（devoted fan）、"狂热球迷"（fanatical fan）及"失调的球迷"（dysfunctional fan）。[④] 宋凯（1997）依据球迷与大众传播媒

[①] 马自达. 球迷之研究 [J]. 浙江体育科学，1996（5）：16-17.

[②] 谭淼. 我国足球球迷文化发展的影响因素及其建设路径研究 [J]. 沈阳体育学院学报，2014（2）：32-36.

[③] Giulianotti R. *Supporters, Followers, Fan and Flaneurs: A Taxonomy of Spectator Identities in Football* [J]. Journal of Sport and Social Issues, 2002, 26(1): 25-46.

[④] Hunt K A, Bristol T, Bashaw R E. *A Conceptual Approach to Classifying Sports Fans* [J]. Journal of Services Marketing, 1999, 13(6): 439-452.

第三章 赛事认同对球迷消费行为影响的理论分析

介的关系,将球迷分为报刊球迷、电视球迷以及场地球迷三个类别。①卢元镇从需要与动机的角度对将球迷划分为娱乐型、审美型、求知型、发泄型与求同型五个类型。②荒原从情感与动机的角度将球迷划分为义务—事业型、宣泄—刺激型与理智—欣赏型三个类型。③徐波等(2007)将球迷分为职业足球俱乐部会员球迷与非会员球迷。球迷是以现场看球为主要行为特征的痴迷人群。如果从竞技体育比赛认知角度对球迷进行分类,可分为理智性球迷和非理智性球迷。④梁斌等(2014)从球迷群体层面,提出按照对球队和俱乐部的支持程度可以依次排序为支持者、追随者、粉丝和游荡者四种球迷群体。⑤钟丽萍(2011)依据球迷动机产生的原因以及不同类型球迷所表现的实际行为特征,将球迷分为地方型球迷、临时型球迷、忠诚型球迷、狂热型球迷和越轨型球迷等五个类别。⑥

综上所述,广义的"球迷"指的是喜爱并参与球类运动的人,而狭义的"球迷"主要是指喜爱并参与足球运动的人,或是特指到比赛现场观看足球比赛的人。而对于球迷所进行的探索性分类,无论是从何种角度,基于何种原因,分类的结果均能反映出球迷对于球队或者比赛的认同程度,并表现出一定的认同行为。

---

① 宋凯. 国内外球迷现象研究 [J]. 北京体育大学学报, 1997 (4): 6-7.

② 卢元镇. 体育社会学 [M]. 高等教育出版社, 2001: 132-134.

③ 荒原. 球迷现象 [M]. 北京: 作家出版社, 1989: 138.

④ 徐波, 岳贤峰, 马冰, 徐旭. 职业足球俱乐部会员与非会员球迷主场比赛消费忠诚度比较 [J]. 天津体育学院学报, 2007 (5): 413-416.

⑤ 梁斌, 陈洪, 李恩荆. 集体认同传承与商业利润最大化矛盾下的英国足球球迷研究 [J]. 成都体育学院学报, 2014 (3): 18-19.

⑥ 钟丽萍. 基于动机与行为特征的球迷分类及市场营销策略 [J]. 山西师大体育学院学报, 2011 (2): 58-59.

根据研究目的和文献综述的概念整合，本研究将"球迷"定位至狭义的足球球迷，而为了满足进行消费行为研究的需要，进一步将"球迷"限定为"喜爱足球运动，到现场观看足球比赛的人"。在此基础上，为了"赛事认同对球迷消费行为影响"这一核心研究问题的需要，最终将本研究调查与研究的"球迷"具体指向为"喜爱足球运动，并由于对球队或者比赛产生一定的认同，而到现场观看足球比赛并产生消费行为的人"。

二、球迷所表现出的赛事认同

球迷是足球赛事发展的重要社会基础，职业足球联赛与球迷的关系是本源性关系。从市场经济的角度来衡量，球迷是足球市场的消费者和驱动者，球迷营造了足球市场，足球市场烘托着职业联赛。如果失去了广大球迷，就意味着足球产业失去了所依赖的联赛市场，失去了其生存与发展的基本支撑，职业联赛必将失去其可持续发展的生存根基与发展动力。因此，职业联赛的发展与球迷的关系极为密切。球迷是职业联赛建设发展的根基，是推动职业联赛发展的强大动力，职业联赛的发展离不开球迷的支持，球迷的消费更成为联赛职业化、产业化的活水源头。与此同时，球迷也是联赛发展重要的利益相关者，球迷需要的精神食粮也由职业联赛来提供，职业联赛是球迷的强大精神支柱，他们相互依存，共同发展，构成"荣辱"与共的共同体。值得注意的是，球迷是足球赛事经济最主要的消费者与市场主体，必须对球迷的消费行为与足球赛事的关系给予充分的关注。

国外相关研究表明：球迷的消费行为是由多重因素共同决定的，其中代表性的影响因素主要包括潜藏动机、认同、情感依附、体验度、经济依附、忠诚度、比赛观看频率等方面。冯克（Funk）、詹姆斯（James）（2006）所提出的PCM模型（Psychological Continuum Model），将球迷的形成与发展概括为知晓

第三章 赛事认同对球迷消费行为影响的理论分析

—吸引—依附—忠诚等四个阶段递增的过程,并且每个阶段的提高都伴随着自我感受、情感重要性及态度坚持度的提高。① PCM模型已经发展为一种重要的多维方法理论,并已经在体育市场消费行为研究中得到广泛应用。为此,国外学者将研究领域进一步拓展至球迷消费行为与认同的关系层面。

由体育迷对于体育的热爱以及忠诚所驱使的宏观经济机遇及潜在利益,已经得到体育产业部门、市场人员与相关学者的广泛关注,以期更好地理解、阐释并运用体育迷的各种体育认同,尤其是足球球迷(Eberl,2007[②])。旺恩(Wann)、布兰斯康伯(Branscombe)(1993)根据球迷信念及行为的不同,在其对球迷和球队认同度的研究中提出了球迷的分层划分,通过"体育观众认同量表(SSIS)"实证研究,将球迷划分为"高度认同"及"低度认同"两类。③ 卡勒(Kahle)(1996)等将北美大学橄榄球球迷划分为内化及高度参与型(高度的球队认同)、自我表达型(追求兴奋感)及队友型(侧重于社交)三个群体。④ 相关研究表明,球迷的类型表现出一定的认同程度与内容。球迷的认同可以描述为球迷对比赛的忠诚程度以及他们如何从心理上与比赛相连

---

① Funk D C, James J D. *Consumer loyalty: The Meaning of Attachment in the Development of Sport Team Allegiance*[J]. Journal of Sport Management, 2006, 20(2): 189-217.

② Eberl, N. (2007) *Why Bafana Bafana Have to Rebrand for 2010*. http://www.bizcommunity.com/article/196/147/19384.html. Accessed on 2010/02/23.

③ Wann D L, Branscombe N R. *Sports Fans: Measuring Degree of Identification with Their Team*[J]. International Journal of Sport Psychology, 1993, 24(1): 1-17.

④ Kahle L, Kambra K, Rose M. *A Functional Model of Fan Attendance Motivation for College Football*[J]. Sport Marketing Quarterly, 1996, 5(3): 51-60.

接,并且达到更好地参与比赛活动。从认同层面对于球迷的类型划分,更多地表现为赛事影响下的球迷认同程度的不同,并由此产生出不同的消费行为。

综上所述,球迷在观看、参与以及体验体育赛事的过程中,成为赛事认同的主体,即赛事认同的发起者是球迷。球迷在感知、体验体育赛事的过程中,对体育赛事进行评价、估量,并不断找寻球迷个体、群体与体育赛事之间所存在的一致性。因此,作为赛事认同的主体,球迷将从自身认知、情感方面产生球迷个体身份认同。另外,球迷也将从球迷群体的角度,重新思考在群体隶属需要、压力情境、共同目的与兴趣等方面,构建属于自己的球迷群体认同。从球迷角度所展现的赛事认同为球迷主体认同,也只有在这种主体认同的前提下,才会形成更为持续的消费行为。从这个角度看,球迷的赛事认同是其消费行为的重要前提条件与影响因素,而消费行为更是球迷对赛事认同的主要反映与最终结果。

第三节 文化情境的前因变量作用

一、文化情境分析

情境是情境认知理论与学习理论中的一个核心概念。情境认知已经成为认知科学的一个重要分支,并进一步成为认知心理学理论的重要组成部分。

情境是一个复杂的概念,目前对情境及其相关理论的研究主要集中在心理学、人类学以及教育学等研究领域。心理学中的情境指对主体有直接刺激作用,具有一定的社会学意义和生物学意义的客观环境;人类学中的情境指的是真实地存在于日常生活和实践中,并与之有着紧密的联系的客观环境;教育学理论认为,

第三章　赛事认同对球迷消费行为影响的理论分析

情境指以情感调节为手段,以学生的生活实践及教学材料为基础,可以促进学生主动学习、实现整体发展为目的的优化的学习环境。在《现代汉语词典》中"情境"的定义是指在一定时间内各种情况的相对的或结合的境况,并被详细地解释为环境、境地以及情景等,指个体在进行某种行动时所处的社会环境,是人们社会行为产生的具体条件。可见,在不同的学科视野中情境具有不同的含义。总体上,情境是一种存在于自然、社会以及日常生活之中,由若干情境要素所构成的客观、普遍存在的、复杂多样的现象。

在此基础上,文化心理学又强调文化情境研究的重要性,并以人类的生活受制于自身所生活的社会文化情境为研究前提与基础。文化是一系列习俗、规范和准则的总和,起着规范、引导并推动社会发展的作用。因此,文化情境指在文化传统中逐渐形成并占据主流地位的习俗、规范、社会准则和价值观所综合构成的环境因素。在宏观情境中,文化情境涉及主观与客观、自我与他人、心理和文化、个人与生活环境等诸多领域的内容,对阐释文化与社会、心理与行为之间的关系起着最为深远和关键的作用。

二、文化情境与认同

从哲学意义角度分析,情境认知的观念从认知科学角度弥合了长久以来二元论所造成的人与自然的分裂。可以看出,情境认知作为沟通人与自然、人与认知对象之间的中介作用异常明显与重要。认知过程的本质是由情境决定的,情境是一切认知活动的基础,这一观点已被普遍认同。

在此基础上,文化情境又表现出对于认同起着一定的前因变量作用。一般而言,人类的认知、智能和知识积累过程都依赖于主体与情境之间的交互作用关系。认知始终发生在一个特有的并自然客观存在的情境中,它是一个发生在智能体与环境之间相互作用、相互影响的整体中的事件。有关研究表明:在宏观人类认知的过程中,认知都依赖于情境;人类所认识与感知的意义不能脱离对情境的解释和适应。罗伯特·威尔逊(1999)等在《MIT认知科学百科全书》中提出情境是所有认知活动的基础。与此同时,文化有着本源性的作用,它先于具体的个体而存在,通过群体特性的遗传,通过"集体无意识"的形式提前就为个体的精神结构建构了某种"原型"。个体生活于这种"原型"所对应的文化情境之中,通过社会化过程,不自觉地体现出一种文化上的连续性。即便是这种连续性发生断裂,个体或群体也可以通过"集体无意识"的支配和已化为行为举止一部分的符号而对其行为加以认同。

情境认知的诸多理论都强调社会、规范、文化状况在认知形成、发展和学习过程中的作用。在强化某某角色的学习过程中,在归属一个社会共同体的成员的过程中,个体始终在文化情境的客观影响下逐渐明晰并定位其社会身份。反之,逐步明确的社会身份塑造的个体要了解、遵守、膜拜自己所赖以生存、发展所需要的文化、习俗、规范、制度等客观存在的情境因素。认同是一种意向性认知反应。如果个体置身于某个文化情境中,不与其他文化接触,达到一种完全融入的状态,可能就不会出现认同的需要或冲动,其主要原因为个体已经与认同对象同一。换言之,不同的文化接触、碰撞和相互比较的场域是认同发生的前提与基础,认同更多地表现为个体或者群体在面对另一种区别于自身文化情境时,所表现出的一种保持自我同一性的反应。文化情境与认同通常联系互动而形成一定的文化认同,成为个人或群体明确自我身份、找寻不同,以进一步加强群体内同一感并凝聚成拥有共同文化内涵的群体性行为标志。因此,文化认同的具体表现为"自我"形成的过程,它包括个体的自我与群体的自我,是个体与群体心理结构深层的构造,也是探寻一种文化时所需考量的最核心部分。由此,文化情境认知也成为认同过程中重要的前因变量。

综上所述,文化情境成为认同构建的一个重要组成部分,它

第三章　赛事认同对球迷消费行为影响的理论分析

是连接认同者与被认同对象之间的重要纽带与桥梁。本研究中的赛事认同为球迷对体育赛事的认同，其中，体育赛事所蕴含的文化氛围与所处的社会情境必然成为球迷重要的感知与认同对象，而最终构建为球迷的赛事文化情境认同部分，成为球迷赛事认同的重要组成部分。

第四节　足球球迷的赛事认同过程与消费行为

任何认同本质上都是由两方面内容组成的：认同者（the identifier）和被认同对象（the identified）。对于本研究的研究主题，赛事认同首先应关注的是认同者—认同主体—球迷。作为赛事认同主体的球迷来说，按照逻辑顺序可以分为个体与群体两个层面。在对赛事认同者分析的基础上，进一步探究赛事认同的被认同对象——价值，即赛事认同客体——中超联赛的价值。

一、赛事认同

社会认同理论是一种关于群体成员、群体过程和群际间的关系的社会心理理论（Van Leeuwen，Quick&Daniel，2002），社会认同中的自我是由多个自我组成的，包括个体自我、群体中的自我等等。[1] 在此基础上，社会认同理论认为个人有两个相互独立并共同构成自我概念的两个身份（Turner，1982）[2]。第一个身

---

[1] Van Leeuwen, L., Quick, S., Daniel, K. *The Sport Spectator Satisfaction Model: A Conceptual Framework for Understanding the Satisfaction of Spectators*[J]. Sport Management Review, 2002, 5:99 - 128.

[2] Turner, J. C. *Towards a Cognitive Redefinition of the Social Group. In* H. Tajfel(Ed), Social Identity and Intergroup Relations[M]. London, England: Cambridge University Press, 1982:15 - 40.

份是指个人身份,即:思考或感觉自己(如有能力,吸引力和智慧)。第二个身份是个人的社会身份,即将自己划分在不同的分类群体中(例如最喜欢的运动,最喜欢的球员或球队)。有关自我的观点认识到人们生活在相对较小的社会单位中,并且形成社会关系的网络,并最终影响个人的身份确认(Laverie&Arnett,2000[1];Madrigal,1995[2])。社会认同理论的研究发展进一步促进了消费认同的探索性研究。相关观点表明,人们对物质财产、场所、人群和团体的情感认同(Kleine,Kleine&Keman 1993[3]),建立了一个社会认同的视角,而这一视角是一个有用的方法来研究许多不同类型的有规律参与的消费人群。国外学者分别采用一维和多维的方法来研究消费者对于球队的消费认同。(Kwon,Anderson&Trail,2003[4];Robinson&Trail,2005[5])研究表明一个可以具体到多点认同,更简约的认同模型,可能是一个更好的方法。通过与比赛的互

---

[1] Laverie,D. A. ,Arnett,D. B. *Factors Affecting Fan Attendance: The Influence of Identity Salience and Satisfaction*[J]. Journal of Leisure Research,2000,32:225 - 246.

[2] Madrigal,R. *Cognitive and Affective Determinants of Fan Satisfaction with Sporting Event Attendance.* Journal of Leisure Research,1995,27:205 - 227.

[3] Kleine,R. E. ,Kleine,S. ,Keman,J. B. *Mundane Consunçtion and the Self:A Socialidentity Perspective*[J]. Journal of Consumer Psychology,1993,1:209 - 235.

[4] Kwon,H. H. ,Anderson,D. A. ,Trail,G. T. (2003,June). *The Relationship between Sport Consumers' Points of Attachment and Licensed Merchandise Consumption.* Paper Presented at the Annual Conference of the North American Society of Sport Management,Ithaca,New York.

[5] Robinson,M. ,Trail,G. T. *Relationships among Spectator Gender,Motives and Points of Attachment in Selected Intercollegiate Sports*[J]. Journal of Sport Management,2005,19:58 - 80.

第三章 赛事认同对球迷消费行为影响的理论分析

动、分享对话以及实地消费等方法，球迷培养一种对教练、个人运动员、球队、比赛以及一种体育运动的认同感。

在社会认同与消费认同研究的基础上，本研究尝试对赛事认同概念的探索。笔者从足球球迷消费的视角，提出赛事认同是球迷在现代社会中建构认同的重要方式，认为赛事认同是球迷通过特殊的体育消费方式——赛事消费来表达个人身份以及球迷群体组织的特殊性，进一步通过与赛事品牌、目的、行为、球迷群体规范、身份辨识能力等方面形成关联，以此将自己划归为特定的球迷群体，以实现球迷个体与球迷群体、赛事品牌、赛事环境以及赛事文化等方面的对接，并最终实现其社会定位和归类。从当前学术研究的现状来看，对赛事认同的关注和研究目前仍处于起步阶段，在学术界的具体研究中，目前并无统一的规范性定义和特征描述。本研究拟从球迷角度，对中超联赛的赛事认同框架做出探索性研究。

本研究所诉诸的赛事认同主要体现为球迷对中超足球联赛的认同。拟从球迷个人身份认同、群体社会认同、赛事价值认同及赛事文化情境认同四个方面搭建中超联赛赛事认同的研究框架。以球迷个体、群体为赛事认同的主体，以赛事本体价值为赛事认同的客体，以赛事文化情境为赛事主客体互动的媒介，以球迷的实际消费行为为赛事认同的结果。

通过文献综述研究，本研究总结出影响赛事认同的相关因素主要包括个体因素、群体因素、赛事因素、文化情境因素等四个部分，故拟将赛事认同量表划分为四个维度。

二、球迷个体认同

个人认同指单个个体对自我特点的描述，是个人的自我参照，是个人的认同作用于对人的主体性问题的研究。人的自我认同的直接对象是对人自身的意义的反思，这是人自我建构的第一阶段。吴玉军认为，自我认同包含三个方面的问题：自我意义感的追寻、自我归属感的获得以及自我同一性的建构。"自我认同"是对于"我的存在意义是什么""我是谁"这些看似简单的问题的不断诘问过程。球迷个体身份认同的过程，就是球迷个体在一定的文化情境范围内，以自我、他人、群体以及社会为中介确认个体身份的过程，以内省的方式把握自己，逐渐明晰自己的身份，不断在自我之外寻找自我、反思自我的过程。

球迷个体身份认同是其思想信仰、价值观念、人生追求、精神面貌、行为方式的总和，是球迷个性的体现和浓缩。对于中超赛事的球迷个体身份认同，应从球迷自身出发考虑赛事认同个体与中超赛事的关系，在球迷个体对中超赛事的认知基础上，从球迷情感、行为以及所处环境三个方面，完成球迷自我的角色确认与反思性理解。首先，赛事认同中个体与中超赛事的关系。中超联赛的举办与球迷的支持有莫大的关系，球迷是中超联赛存在与发展的根基，中超联赛具有强大的生命力，根本原因就是其拥有大量球迷观赏比赛。球迷毫无疑问地成为中超联赛的主要消费者，如果没有球迷，那么中超联赛可持续发展的基础便不存在。中超联赛有各种利益相关者，球迷也是重要的利益相关者。反之，球迷需要以中超联赛为利益诉求对象。球迷观看中超比赛，除了对足球的喜欢之外，还有从观赛中找寻自我的动机与过程。在此基础上，球迷个体会从个体认知、情感以及对联赛的认知方面，考虑自身的足球情结、情感表达方式、存在意义、价值判断等具体问题。不断探索自我与球迷角色之间的同一性问题，逐渐找寻、提高自我与球迷群体之间的归属感，始终追寻自我球迷角色的意义与价值。球迷个体认同成为连接球迷与中超联赛的初始媒介，更成为球迷个体与赛事认同对象之间的有效的"润滑剂"。

第三章 赛事认同对球迷消费行为影响的理论分析

三、球迷群体认同

球迷群体是指持有共同的社会认同或将自己视为相同的社会类别成员的一群球迷个体集合。如果说，球迷的诞生是足球运动发展的产物，那么，球迷群体便是足球运动社会化、产业化发展的产物。个体球迷更倾向于通过彼此之间相互的交流与沟通，逐渐形成了一定规模的球迷群体，而球迷群体的产生和发展更是人际交流、个体认同与群体互动的过程。对于球迷群体而言，它的所有成员之间因为有一定的互动而存在一种可观察到的和有意义的联系方式。

球迷群体认同指一个社会类别的全体球迷成员得出的自我描述，是社会或群体的认同作用于每个球迷个体而产生的社会同一性表现。球迷群体认同以球迷个体认同为基础，是球迷认知、文化与行为的基础和重要特征，也是促使球迷个体、团体与球队、俱乐部以及赛事之间相互作用、互动的重要过程。群体认同的过程首先源于球迷的个体认同结果，当不同个体的认同发生在同一时空范围内，并形成聚集条件时，球迷个体之间就会产生互相影响与交互作用，从而实现一定的群体规模与效应，并进一步形成群体的一致性情感，这种群体情感发展到一定程度的时候区辨效应随即产生，由此而产生群体共同的体验、情感、担当以及价值认同等群体认同因素。总体上，球迷群体认同的影响因素包括群体隶属需要、压力情境、群体工具作用、共同目的与兴趣等。就一个球迷群体拥有一个共同的认同来说，该群体具有潜在的提高和保护那种共同认同的愿望与动力。

四、赛事价值认同

从赛事认同主体角度，就球迷个体来说，赛事认同的对象指个体对中超联赛的归属感，对中超联赛价值观、道德规范、文化传统和制度等的接受；对于球迷群体而言，就是群体对共同身份与中超联赛价值观的双向确认。总体而言，价值认同的主体是认同主体的个体或社会共同体；价值认同的客体是事物所具有的价值观念与价值行为表现；价值认同的桥梁是相互交往、社会实践与社会接触；价值认同的过程是认同个体与社会共同体之间的双向互动；价值认同的结果表现为价值观念和价值行为的趋同与一致性。

"中超联赛"是中国足球协会超级联赛的简称，由中国足球协会组织，是中国大陆地区最优秀的职业足球联赛。联赛开始于2004年，前身为中国足球甲级A组联赛。经过20多年的职业化进程，中超联赛的发展过程中出现了诸多的争议与问题：黑哨、假球、裁判水平不高、赛事品牌较差以及俱乐部经营管理不善等，这些问题一直伴随着中超联赛的发展过程。即使不讨论联赛水平的高低，单从联赛的价值体现方面就存在若干发展不足与问题。

在欧美西方国家，职业体育发展已经相当发达，尤其是在足球运动发展中，职业体育已经和这一运动项目完美结合，发达的足球联赛在取得了优异的竞技成绩的同时，也创造出了较大的社会价值与经济价值。尤其是欧洲足球五大联赛，即英格兰足球超级联赛（The English Premier League）、意大利足球甲级联赛（Italian Serie A）、德国足球甲级联赛（German Bundesliga）、西班牙足球甲级联赛（Spanish La Liga）、法国足球甲级联赛（French Ligue 1）。这些联赛代表着世界足坛最顶尖的足球水平，吸引了众多球星加盟，是世界足球发展的风向标。2013—2014赛季，欧洲五大联赛的营业额首次突破百亿大关，达到113亿欧元，而整个欧洲足球联赛市场也突破了200亿欧元。从市场经济

第三章 赛事认同对球迷消费行为影响的理论分析

价值方面来看，中超联赛与其存在巨大的差距。

对于体育赛事价值的相关研究结果表明，从赛事举办地利益角度进行价值划分，其主要表现为经济、政治、文化、社会等方面的价值；若从赛事价值功能的角度进行划分，主要包括提升城市知名度、提升举办城市居民生活质量、发展旅游产业等相关产业等方面的价值。黄海燕（2008）将体育赛事的价值分为体育赛事的利用价值和非利用价值两大类。[①] 利用价值主要为市场所利用，绝大多数表现为市场价值。J. G. 欧文（Jeffrey Gerald Owen）认为，体育赛事的非利用价值主要表现为赛事举办城市居民自豪感建立的价值以及对没有观看比赛的居民文化、教育影响等方面的价值等等。[②] 由于体育赛事所表现出较强的公共产品性质及外部性特征，非利用价值表现尤为重要，而公共价值又是非利用价值的理性概括。根据以上分析，本研究将中超联赛的价值研究指向主要定位为市场价值与公共价值。

经济学家萨缪尔森将公共产品的概念定义为：每个人对这种产品的消费，都不会导致其他人对该产品消费的减少。从理论上看，具有非竞争性与非排他性特征成为判断公共产品属性的核心标准。[③] 在国外公共产品理论研究基础上，闵健、李万来等（2005）提出了具有较强代表性的公共体育产品概念，指出公共体育产品是社会成员共同拥有并可能享用，以社会为服务对象，以满足社会大众对体育的共同利益为目的，对社会产生整体功

[①] 黄海燕，陆前安，方春妮，等. 体育赛事的价值评估研究[J]. 上海体育学院学报，2008（1）：21-23.

[②] Jeffrey Gerald Owen. Why Cities Subsidize Sports: The Value of Teams, Stadiums and Events[C]. The University of Iowa, 2000, 6: 121-139.

[③] 萨缪尔森. 公共支出的纯理论[J]. 经济学与统计学评论，1954（11）：121-125.

效,具有公共性质的体育设施与相应服务。[①]

值得注意的是,当今的职业体育与体育赛事已经与人们的日常生活紧密结合,并已然成为社会文化的重要组成部分。现代足球运动已经超出了运动竞技的本身意义,并承载了更多的经济价值与社会价值。因此,对足球联赛价值的关注,除了市场经济价值之外,更要考虑到其社会价值。而对于我国的中超联赛而言,市场经济的发展促使现阶段联赛的发展更多考虑到市场经济价值的维系作用,与此同时,不应忽略其社会价值的最大化问题。面对此问题,更应从社会宏观角度,从社会主义国家性质,从公共体育服务视角,对中超联赛的公共价值予以充分的关注。

五、赛事认同与消费行为

在现代消费社会的时代背景下,人们的身份认同受到消费行为越来越多的影响,消费行为正在成为个体与群体社会分层、身份定位的一个重要表征。消费社会学理论对消费认同的概念进行了界定,即人们通过消费方式来表达自己与他人或社会群体之间的同一性或差异性,将自己归属于特定的社会群体,从而对自己进行社会定位和归类。

在人类社会向消费社会进一步发展、过渡的过程中,消费逐渐具备了建构认同的条件。在消费社会中,消费行为具有一定的公共化和意义化,促进了消费具有表达并建构认同的可能。

鲍德里亚认为,"消费是一种建立关系的主动模式(而且这不只是人和物品之间的关系,也是人和集体与世界间的关系),它形成了一种系统性活动的模式,更是一种社会全面性的回应,从而建立了我们文化体系的整体"。由此可知,消费与认同产生

[①] 闵健,李万来,卿平等. 社会公共体育产品的界定与转变政府职能的研究[J]. 体育科学,2005(11):3-10.

第三章 赛事认同对球迷消费行为影响的理论分析

了一种密不可分的关系。在此基础上,人类学家弗里德曼提出,"在最一般意义上,消费成为创造认同的特定方式,一种实现时空的物质重组中的实现方式。由此而言,消费是建构自我的一种工具,自我构造本身依赖于将切实可得的物品引导入与个人或人们相联系的特定关系中的更高等级的样式"。可见,消费与认同是人类行为同一过程的两个方面,两者互相影响与交互的作用,使得人们消费的过程就是认同建构的过程,建构认同的过程同时也是消费的过程。

群体认同对于消费过程十分重要,群体也是认同的重要前提条件,个体必须通过获得群体情感、特征等方面而取得群体归属感、身份与认同,人们也总是在纷繁的社会情境中通过群体找寻自我、明晰个体身份。因此,米德提出:"我们所具有的独特经济地位和社会地位,使我们能够把自己与其他人区别开来。从某种程度上说,我们还在各种各样的群体中具有地位,后者可以被我们用来实现'自我认同'。"可见,群体承担起个体获取认同的中介认为,而群体与认同的距离进一步缩短成为必然结果,并最终使得个体认同与自我实现成为可能。同样,消费在连接群体、个体与社会之间起着重要桥梁作用,在人们的消费意识中,通过消费获得了某种群体身份就获得了某种认同。布尔斯廷在其《美国人》一书中,进一步将这种群体描述为消费者共同体,"相互从未谋面的人们,由于使用相似的连物品的主人都无法区分的物品而联系在一起。消费者共同体发展得非常迅速,这与意识形态无关,表现为形式大众化,而且是公开的、松散的而又变化很快"。[①]

在当今消费社会中,消费行为已成为消费者进行个体识别和归属,以及对群体进行划分与归类的重要方式。与此同时,消费

---

① 丹尼尔·J.布尔斯廷.美国人[M].上海:上海译文出版社,2014:38.

者在其消费的过程中，也受其个体身份认同、社会群体认同以及价值认同等方面的影响。然而，对于消费认同的相关研究主要表现为消费行为对于人们身份认同的建构作用，即人们消费什么或者不消费什么，反映了人们对某种价值目标的认同行动。然而，人们自身的个体身份认同与群体社会认同又不可避免地对其消费强度、评价等方面起作用，认同的强度、内容以及价值判断基础上的认同将对消费行为产生直接或间接的影响。简而言之，消费者所具有的认同特点，会形成对消费内容和形式的价值判断，并最终采取符合自己身份与归属的消费行为。单一飞、海宛平提出社会文化、社会风俗、社会阶层与社会群体等四个社会因素会引起消费动机，表现出一定的社会认同对消费动机的影响。球迷被誉为"狂热的消费者"，其在动机的引导下实施与体育赛事相关的行为，其狂热的程度正是其赛事认同程度的表现，进而影响其赛事消费行为。因此，赛事认同是如何影响球迷的消费行为的？其作用机制与规律又是如何？这一点应该引起相关研究的足够重视。

从消费行为本体来看，广义的消费行为既包括为获取、购买、使用产品或服务的各种行动，也包括先于且决定这些行动的决策过程，即消费者的行动与消费决策过程。因此，消费行为的主要研究对象应主要包括消费心理与消费行动。相关文献表明：影响消费者行为的因素主要包括消费者的心理因素以及所处的社会文化因素等方面；并且，在诸多因素的影响下，包括年龄、性别、收入等多组消费者特征的个体因素又成为影响消费行为的主体因素。基于对球迷赛事认同与消费行为两方面的研究需要，本研究进一步将球迷的消费行为聚焦至消费意愿与实际消费行动两个方面，以阐释在球迷赛事认同过程中所产生的消费心理与消费行动结果。最终，通过包括年龄、性别、收入、学历以及团体归

第三章　赛事认同对球迷消费行为影响的理论分析

属等五个方面个体因素进行多组比较分析，以探求赛事认同对球迷消费行为影响机制的适应性与科学性。

值得注意的是，一般地，消费行为直接体现为对商品的占有，这一本质特征赋予了消费的建构功能。而球迷的赛事认同作用下的消费行为是区别于一般的实物消费行为，它更关注赛事观赏的体验性与个体、群体认同实现。这一点可为今后可持续的研究提供更广阔的空间。

第四章　研究设计与模型维度的因子分析

第一节　研究设计

研究设计是为了实现研究目的对研究步骤、内容进行的行动思考与选择,并根据可能出现的设计问题制定的若干对应的方案,是整个研究过程中的关键环节。本部分将在文献回顾与理论分析的基础上,设计出严谨、科学并切实可行的研究方案,以便获得真实、准确、可靠的研究数据与结论。本部分包含本研究涉及变量的操作性定义及测量、量表与问卷设计、抽样方法、缺失值处理以及数据分析方法等内容。

一、变量的操作性定义

本研究的主要变量包括潜在变量与观测变量两种。首先,中超联赛的赛事认同为本研究的潜在变量。其次,球迷个体认同、群体认同、赛事价值认同、赛事文化情境以及球迷消费行为等五个变量为观测变量。

本文各个变量的操作性定义如表4—1所示。

二、中超联赛赛事认同量表的编制

本研究拟通过问卷调查法收集数据资料,以促进赛事认同对

第四章　研究设计与模型维度的因子分析

表 4—1　本研究变量及其操作性定义

序号	变量	操作性定义
1	赛事认同	在中国足球超级联赛发展的文化情境内，从球迷个体、群体两个主体方面出发考虑对中超联赛价值客体的认同情况
2	球迷个体认同	从球迷个体主体认知层面，观测其身份认知、情感认知以及个体对中超联赛的认知等情况
3	球迷群体认同	从球迷群体主体认知层面，观测其观赏中超联赛过程中所表现出的共同目的、隶属需要、共同兴趣、压力情境等情况
4	赛事价值认同	从球迷对赛事认同的客体层面，观测球迷对中超联赛表现出的公共价值与市场价值的认同情况
5	赛事文化情境认同	从球迷观赏中超联赛所处的总体环境层面，观测其对中超联赛所独有的赛事文化与情境的感知情况
6	球迷消费行为	在球迷对中超联赛赛事认同的基础上，观测球迷所表现出的实际消费与消费意愿情况

球迷消费行为影响的实证研究。国外学者尝试进行体育迷与体育比赛之间的认同关系量表，例如库恩（Kwon）等人（2003）使用六点认同量表来解释大学生体育迷的消费行为。验证性因素分析后，将认同点的数目降为四点（分别为同伴认同、学校认同、球队认同和体育项目认同[①]）。罗宾逊（Robinson）、特雷尔（Trail）（2005）使用七点认同量表来检验观众与体育赛事之间的心理认同情况。PAI（Point of Attachment Index，简称 PAI）

[①] Kwon, H. H., Anderson, D. A., Trail, G. T. (2003, June). *The Relationship between Sport Consumers' Points of Attachment and Licensed Merchandise Consumption*. Paper presented at The Annual Conference of the North American Society of Sport Management, Ithaca, New York.

(Robinson & Trail, 2005[①]; Trail, Robinson, et al., 2003[②])成为一种综合衡量体育迷与一项运动项目所产生的不同身份认同情况。它包括球员认同、学校认同、社区认同、体育水平认同、球队认同、教练认同以及运动项目认同等七个方面。

综观国内外相关认同量表,基本都不能满足本研究的测量需要。因此,编制中超联赛赛事认同量表,形成满足本研究实证调查的测量工具成为重要问题,而量表项目的收集成为首先需要解决的问题。

1. 赛事认同量表项目的收集

通过系统性分析与论证,中超联赛赛事认同量表项目经过以下几个步骤收集而成:

第一,文献综述。对有关球迷、赛事与认同的相关研究成果进行分析,把握球迷赛事认同的概念和理论,收集具体内容或条目。通过文献综述研究,笔者总结出影响赛事认同的相关因素主要包括个体因素、群体因素、赛事因素与文化因素等四个部分,故拟将赛事认同量表划分为四个维度。其中,个体因素包括个人认知、情感、行为及环境四个指标;群体因素包括群体的共同目的、隶属需要、共同兴趣、压力情境及群体的工具作用五个指标;赛事因素包括中超联赛的公共价值与市场价值两个指标;文化因素包括物质文化、制度文化、行为文化及心态文化四个指标。

第二,深度访谈和开放式问卷调查。深入球迷协会对球迷进行访谈,与足协、足球相关研究专家进行深入访谈,主题为"辽宁球迷对于中超足球联赛的认同包括哪些因素",以个别访谈和

---

① Robinson, M., Trail, G. T. *Relationships among Spectator Gender, Motives and Points of Attachment in Selected Intercollegiate Sports* [J]. Journal of Sport Management, 2005, 19: 58 - 80.

② Trail, G. T., Robinson, M. J., Gillentine, A., et al. *Motives and Points of Attachment: Fans Versus Spectators in Intercollegiate Athletics* [J]. Sport Marketing Quarterly, 2003, 12: 217 - 227.

第四章　研究设计与模型维度的因子分析

小组座谈的方式进行。访谈具体对象为沈阳赤魂和西红两家球迷协会的会长、骨干人员及球迷代表等20人，在此基础上，对辽宁省足球运动管理中心主任梁殿乙、沈阳市足球协会秘书长范广慧、原大连市体育局副局长孙新生、大连市足协郭军、江新国、沈阳体育学院足球发展研究中心主任于泉海以及斯力格教授等足球相关研究专家8人进行深入访谈。开放式问卷调查对象为沈阳两家球迷协会的活跃球迷代表，共发放问卷80份，回收有效问卷71份。

第三，收集、借鉴相关量表题项。检索国外相关文献，收集国外相关研究中球迷认知、赛事认同、球迷消费等调查问卷的具体项目。通过与国内外专家的沟通、交流，主要借鉴国外现有的旺恩（Wann）和布兰斯康伯（Branscombe）(1993)"体育观赛者认同量表"[Sport Spectator Indentification Scale (SSIS)]、特雷尔（Trail）(2012)体育认同量表（Points of Attachment Index）、体育消费动机量表（Scale for Motivators of Sport Consumption）、旺恩（Wann）(1995)体育迷动机量表（Sport Fan Motivation Scale，简称SFMS）、身份认同量表（AIQ - IIIx）等量表，以及综合国内专家有关赛事相关研究内容与调查项目。共选取36个题项。

第四，项目归类、汇总与整理。对访谈和开放式问卷调查得到的条目进行归类、汇总，对收集获得的辽宁球迷对于中超足球联赛的认同条目的频次和重要性进行排序，选取频次大于2的项目，得到89个条目，再加上我们从国外相关研究成果中选取的36个条目，形成了由125个条目组成的球迷赛事认同初始量表。

2. 评定、修改初始量表

请球迷代表对初始量表进行评定，就量表内容与球迷认同情况的符合程度及量表的可读性进行修改。再请组织足球研究专家

(教授3人)和球迷协会的骨干人员(会长2人、主管2人)对项目的适当性和量表的科学性进行评定。进一步修改初始量表，得到由109条目组成的预试量表。

3. 量表专家咨询

为保证量表的科学性与实效性，通过两轮专家咨询对赛事认同预试量表进行判断与分析。

(1) 赛事认同量表第一轮专家咨询与分析

第一轮专家咨询过程中，共邀请国内足球运动相关研究专家33名为量表所有题项做重要性打分。第一轮专家咨询时提供的量表三级指标项目共109项，通过第一轮专家评分统计，分别计算出每一指标项目的算数平均数与标准差。

首先，对量表的构成题项进行项目分析，求出各维度下每一题项的"临界比率（CR 值）"，以27%为高低分组依据，计算出高、低两组专家意见在每题得分平均数差异的显著性检验，如果题项的 CR 值达显著性水平，即表示该题项可以鉴别不同受试者的反应程度，并据此判断该题项有效并予以保留。项目分析结果显示，该量表的4个维度中共有18个题项未达显著水平（$P > 0.05$），在这里可考虑剔除。

其次，对该量表进行取样适当性及球形检验，即通过统计结果的 KMO 值与负合量进行判断。统计结果显示，该量表的 KMO 值为0.624，球形检验的卡方值为684.463，并达到显著水平（$P < 0.05$）。通常来说，KMO 值大于0.5时较适合进行因素分析，在这里达到统计要求。依据塔巴赫尼卡（Tabachnica）与菲尔德（Fidell）（2007）提出的标准，当负荷量大于0.63，也就是该因素可以解释观察变量60%的变异量之时，是较好的情况。从统计结果来看，根据量表总体条目数量大小调整与进行第二轮咨询的需要，选取所有负荷量大于0.63的题项，保留并修改成

包括65个指标项目的量表,用于进行第二轮专家咨询。

(2) 赛事认同量表第二轮专家咨询与分析

第二轮专家咨询过程中,在原有专家的基础上,再增加足协管理者、球迷协会管理者以及足球教练等9名专家,共42名专家为第一轮修改后的量表的所有题项做重要性打分。

表4—2 第二轮量表咨询专家自然情况统计

专家统计特征	分类	人数	百分比(%)
文化程度	本科	5	11.9
	博士	15	35.7
	硕士	22	52.4
工作性质	教学科研	30	71.4
	教学科研(教练)	1	2.4
	赛事运作实务	1	2.4
	行政管理	10	23.8
年龄	40岁以下	12	28.6
	40—49岁	19	45.2
	50—60岁	10	23.8
	60岁以上	1	2.4
行政职务或专业技术职称	处级	6	14.3
	处级以下	4	9.5
	副高级	14	33.3
	正高级	18	42.9

续表

专家统计特征	分类	人数	百分比(%)
对中超联赛的熟悉程度	很熟悉	12	28.6
	较熟悉	25	59.5
	一般	5	11.9
对足球球迷行为的熟悉程度	很熟悉	9	21.4
	较熟悉	27	64.3
	一般	6	14.3
从事足球相关研究或管理工作年限	5年以下	7	16.7
	5—10年	6	14.3
	11—15年	11	26.2
	16—20年	9	21.4
	20年以上	9	21.4
工作单位	长春市足协	3	7.1
	巢湖学院	1	2.4
	广东财经大学	2	4.8
	广东省体育局	1	2.4
	衡阳师范学院	1	2.4
	吉林体育学院	3	7.1
	辽宁足球管理中心	1	2.4
	山东体育学院	3	7.1
	山西师范大学体育学院	1	2.4
	上海财经大学	3	7.1

第四章 研究设计与模型维度的因子分析

续 表

专家统计特征	分 类	人 数	百分比(%)
工作单位	上海市体育局	1	2.4
	上海体育学院	4	9.5
	沈阳体育学院	7	16.7
	沈阳体育学院足球发展研究中心	1	2.4
	首都体育学院	1	2.4
	天津体育学院	2	4.8
	武汉体育学院	6	14.3
	武汉卓尔职业足球俱乐部	1	2.4
总 计		42	100

首先，对量表的构成题项进行项目分析，求出各维度下每一题项的"临界比率（CR值）"，以27%为高低分组依据，计算出高、低两组专家意见在每题得分平均数差异的显著性检验，如果题项的CR值达显著性水平，即表示该题项可以鉴别不同受试者的反应程度，并据此判断该题项有效并予以保留。项目分析结果显示，该量表的4个维度中共有12个题项未达显著水平（$P>0.05$），在这里可考虑剔除。

其次，对该量表进行取样适当性及球形检验，即通过统计结果的KMO值与负荷量进行判断。统计结果显示，该量表的KMO值为0.675，球形检验的卡方值为570.538，并达到显著水平（$P<0.05$）。通常来说，KMO值大于0.5时较适合进行因素分析，在这里达到统计要求。依据塔巴赫尼卡（Tabachnica）与菲尔德（Fidell）（2007）提出的标准，当负荷量大于0.63，也就是该因素可以解释观察变量60%的变异量之时，是较好的情况。

从统计结果来看，根据量表总体条目数量大小调整与进行第二轮咨询的需要，选取所有负荷量大于 0.63 的题项，最终，保留并修改成包括 42 个指标项目的正式量表，用于进行预测试。

表 4—3　中超联赛赛事认同量表测量指标体系

观测变量	测量题项
球迷个体认同	C1 成为中超球迷表达着我的足球情结
	C2 当看到中超足球联赛宣传时，我会很兴奋
	C3 成为一名足球球迷，对我很重要
	C4 现场观赛是我对中超联赛支持的表达方式
	C5 我很高兴能够为自己喜欢的球队加油、呐喊、助威
	C6 当辽宁队取得好成绩，我会很兴奋
	C7 每次观看辽宁队比赛都增强我的自豪感
	C8 每次观看辽宁队比赛，我都充满激情
	C9 成为辽宁队的球迷因为辽宁人非常喜欢足球
	C10 成为辽宁足球队的球迷对我很有意义
	C11 我认为中超联赛是国内水平最高、职业化前景最好的体育赛事
	C12 我认为中超联赛发展的大环境愈发良好
	C13 我认为中超联赛不够精彩
	C14 作为球迷，我会购买中超联赛相关的产品
球迷群体认同	C15 工作与生活的压力大、乏味使我成为球迷群体的一员
	C16 如果让我加入球队的球迷团体，是因为它所坚持的观点、价值观
	C17 辽宁球迷忠诚度与球队联赛成绩无关

第四章　研究设计与模型维度的因子分析

续　表

观测变量	测量题项
球迷群体认同	C18 成为辽宁队球迷的一员,让我找到了有组织的感觉
	C19 中超联赛的水平低使得球迷的团体缺乏凝聚力
	C20 辽宁经济的不景气使得球迷规模有限
	C21 每次到比赛现场看球,像是回到家一样
	C22 成为球队的球迷俱乐部的一员让我享受到一种优越感
赛事价值认同	C23 中超联赛的良好发展可以培养公民的爱国情感
	C24 中超联赛的良性发展使得球迷对中国足球充满信心
	C25 中超联赛的公平、公正可以促进社会道德水平的提高
	C26 中超联赛对举办城市的经济发展有巨大的促进作用
	C27 我认为中超联赛可以促进足球产业的发展
	C28 我认为中超联赛给举办地带来新的消费额
	C29 我认为中超联赛可以增强居民体育健身意识
	C30 中超联赛会发展成为最值钱的国际足球品牌
	C31 我认为中超联赛能给居民提供学习足球运动技能与文化的机会
	C32 中超联赛的良性发展可以提升国家、民族凝聚力
	C33 中超联赛有助于促进辽宁整体经济与社会发展
文化情境认同	C34 观看中超联赛是我消遣娱乐的一种方式
	C35 中超联赛可以使我获得观看足球的艺术享受
	C36 观看中超联赛可以提高我的审美情趣、陶冶情操
	C37 我几乎不了解联赛的管理制度

续 表

观测变量	测量题项
文化情境认同	C38 我认为中超联赛主场的观赛环境有待改善
	C39 我认为中超联赛赛场整体氛围有待改善
	C40 我认为中超联赛的发展受国家政治影响较大
	C41 我希望越来越多的国际级球星加盟中超联赛
	C42 我认为中超联赛的发展受中国传统文化影响较大

4. 修订后的赛事认同量表的信度、效度检验

从一致性系数来看,量表的总体内部一致性系数值(Cronbach's Alph)为0.949,说明项目具有较好的信度。

表4—4 球迷赛事认同量表的信度检验

维度名称	题 项	球形检验的卡方值	KMO值	P值
维度一	C1—C14题	440.260	.752	.000
维度二	C15—C22题	67.681	.676	.000
维度三	C23—C33题	320.204	.707	.000
维度四	C34—C42题	178.128	.723	.000
总量表	C1—C42题	360.724	.777	.000
Cronbach's Alph		0.949		

三、调查问卷的形成

根据对赛事认同量表的不断完善以及对球迷消费行为调查的

第四章 研究设计与模型维度的因子分析

需要,在赛事认同量表的基础上,编制《中超足球联赛球迷赛事认同与消费调查》问卷。该问卷包括三部分内容:一、球迷基本信息。二、中超联赛球迷消费行为调查。三、中超足球联赛球迷的赛事认同调查。本文设计了7个基本信息识别性问题和26个研究性问题来测度辽宁球迷对中超联赛的具体消费行为。其中,7个基本信息识别性问题包括球迷的地域、性别、年龄、教育程度、月收入、职业以及婚姻状况等。26个研究性问题包括球迷的身份确认、足球运动与联赛消费现状、联赛消费行为特征、消费意愿以及消费评价等。《中超足球联赛球迷的赛事认同量表》包括42个认同评价问题,采用国外同类研究惯用的李克特五点量尺:1表示"不认同",2表示"较不认同",3表示"一般",4表示"较认同",5表示"很认同"。

为了检测所创建的量表以及总体问卷的信度与效度,并进行探索性因子分析,2015年4月进行问卷的预测试。在预测试的基础上,对量表以及总体问卷的题项内容进行了进一步的调整与修改。

为确保问卷语言表达清晰,避免言语歧义以及晦涩难懂的情况发生,邀请10名中超联赛的球迷,对问卷所有题项进行逐项阅读并实际填写,根据反馈意见,对某些表达不恰当的语句进行内容调整,使之更符合问卷调查实际需要。通过以上整理修改后形成本研究预测试问卷。

为了更好地判断并辨识受调查球迷填答问卷的态度,更为有效地剔除无效问卷,提高问卷填答质量,首先,在"中超联赛球迷消费行为调查"部分设置B1题项"您是足球球迷吗"用以界定本研究实地调查样本的身份准确性。如果在实地调查中,出现选择答案为"不是"的样本为无效样本。其次,在调查问卷中设置了一对"测谎题",在"中超联赛球迷消费行为调查"部分,设置 B14 题项"请问下述哪些描述与您的中超现场观赛行为最为相似?"其备选答案 A 为"没有现场观赛经历"。如果被调查者选择此答案,在接下来 B16 题项"请问您每年购买中超联赛球票大约花费?"的回答中,如果选择除 A 选项"没有消费"之外的任何答案,表明受调查者对此测谎题的回答是互斥的,说明被调查者没有很好地填答问卷,可考虑将这份问卷直接作废。

与大多数的调查问卷相同,预测试问卷主要由以下四个部分组成:(1)引导语部分,这一部分主要说明受调查球迷应如何正确地填写问卷,为了降低球迷认知偏差的影响并有效消除被调查者的顾虑,在引导语部分明确说明"本次问卷调查结果仅为学术研究之用,我们将对您所填写的内容严格保密,不会对您个人的工作或生活带来任何影响"。(2)问卷 A 部分。主要调查球迷基本信息,列出了被调查球迷需要填写诸如性别、年龄、受教育程度以及所在城市等题项。(3)问卷 B 部分。主要调查中超联赛球迷消费行为,包括 26 个研究性问题来观测球迷消费行为这一变量,其中,B4、B5、B10、B12 等八个题项为主要测量指标。(4)问卷 C 部分。主要调查中超足球联赛球迷的赛事认同情况,包括筛选出的全部 42 个赛事认同量表评价题项,采用国外同类研究惯用的李克特五点量尺:1 表示"不认同",2 表示"较不认同",3 表示"一般",4 表示"较认同",5 表示"很认同",以分别测度包括球迷个体认同、群体认同、赛事价值认同以及文化情境认同等四个观测变量在内所表现的潜在变量——赛事认同情况。

四、抽样方法

在应用问卷调查法过程中,样本的抽样方法主要包括随机抽

第四章 研究设计与模型维度的因子分析

样和非随机抽样两种。随机抽样具有较强的代表性，可以较为全面地反映出样本分布的总体情况；而非随机抽样因其按照一定的主观标准进行抽样，代表性稍差，因此可能会出现某些偏差。然而，值得关注的是，随机抽样尽管代表性较强，但是在实际调查中会面对被调查者不愿意配合和成本花费巨大等问题，并进一步导致调查数据具有一定的失真性，总体表现为实际调查准确性与可行性较差。为了实现以较低的调查成本获取到更为有效且真实调查数据，越来越多的国内外学者倾向于采取非随机抽样的方法进行问卷实地调查。在本研究中，由于受多方面条件的限制，并综合考虑球迷社会组织的特殊属性，以及球迷现场调查难以保证真实性的现实局限，本研究主要采用非随机抽样的方法开展问卷实证调查研究。其中，作为一种经典的非随机抽样方法，便利抽样可以根据受调查者是否方便进行抽样。该方法具有省时、省力、简便易行、操作难度小、调查条件要求低、易得到调查对象的合作以及调查进度容易控制，并且所需调查成本较低等优点，因此，在国内外大型调查研究中得到了广泛的应用（Malhotra，2002）。与此同时，滚雪球抽样一般通过先定位一组调查对象，邀请他们进行先期调查，之后再请他们邀请其他一些满足调查需要的人员参与调查，然后，再依次推荐和邀请……如此进行，调查对象就会像滚雪球一样，使得参与的调查对象数量越来越多地累积。综合考虑，笔者认为球迷作为一特殊的、松散的、没有固定组织的社会群体，采用相对集中的非随机抽样具有一定的可行性与科学性，因此，对于中超联赛球迷赛事认同调查以及消费行为的实证调查，主要通过便利抽样和滚雪球抽样两种方法予以实现。

五、抽样对象和抽样过程

1. 预测试

为了检测所创建的量表以及总体问卷的信度与效度,并进行探索性因子分析,2015年4月进行问卷的预测试。预测试的样本主要来源于沈阳、大连和盘锦三座城市。首先,采用便利抽样方式进行,联系沈阳、大连和盘锦三城市所拥有的球迷俱乐部的负责人,让其联系俱乐部的骨干成员;其次,让各位被调查者邀请另外一些符合调查要求的人填写问卷,通过滚雪球抽样方式进一步收集调查样本。此次调查共发放问卷360份,对所回收样本进行严格的排查与剔除后,回收有效问卷294份,回收率为81.67%。

2. 正式调查

在预测试的基础上,对量表以及总体问卷的题项内容进行进一步调整与修改后,最终形成正式的《中超足球联赛球迷赛事认同与消费调查》调查问卷。2015年5月开始进行正式调查。首先,采用便利抽样与滚雪球抽样方式邀请沈阳、大连、抚顺等城市的球迷俱乐部的球迷参与调查,共发放问卷340份,对所回收样本进行严格的排查与剔除后,回收有效问卷241份,回收率为70.89%。

其次,根据辽宁足球队5—6月赛程,分别在2015年5月9日联赛第9轮,主场对天津泰达权健;5月24日联赛第11轮,主场对重庆力帆;6月4日联赛第13轮,主场对杭州绿城;6月24日联赛第15轮,主场对上海上港;6月27日联赛第16轮,主场对贵州茅台等五个主场比赛,完成对中超足球联赛球迷赛事认同与消费研究的实地调查工作。先后共发放五轮次调查问卷,共发放问卷 1500 份，对所回收样本进行严格的排查与剔除后，由于对现场球迷进行实地调查的各方面局限性，以及球迷填写问卷的实际情况，共回收有效问卷 886 份，回收率为 59.07%。

六、缺失值处理

对于调查问卷不认真填写情况的处理，应遵循一定的缺失值处理标准。对于单个量表未填写题项数多于 40% 的问卷，以及整体问卷中有 10% 的题项未填写的问卷，因不满足问卷数据收集的标准，我们将这样的回收问卷作废并直接剔除。对于球迷赛事认同量表部分共 42 个题项的填写，如果选择均一致，例如，对于所有题项均选择 3 "一般"的调查样本予以剔除。对于少数的有漏填题项，然而尚未达到废卷标准的回收问卷，先将其数据录入到 SPSS 中，利用统计软件对缺失值进行数理分析并主要采用"数据取代"的方法由软件自动处理该项缺失值。

表 4—5　正式调查问卷发放与回收情况

联赛轮次	上座人数（全国平均）	上座人数（辽宁）	发放问卷	回收有效问卷
第九轮	23100	10027	300	176
第十一轮	21000	10216	300	142
第十三轮	16586	5827	200	138
第十五轮	20372	11120	350	227
第十六轮	18600	12130	350	203
总　计			1500	886

第二节 预测试与探索性因子分析

本文进行探索性因子分析的预测试样本数据来源于对沈阳、大连、盘锦三个城市的球迷对中超联赛的认同与消费情况调查。

表 4—6 预测试样本的自然特征统计

变量名称	变量编码	变量内容	人　数	百分比(%)
性　别	1	女	99	33.7
	2	男	195	66.3
婚姻状况	1	已婚	100	48.3
	2	未婚	194	51.7
年　龄	1	18 岁以下	38	12.9
	2	18—24 岁	86	12.9
	3	25—34 岁	204	35.4
	4	35—44 岁	52	17.7
	5	45—54 岁	10	3.4
	6	55—64 岁	1	0.3
	7	65 岁及以上	3	1.0
受教育程度	1	初中及以下	18	6.1
	2	高中/中专	46	15.6
	3	大专/高职	31	10.5
	4	大学本科	174	59.2
	5	研究生及以上	25	8.5

第四章 研究设计与模型维度的因子分析

续 表

变量名称	变量编码	变量内容	人 数	百分比(%)
月收入水平	1	无经济收入	79	26.9
	2	2000元以下	28	9.5
	3	2000—3999元	88	29.9
	4	4000—5999元	66	22.4
	5	6000—7999元	11	3.7
	6	8000—9999元	10	3.4
	7	10000元及以上	12	4.1
职业类型	1	技术专业人员	35	11.9
	2	企事业单位人员	62	21.1
	3	公司职员	69	23.5
	4	自由职业者	14	4.8
	5	政府机关人员	18	6.1
	6	学生	68	23.1
	7	军人	1	0.3
	8	待业人员	1	0.3
	9	退休	1	0.3
	10	家庭主妇	1	0.3
	11	其他	9	3.1
是否参加球迷团体	1	参加	80	27.2
	2	未参加	214	72.8
所在城市		大连	83	28.2
		盘锦	109	37.1
		沈阳	102	34.7
总 计			294	100

为研究球迷赛事认同的维度和问卷量表的效度，首先要进行探索性因子分析（Exploratory Factor Analysis，简称EFA）。探索性因子分析以研究所设计相关矩阵内部数据之间的依赖关系为出发点，其主要作用为找出多元观测变量的本质结构，从众多的数据变量中抽取若干公共因子，并对调查数据内容进一步进行降维处理，最终达到减少变量的归类降维目标。因此，EFA能够将包含错综复杂关系的数据变量归类至若干核心因子。金在恩（Jae-On Kim），查尔斯·穆勒（Charles W. Mueller），（1978）认为探索性因子分析主要包括协方差矩阵的检验、抽取初始的因子以及旋转以获得最终结果等三个步骤。结合本研究实际需要，将探索性因子分析的步骤具体划分为七个步骤，如图4—1所示。

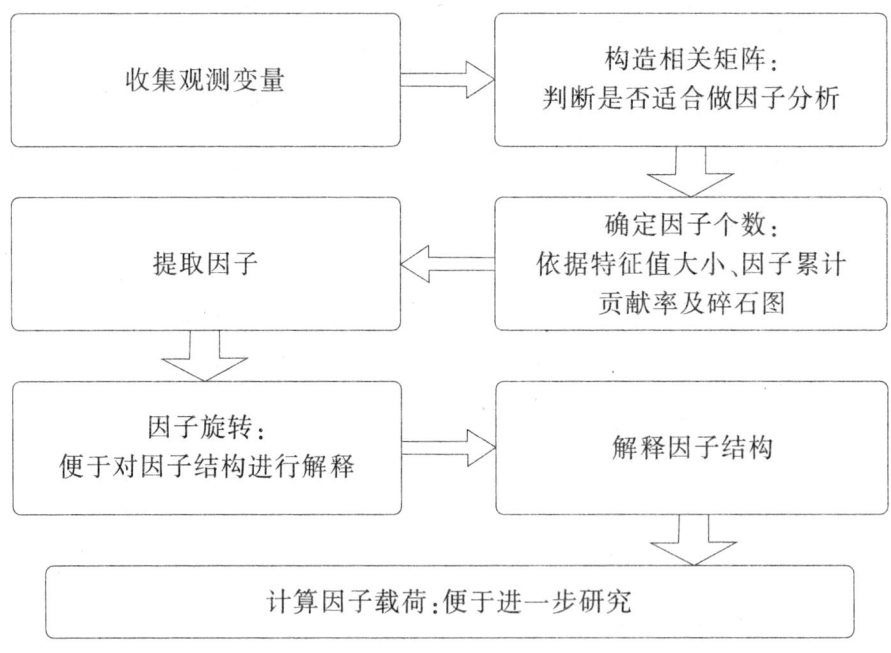

图4—1 探索性因子分析步骤

本研究主要通过利用SPSS统计软件进行探索性因子分析。进一步利用因子抽取方法模块中诸如未加权最小平方法、主成分

第四章 研究设计与模型维度的因子分析

分析法等公共因子抽取方法,并对矩阵数据进行因子旋转与因子载荷计算,将原本复杂关系的各种变量数据划分为若干具有核心因子特征的公共因子,以找寻本研究调查数据的基本结构框架,达到数据归类、汇总及数理分析的最终目的。

一、预测试的信度评估

在实证研究的数理统计过程中,对调查获得数据进行分析应首先对测量的可靠性与准确性问题予以评估,其中的关键问题是对调查数据的信、效度进行检验(陈晓萍,徐淑英,樊景立,2012)。本研究对预测试样本数据进行信度评估,采用修正题项的总相关系数分析方法(Corrected-Item Total Correlation,简称CITC),来重新评估、确定测量题项,并最终根据CITC的计算结果对相关性较低的题项进行删除。其中的克龙巴赫α(Cronbach's α)系数是数理分析中最常用的信度检验标准,由此,本研究预测的信度检验主要通过测评各个题项的克龙巴赫α系数展开。克龙巴赫α系数值可以直接反映各调查题项之间的相关程度,克龙巴赫α系数大于0.7时,一般认为其所获取调查数据信度较高(Nunnally,1978[①])。与此同时,当某一题项的CITC值小于0.5时,表明该题项的相关性较低,可考虑删除该题项,然而,也有学者提出题项删除的评价标准为CITC小于0.3(卢纹岱,2002[②])。此外,还有学者提出题项删除过程的辅助原则是:当该题项删除后,其克龙巴赫α系数会随之增大。综合以上意见,本研究对预测试样本数据的信度检验标准选取为,题项与总体量表的相关系数

[①] Nannally J. C. *Psychometric Theory*[M]. NewYork:McGraw-Hill,1978:93-94.

[②] 卢纹岱. SPSS forWindows统计分析(第二版)[M]. 北京:电子工业出版社,2002:147-149.

(CITC)大于0.35,且克龙巴赫α系数应大于0.70(李怀祖,2004)。对不满足此检验标准的题项,可考虑予以删除。

1. 球迷个体认同维度的信度分析

从表4—7可以看出,球迷个体认同维度的克龙巴赫α值为0.924,这说明它的内部一致性很高,球迷个体认同维度的十四个题项的CITC值均大于或等于0.423,不符合题项删除的原则,对这十二个题项全部予以保留。

表4—7 球迷个体认同维度的信度分析

观测变量	操作变量	CITC系数	删除该题项后Cronbach's α系数	Cronbach's α值
球迷个体认同	C1	0.655	0.865	0.924
	C2	0.711	0.863	
	C3	0.661	0.865	
	C4	0.606	0.868	
	C5	0.458	0.892	
	C6	0.586	0.869	
	C7	0.577	0.870	
	C8	0.540	0.871	
	C9	0.600	0.868	
	C10	0.675	0.865	
	C11	0.521	0.872	
	C12	0.556	0.871	
	C13	0.423	0.881	
	C14	0.585	0.869	

2. 球迷群体认同维度的信度分析

从表4—8可以看出,球迷群体认同维度的克龙巴赫α值为0.869,这说明该维度题项的内部一致性很高,球迷个体认同维

第四章 研究设计与模型维度的因子分析

度的八个题项的 CITC 值均大于或等于 0.437，不符合题项删除的原则，对这八个题项全部予以保留。

表 4—8 球迷群体认同维度的信度分析

观测变量	操作变量	CITC 系数	删除该题项后 Cronbach's α 系数	Cronbach's α 值
球迷群体认同	C15	0.595	0.794	0.869
	C16	0.564	0.799	
	C17	0.486	0.809	
	C18	0.621	0.790	
	C19	0.437	0.816	
	C20	0.475	0.811	
	C21	0.609	0.793	
	C22	0.556	0.799	

3. 赛事价值认同维度的信度分析

从表 4—9 可以看出，赛事价值认同维度的克龙巴赫 α 值为 0.908，这说明该维度题项的内部一致性很高，球迷个体认同维度的十一个题项的 CITC 值均大于或等于 0.482，不符合题项删除的原则，对这十一个题项全部予以保留。

表 4—9 赛事价值认同维度的信度分析

观测变量	操作变量	CITC 系数	删除该题项后 Cronbach's α 系数	Cronbach's α 值
赛事价值认同	C23	0.608	0.863	0.908
	C24	0.736	0.854	
	C25	0.646	0.861	
	C26	0.686	0.858	
	C27	0.613	0.863	
	C28	0.486	0.885	

续 表

观测变量	操作变量	CITC 系数	删除该题项后 Cronbach's α 系数	Cronbach's α 值
赛事价值认同	C29	0.577	0.865	0.908
	C30	0.482	0.871	
	C31	0.568	0.865	
	C32	0.597	0.864	
	C33	0.621	0.862	

4. 赛事文化情境认同维度的信度分析

从表4—10可以看出，文化情境认同维度的Cronbach's α值为0.839，这说明该维度题项的内部一致性很高，球迷个体认同维度的九个题项的CITC值均≥0.479，不符合题项删除的原则，对这九个题项全部予以保留。

表4—10 赛事文化情境认同维度的信度分析

观测变量	操作变量	CITC 系数	删除该题项后 Cronbach's α 系数	Cronbach's α 值
赛事文化情境认同	C34	0.608	0.863	0.839
	C35	0.736	0.854	
	C36	0.646	0.861	
	C37	0.686	0.858	
	C38	0.613	0.863	
	C39	0.479	0.885	
	C40	0.577	0.865	
	C41	0.482	0.871	
	C42	0.568	0.865	

第四章 研究设计与模型维度的因子分析

5. 球迷消费行为维度的信度分析

从表4—11可以看出,球迷个体认同维度的克龙巴赫α值为0.814,这说明该维度题项的内部一致性很高,球迷个体认同维度的八个题项的CITC值均≥0.364,不符合题项删除的原则,对这八个题项全部予以保留。

表4—11 球迷消费行为维度的信度分析

观测变量	操作变量	CITC 系数	删除该题项后 Cronbach's α 系数	Cronbach's α 值
球迷消费行为	B4	0.583	0.688	0.814
	B5	0.605	0.684	
	B10	0.364	0.730	
	B12	0.496	0.704	
	B14	0.459	0.711	
	B16	0.460	0.711	
	B19	0.465	0.727	
	B22	0.375	0.760	

克龙巴赫α是根据李克特式量表开发而来的,一般要求克龙巴赫α值至少大于0.7(吴明隆,2003[①])。与此同时,克龙巴赫α的标准又通常根据研究目的设定,一般地,在基础研究中,克龙巴赫α在0.7—0.8之间是可以接受的;而也有人提出,在探索性研究中,克龙巴赫α在0.5—0.6也是可以的。从总体上看,在本研究的探索性因子分析阶段,无论是内部一致性信度,还是其分半信度均≥0.763,满足调查问卷的信度要求,见表4—12。

---

① 吴明隆. SPSS统计应用实务:问卷分析与应用统计[M]. 北京:科学出版社,2003:163-165.

表4—12 预测试调查问卷的总体信度分析

信 度	球迷个体认同维度	球迷群体认同维度	赛事价值认同维度	赛事文化情境认同维度	赛事认同总量表	球迷消费行为维度
内部一致性信度	0.924	0.869	0.908	0.839	0.960	0.814
分半信度	0.871	0.832	0.827	0.797	0.860	0.763

二、赛事认同量表的探索性因子分析

本研究采用SPSS17.0软件进行探索性因子分析，以评价量表的结构效度。巴特利特（Bartlertt）球形检验的P值和KMO（Kaiser-Meyer-Olkin）值是衡量变量适合做因子分析与否的常用指标。通常认为，某一变量的KMO值应大于0.5，且其巴特利特球形检验的P值小于0.001时，说明该变量适合进行因子分析。其中KMO检验用于测量变量互相之间的偏相关性，取值为0—1之间，KMO值大于0.5说明变量间所具有较强的偏相关性越强。

在适合进行因子分析判断基础上，进一步通过探索性因子分析对量表的构念效度进行检验。本研究选取主成分分析方法，根据初始特征值大于1的标准提取因子（Kaiser，1960），通过SPSS统计分析得出各题项的因子载荷系数。如果某题项的因子载荷系数较大，则说明这个题项与公共因子的相关性较高，进一步表明该题项对其构建的共同因子贡献率越高，具体表现为该题项对相应的公共因子有效性越大。如果各题项累计解释维度的总方差的解释率大于60%，说明公共因素的量表维度具有较高的构念效度（Ford，MacCallum & Trait，1986[①]）。

对沈阳、大连、盘锦三个城市样本数据的探索性因子分析，选择 KMO 检验和巴特利特球形检验来判断变量是否适合进行因子分析，见表 4—13。分析过程采用主成分分析方法提取公共因子，并且通过正交旋转法旋转因子以获得因子载荷矩阵。

表 4—13　赛事认同量表的 KMO 检验

维度	题项	联合解释变异量	KMO 值	P 值
维度一	C1—C14 题	59.285%	0.928	.000
维度二	C15—C22 题	52.279%	0.872	.000
维度三	C23—C33 题	61.842%	0.910	.000
维度四	C34—C42 题	58.025%	0.843	.000
总量表	C1—C42 题	60.597%	0.955	.000

KMO 检验值均大于或等于 0.843，依据凯泽（Kaiser）所提出的标准，本研究的预测试样本数据适合于因子分析。巴特利特球度检验给出的相伴概率为 0.000，小于 0.05 显著性水平，因此拒绝巴特利特球度检验的零假设，表明本研究的预测试样本数据适合于做探索性因子分析。

1. 球迷个体认同维度探索性因子分析

采用主成分分析方法，对球迷个体认同维度所包含的 C1—C14 共 14 个题项进行因子分析，正交旋转后的因子载荷如表 4—14 所示。

[①] Ford J K, MacCallum R C, Tait M. *The Application of Exploratory Factor Analysis in Applied Psychology：A Critical Review and Analysis*[J]. Personnel Psychology, 1986, 39(2)：291-314.

表 4—14　球迷个体认同维度的项目载荷

题项	因素		
	1	2	3
C1 成为中超球迷表达着我的足球情结	0.801		
C2 当看到中超足球联赛宣传时，我会很兴奋	0.798		
C3 成为一名足球球迷，对我很重要	0.750		
C5 我很高兴能够为自己喜欢的球队加油、呐喊、助威	0.674		
C6 当辽宁队取得好成绩，我会很兴奋	0.631		
C4 现场观赛是我对中超联赛支持的表达方式	0.618		
C8 每次观看辽宁队比赛，我都充满激情		0.806	
C9 成为辽宁队的球迷因为辽宁人非常喜欢足球		0.785	
C7 每次观看辽宁队比赛都增强我的自豪感		0.766	
C10 成为辽宁足球队的球迷对我很有意义		0.726	
C13 我认为中超联赛不够精彩			0.906
C11 我认为中超联赛是国内水平最高、职业化前景最好的体育赛事			0.829
C12　我认为中超联赛发展的大环境愈发良好			0.780
C14 作为球迷，我会购买中超联赛相关的产品			0.645

资料来源：作者根据 SPSS 运算结果整理所得。

在球迷个体认同维度，量表的因素分析发现，本维度可以解释 59.285% 的变异量，接近 60% 的标准，说明该维度的结构效度较高。经由主成分萃取法，以特征值大于 1 为提取因素的标准并采用正交转轴，全部 14 个显变量共计提取三个因素：因素 1 所含的 6 个显变量均反映作为个体的球迷的认知情况，因此本文将因素1命名为"球迷个体认知";因素2所含的4个显变量均反映作为个体的球迷的情感情况,因此本文将因素2命名为"球迷情感";因素3所含的4个显变量均反映作为个体的球迷对赛事的认知情况,因此本文将因素3命名为"球迷赛事认知"。

2. 球迷群体认同维度探索性因子分析

采用主成分分析方法,对球迷群体认同维度所包含的C15—C22共8个题项进行因子分析,正交旋转后的因子载荷如表4—15所示。

表4—15 球迷群体认同维度的项目载荷

题 项	因素	
	1	2
C22 成为球队的球迷俱乐部的一员让我享受到一种优越感	0.791	
C16 如果让我加入球队的球迷团体,是因为它所坚持的观点、价值观	0.754	
C18 成为辽宁队球迷的一员,让我找到了有组织的感觉	0.745	
C21 每次到比赛现场看球,像是回到家一样	0.683	
C19 中超联赛的水平低使得球迷的团体缺乏凝聚力		0.861
C20 辽宁经济的不景气使得球迷规模有限		0.856
C15 工作与生活的压力大、乏味使我成为球迷群体的一员		0.627
C17 辽宁球迷忠诚度与球队联赛成绩无关		0.589

资料来源:作者根据SPSS运算结果整理所得。

在球迷群体认同维度,量表的因素分析发现,本维度可以解释52.279%的变异量,大于50%的标准,说明该维度具有一定的结构效度。经由主成分萃取法,以特征值大于1为提取因素的标准并采用正交转轴,全部8个显变量共计提取两个因素:因素1所含的4个显变量均反映作为群体一员的球迷的隶属需要情况，因此本文将因素1命名为"隶属需要"；因素2所含的4个显变量均反映作为群体一员的球迷对压力情境的感知，因此本文将因素2命名为"压力情境"。

3. 赛事价值认同维度探索性因子分析

采用主成分分析方法，对赛事价值认同维度所包含的C23—C33共11个题项进行因子分析，正交旋转后的因子载荷如表4—16所示。

表4—16 赛事价值认同维度的项目载荷

题项	因素1	因素2
C23 中超联赛的良性发展可以培养公民的爱国情感	0.681	
C24 中超联赛的良性发展使得球迷对中国足球充满信心	0.726	
C25 中超联赛的公平、公正可促进社会道德水平的提高	0.723	
C32 中超联赛的良性发展可以提升国家、民族凝聚力	0.825	
C31 我认为中超联赛能提供学习足球运动技能与文化的机会	0.710	
C29 我认为中超联赛可以增强居民体育健身意识	0.564	
C28 我认为中超联赛给举办地带来新的消费额	0.623	
C30 中超联赛会发展成为最值钱的国际足球品牌		0.730
C27 我认为中超联赛可以促进足球产业的发展		0.795
C26 中超联赛对举办城市的经济发展有巨大的促进作用		0.780
C33 中超联赛有助于促进辽宁整体经济与社会发展		0.740

资料来源：作者根据SPSS运算结果整理所得。

在赛事价值认同维度，量表的因素分析发现，本维度可以解释61.842%的变异量，大于60%的标准，说明该维度的结构效度较高。经由主成分萃取法，以特征值大于1为提取因素的标准

第四章 研究设计与模型维度的因子分析

并采用正交转轴,全部11个显变量共计提取两个因素:因素1所含的7个显变量均反映球迷对中超联赛的公共价值的认知情况,因此本文将因素1命名为"赛事公共价值认知";因素2所含的4个显变量均反映球迷对中超联赛的市场价值认知情况,因此本文将因素2命名为"赛事市场价值认知"。

4. 文化情境认同维度探索性因子分析

采用主成分分析方法,对赛事文化情境认同维度所包含的C34—C42共9个题项进行因子分析,正交旋转后的因子载荷如表4—17所示。

表4—17 赛事文化情境认同维度的项目载荷

题项	因素	
	1	2
C35 中超联赛可以使我获得观看足球的艺术享受	0.866	
C34 观看中超联赛是我消遣娱乐的一种方式	0.777	
C36 观看中超联赛可以提高我的审美情趣,陶冶情操	0.759	
C42 我认为中超联赛的发展受中国传统文化影响较大	0.587	
C40 我认为中超联赛的发展受国家政治影响较大	0.528	
C38 我认为中超联赛主场的观赛环境有待改善		0.810
C39 我认为中超联赛赛场整体氛围有待改善		0.780
C37 我几乎不了解联赛的管理制度		0.713
C41 我希望越来越多的国际级球星加盟中超联赛		0.596

资料来源:作者根据SPSS运算结果整理所得。

在赛事文化情境认同维度,量表的因素分析发现,本维度可以解释58.025%的变异量,接近60%的标准,说明该维度的结构效度较高。经由主成分萃取法,以特征值大于1为提取因素的标准并采用正交转轴,全部9个显变量共计提取两个因素:因素1所含的5个显变量均反映球迷对中超联赛的赛事文化认知情况,因此本文将因素1命名为"赛事文化认知";因素2所含的4个显变量均反映球迷对中超联赛的赛事情境认知情况,因此本文将因素2命名为"赛事情境认知"。

三、赛事认同量表的效度分析

从量表的各维度相关分析角度,对赛事认同量表进行区别效度分析,见表4—18。对于各维度之间是否存在足够的区别效度,常用的区别效度评价方法与标准为某两个构成变量之间的相关系数必须低于0.85,以避免构成多重共线性的问题。本研究赛事认同量表中的四个构成变量之间的相关系数最大值为0.756,均小于标准值0.85,说明赛事认同量表具有较好的区别效度。

表4—18 赛事认同量表的维度相关分析

类别	项 目	球迷个体认同	球迷群体认同	赛事价值认同	文化情境认同
球迷个体认同	皮尔森(Pearson)相关	1	0.742**	0.680**	0.652**
	渐近显著性(2端)		.000	.000	.000
	叉积平方和	666.101	504.139	444.887	400.935
	协方差	0.753	0.570	0.503	0.453
	总 数	886	886	886	886
球迷群体认同	皮尔森(Pearson)相关	0.742**	1	0.661**	0.650**
	渐近显著性(2端)	.000		.000	.000
	叉积平方和	504.139	692.322	440.628	407.611
	协方差	0.570	0.782	0.498	0.461
	总 数	886	886	886	886

第四章 研究设计与模型维度的因子分析

续 表

类别	项 目	球迷个体认同	球迷群体认同	赛事价值认同	文化情境认同
赛事价值认同	皮尔森（Pearson）相关	0.680**	0.661**	1	0.756**
	渐近显著性（2端）	.000	.000		.000
	叉积平方和	444.887	440.628	641.781	456.353
	协方差	0.503	0.498	0.725	0.516
	总 数	886	886	886	886
赛事文化情境认同	皮尔森（Pearson）相关	0.652**	0.650**	0.756**	1
	渐近显著性（2端）	.000	.000	.000	
	叉积平方和	400.935	407.611	456.353	568.353
	协方差	0.453	0.461	0.516	0.642
	总 数	886	886	886	886

注：＊＊表明在0.01水平上达到显著。

数据表明：相关系数中的两两变量相关系数均没超过0.756。根据变量两两相关系数超过0.85，就有可能存在严重共线性的指标判断，本研究用于回归分析的所有变量两者之间不存在较严重的共线性，适合进行回归分析。

总体上，中超足球联赛球迷的赛事认同量表的联合解释变异量为60.597%（KMO＝0.955，P＝0.000）。各项检验结果所支持因素分析的基本假设均未违反，所有的题项也具有相当程度的抽样适切性。经斜交转轴后，计算出四个维度之间具有显著相关，显示量表的四个维度具有相当的关联性。

四、球迷消费行为维度的探索性因子分析

为科学合理地进行数理统计需要，对于球迷消费行为的定量研究主要集中在《中超联赛球迷消费行为调查》问卷中的 B4、B5、B10、B12、B14、B16、B19 以及 B22 等题项。采用主成分方法提取公因子以及正交旋转法旋转因子载荷矩阵,选择 KMO 检验和巴特利特球形检验来判断变量是否适合进行因子分析(如表 4—19 所示)。

表 4—19 球迷消费行为维度的 KMO and Bartlett's 检验

KMO 值(取样适切性检定分析的适用性)		0.826
Bartlett's Test(巴特利特球形检验值)	卡方值	2207.700
	df(自由度)	28
	Sig.(显著值)	.000

KMO 检验值均大于或等于 0.826,根据 Kaiser 所提出的标准,本研究的预测试样本数据适合于因子分析。巴特利特球形检验给出的相伴概率为 0.000,小于 0.05 显著性水平,因此拒绝巴特利特球形检验的零假设,表明本研究的预测试样本数据适合于做探索性因子分析。正交旋转后的因子载荷如表 4—20 所示。

表 4—20 中超联赛球迷消费行为维度的项目载荷

题项	因素 1	因素 2
B12 您是否愿意到现场去观看中超比赛?	0.810	
B5 您是否愿意成为辽宁足球俱乐部球迷协会的会员?	0.758	
B22 您是否愿意购买含有辽宁俱乐部标记的标志物或纪念品?	0.719	
B10 如果关注的球赛有付费转播的场所,是否愿意看?	0.664	
B19 除球票消费外,您现场观赛平均消费额为多少?		0.869
B16 请问您每年购买中超联赛球票大约花费多少?		0.846
B4 您观看中超联赛电视转播的频率怎样?		0.790
B14 请问下述哪项描述和您的中超现场观赛行为最为相似?		0.557

资料来源:作者根据 SPSS 运算结果整理所得。

第四章 研究设计与模型维度的因子分析

通过表4—20可以看到球迷消费行为维度各变量的因子载荷值处于0.7—0.9之间，均大于0.6的标准，所以球迷消费行为维度的八个题项全部保留。经由主成分萃取法，以特征值大于1为提取因素的标准并采用正交转轴，所有8个显变量共计提取两个因素：因素1所含的4个显变量均反映球迷在观看中超联赛过程的消费行为情况，因此本文将因素1命名为"球迷消费意愿"；因素2所含的4个显变量均反映球迷对中超联赛消费评价，因此本文将因素2命名为"球迷实际消费"。

五、球迷消费行为维度的效度分析

在中超联赛球迷消费行为维度，探索性因素分析发现，本维度可以解释65.209的变异量，大于60%的标准，说明该维度的结构效度较高，见表4—21。

表4—21 中超联赛球迷消费行为维度累计解释方差分析

成分	初始特征值			提取成分后特征值		
	特征值	解释方差百分比(%)	累计解释方差比例(%)	特征值	解释方差百分比(%)	累计解释方差比例(%)
1	3.062	38.273	38.273	3.062	38.273	38.273
2	1.355	26.936	65.209	1.355	66.936	65.209
3	0.854	10.674	65.883			
4	0.817	10.217	76.100			
5	0.665	8.309	84.409			
6	0.524	6.547	90.956			
7	0.400	4.994	95.950			
8	0.324	4.050	100.000			

第三节　正式测试与验证性因子分析

一、调查样本分析

联赛五轮次实地调查，分别调查大连、抚顺、盘锦、锦州和沈阳等五座城市的球迷788人，五个城市球迷分布大体均衡。其他城市的球迷共98名，包括35名营口球迷、15名鞍山球迷、14名葫芦岛球迷、9名辽阳球迷、11名本溪球迷、8名朝阳球迷和6名铁岭球迷。其中，男球迷642人，占总样本的72.5%，比较符合足球项目男性球迷为主的特征。35岁以下的球迷共648人，占总样本的73.1%，比较符合球迷的年龄分布特征。学历层次为大学本科及以上的球迷共449人，占总样本的50.7%，基本符合目前辽宁地区学历结构特征，即青年人学历以本科为主，中年人学历以大专或者高职为主。月收入水平为4000元以下的球迷共634人，占总样本的71.6%，与当前辽宁地区城镇居民人均可支配收入的统计数据大体相符，见表4—22。

表4—22　正式调查样本的自然特征统计

变量名称	变量编码	变量内容	人　数	百分比（%）
性　别	1	女	244	27.5
	2	男	642	72.5
婚姻状况	1	已婚	396	44.7
	2	未婚	490	55.3

第四章 研究设计与模型维度的因子分析

续 表

变量名称	变量编码	变量内容	人 数	百分比（%）
年 龄	1	18岁以下	187	21.1
	2	18—24岁	239	27.0
	3	25—34岁	222	25.1
	4	35—44岁	156	17.6
	5	45—54岁	49	5.5
	6	55—64岁	13	1.4
	7	65岁及以上	20	2.3
受教育程度	1	初中及以下	55	6.2
	2	高中/中专	178	20.1
	3	大专/高职	204	23.0
	4	大学本科	388	43.8
	5	研究生及以上	61	6.9
月收入水平	1	无经济收入	218	24.6
	2	2000元以下	187	21.1
	3	2000—3999元	229	25.8
	4	4000—5999元	160	18.1
	5	6000—7999元	31	3.5
	6	8000—9999元	23	2.6
	7	10000元及以上	38	4.3

续 表

变量名称	变量编码	变量内容	人 数	百分比（%）
职业类型	1	技术专业人员	146	16.5
	2	企事业单位人员	153	17.3
	3	公司职员	166	18.7
	4	自由职业者	81	9.1
	5	政府机关人员	75	8.5
	6	学生	207	23.4
	7	军人	14	1.6
	8	待业人员	8	1.0
	9	退休	17	1.9
	10	家庭主妇	7	0.8
	11	其他	12	1.4
是否参加球迷团体	1	参加	330	37.2
	2	未参加	556	62.8
所在城市		大连	152	17.2
		抚顺	172	19.4
		锦州	108	12.2
		盘锦	159	17.9
		沈阳	197	22.2
		其他	98	11.1
总 计			886	100

二、验证性因子分析

验证性因子分析是对问卷调查数据进行统计分析的一种方

第四章　研究设计与模型维度的因子分析

法。验证性因子分析可以评价一个因子与相对应的测量内容之间的关系是否符合研究者所分析设计的理论关系，对参数估计与假设检验较为关注。验证性因子分析的最大优点体现在其数学模型的灵活性，使得该因子分析方法可以更为有效地应用于理论及实证研究中的诸多实际问题。该方法主要通过对数据关系与设定模型结构的拟合优度来判断假设的合理性，较为符合科学研究中从假设到验证、再到修正假设再次进行验证的逻辑过程。因此，验证性因子分析可以在实证研究中较为直观地体现出构念测量问卷的项目信度与效度指标，最终实现对问卷调查的各题项指标进行确认。

验证性因子分析往往通过构建结构方程模型的形式与过程来进行。在实际科学研究中，验证性因子分析的过程主要体现为测量模型与结构模型的检验过程。

(1) 验证性因子分析指标的选择及其判定标准

验证性因子分析的信度检验包括对因子的信度检验和观测变量的信度检验两种。博伦（Bollen）（1989）[①] 提出用标准化载荷系数的平方（R^2）来检验变量的信度，但未给出信度的最低接受值，并主要将标准化载荷系数的显著性水平作为判断是否具有信度的标准。他认为，只要 t 值达到显著水平即可接受观测变量信度。本研究综合巴戈齐（Bagozzi）与伊（Yi）（1988）[②]，侯杰泰、温忠麟与成子娟（2004）[③] 的观点，提出当观测变量的信度大于或等于 0.5 时，接受观测变量的信度。同时，本研究通过组合信

[①] Bollen K A. *Structural Equations with Latent Variables*[M]. New York: Wiley & Sons, 1989.

[②] Bagozzi R P, Yi Y. *On the Evaluation of Structural Equation Models*[J]. Journal of the Academy of Marketing Science, 1988, 16(1): 74 – 94.

[③] 侯杰泰，温忠麟，成子娟. 结构方程模型及其应用 [M]. 北京：教育科学出版社，2004：152 – 153.

度（Composite Reliability，简称 CR）的计算结果来检验因子信度。综合巴戈齐（Bagozzi）与伊（Yi）(1988)、约列斯科（Jöreskog）与瑟伯姆（Sörbom）(1989)[①] 的观点，本研究通过将 AMOS 软件计算的结果代入专用计算软件得出 CR 值的大小，并采用 CR 值大于 0.6 作为判断因子信度有效的标准。

对于各变量收敛效度的检验，本研究主要采用验证性因子分析的方法，通过计算变量提取的平均方差（Average Variance Extracted，简称 AVE）进行收敛效度判断。通过将 AMOS 计算的标准化载荷值代入计算软件以计算得出 AVE 的值，对结果接受的判定采取 AVE 的值大于或者等于 0.5 的标准，以说明各变量具有较好的收敛效果，否则不予接受（Fornell & Larcker，1981）。

在对结构方程模型进行整体拟合度评价过程中，不能依赖较为单一的指标，应同时检查多类别拟合指标的符合程度以判断整体模型的拟合情况。结构方程模型常用的拟合判断指标有 x^2/df、RMSEA、GFI、RMR、CFI、TLI 等，本研究主要通过考察 x^2/df、GFI、RMSEA、AGFI、NFI、CFI、IFI、RFI 以及 TLI 等九个指标，来对结构方程模型的整体拟合度进行评价。

三、信度评估

为了评估赛事认同各维度与球迷消费行为维度的科学性与可靠性，应对问卷中的各个因子进行结构信度统计分析，本研究主要通过问卷的内部一致性结构，即用克龙巴赫 α 系数值来判断问卷各因子的结构信度。

努纳利（Nunnally）提出，克龙巴赫 α 值在 0.70 以上是判断信度的标准值域。由表 4—23 可以看到，本研究中，球迷赛事认

[①] Jöreskog K G, Sörbom D. *LISREL 7：A Guide to the Program and Applications*[M]. Chicago：Spss，1989.

同的四个维度模型的各维度分量表的信度系数均大于0.785，总量表的信度系数大于0.80，球迷消费行为维度的信度系数大于0.70，证明本研究设计的中超足球联赛球迷赛事认同与消费调查问卷具有较高的信度。

表4—23　正式测试调查问卷的总体信度分析

事　项	球迷个体认同维度	球迷群体认同维度	赛事价值认同维度	文化情境认同维度	赛事认同总量表	球迷消费行为维度
内部一致性信度	0.919	0.860	0.902	0.830	0.958	0.809
分半信度	0.864	0.811	0.818	0.785	0.857	0.757

四、赛事认同量表的验证性因子分析

本研究采用交叉验证（cross-validation）的程序，在本章第二节探索性因子分析确认的因素结构上，以另一个独立样本（正式调查所得数据样本），采用验证性因子分析方法进行跨样本的检验。50个项目为观测题项，四个球迷赛事认同维度与一个球迷消费行为维度为观测变量，模型设定为总体上五个维度之间相互独立，使用Amos17.0软件进行数据处理与统计，考察模型与数据的拟合程度，以判断模型的可接受程度，考察五个维度所组成调查问卷的结构效度。

1. 球迷个体认同维度验证性因子分析

根据本章第二节第二部分预测试中球迷赛事认同量表的探索性因子分析结果，构建球迷个体认同维度的变量模型设定示意图。设定C1—C6等6个题项为球迷个体认知因子的观测变量，设定C7—C10等4个题项为球迷情感因子的观测变量，设定C11—C14等4个题项为球迷对中超联赛赛事认知因子的观测变量。在球迷个体认知、球迷情感与赛事认知三个公共因子之间设定相互影响路径，见图4—2。

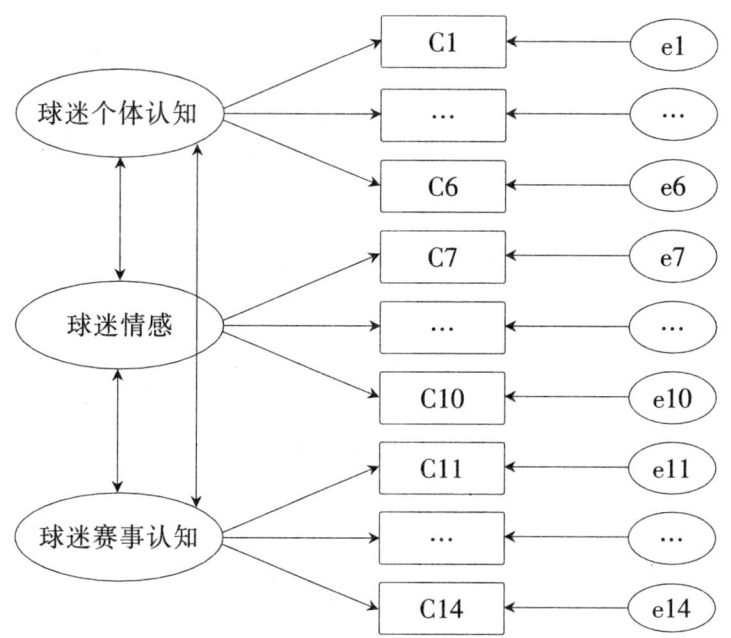

图 4—2 球迷个体认同维度的变量模型设定示意图

球迷个体认同维度验证性因子分析模型的拟合优度指数见表4—24。统计结果表明,在此变量模型中,绝对拟合指数的卡方自由度比 x^2/df 为 3.729,渐进残差均方和平方根 RMSEA 为 0.049,以及适配度指数 GFI 为 0.973,符合标准。增值拟合指数中的规准适配指数 NFI、调整的适配度 AGFI、指数非规准适配指数 TLI 和比较适配指数 CFI 均大于 0.9,拟合状况良好。整个模型的 P 值<0.001,具有显著性。

表 4—24 球迷个体认同维度验证性因素分析主要拟合指数一览表

拟合指数	绝对拟合指数				增值拟合指数			
	x^2/df	GFI	RMSEA	AGFI	NFI	CFI	IFI	RFI	TLI
理想值	1—3	>0.9	<0.08	>0.9	>0.9	>0.9	>0.9	>0.9	>0.9
指标值	3.729	0.973	0.049	0.952	0.974	0.981	0.981	0.961	0.971

注:球迷现场调查存在一定的难度,当样本量较大时,x^2/df 值小于 5 可以接受。

第四章　研究设计与模型维度的因子分析

2. 球迷群体认同维度验证性因子分析

根据本章第二节第二部分预测试中球迷赛事认同量表的探索性因子分析结果，构建球迷群体认同维度的变量模型设定示意图。设定C16、C18、C21与C22等4个题项为球迷群体隶属需要因子的观测变量，设定C15、C17、C19与C20等4个题项为球迷群体压力情境因子的观测变量。在球迷群体隶属需要与群体压力情境两个公共因子之间设定相互影响路径，见图4—3。

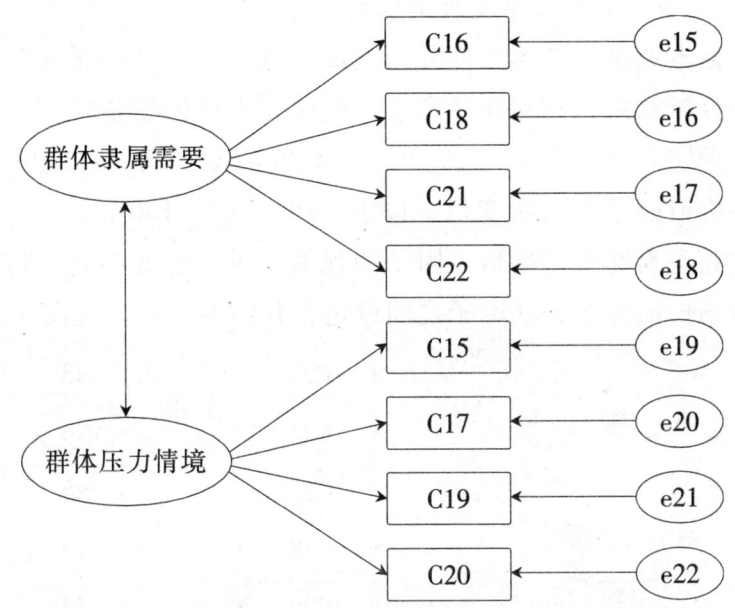

图4—3　球迷群体认同维度的变量模型设定示意图

球迷群体认同维度验证性因子分析模型的拟合优度指数见表4—25。统计结果表明，在此变量模型中，绝对拟合指数的卡方自由度比 x^2/df 为3.176，渐进残差均方和平方根 RMSEA 为0.044，以及适配度指数 GFI 为0.992，符合标准。增值拟合指数中的规准适配指数 NFI、调整的适配度 AGFI、指数非规准适配指数 TLI 和比较适配指数 CFI 均大于0.9，拟合状况良好。整个模型的 P 值<0.001，具有显著性。

表4—25　球迷群体认同维度验证性因素分析主要拟合指数一览表

拟合指数	绝对拟合指数					增值拟合指数			
	x^2/df	GFI	RMSEA	AGFI	NFI	CFI	IFI	RFI	TLI
理想值	1—3	>0.9	<0.08	>0.9	>0.9	>0.9	>0.9	>0.9	>0.9
指标值	3.176	0.992	0.044	0.975	0.989	0.992	0.992	0.974	0.982

注：球迷现场调查存在一定的难度，当样本量较大时，x^2/df值小于5可以接受。

3. 赛事价值认同维度验证性因子分析

根据本章第二节第二部分预测试中球迷赛事认同量表的探索性因子分析结果，构建球迷赛事价值认同维度的变量模型设定示意图。设定C23、C24、C25、C31、C29与C32等6个题项为赛事公共价值因子的观测变量，设定C26、C27、C28、C30与C33等5个题项为赛事市场价值因子的观测变量。在赛事公共价值与赛事市场价值两个公共因子之间设定相互影响路径，见图4—4。

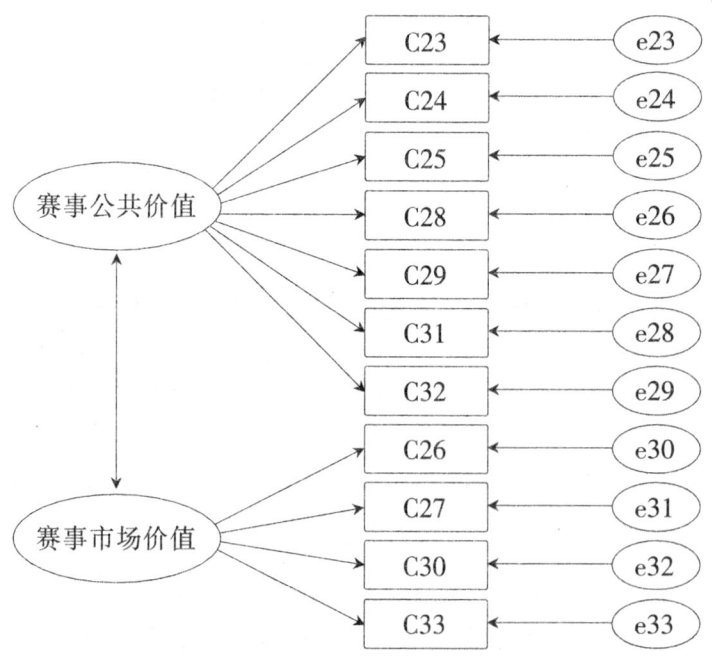

图4—4　赛事价值认同维度的变量模型设定示意图

第四章 研究设计与模型维度的因子分析

球迷赛事价值认同维度验证性因子分析模型的拟合优度指数见表4—26。统计结果表明，在此变量模型中，绝对拟合指数的卡方自由度比 x^2/df 为 3.105，渐进残差均方和平方根 RMSEA 为 0.043，以及适配度指数 GFI 为 0.988，符合标准。增值拟合指数中的规准适配指数 NFI、调整的适配度 AGFI、指数非规准适配指数 TLI 和比较适配指数 CFI 均大于 0.9，拟合状况良好。整个模型的 P 值<0.001，具有显著性。

表4—26 赛事价值认同维度验证性因素分析主要拟合指数一览表

拟合指数	绝对拟合指数					增值拟合指数			
	x^2/df	GFI	RMSEA	AGFI	NFI	CFI	IFI	RFI	TLI
理想值	1—3	>0.9	<0.08	>0.9	>0.9	>0.9	>0.9	>0.9	>0.9
指标值	3.105	0.988	0.043	0.968	0.988	0.992	0.992	0.972	0.981

注：球迷现场调查存在一定的难度，当样本量较大时，x^2/df 值小于 5 可以接受。

4. 赛事文化情境认同维度验证性因子分析

根据本章第二节第二部分预测试中球迷赛事认同量表的探索性因子分析结果，构建球迷赛事文化情境认同维度的变量模型设定示意图。设定 C34、C35、C36、C40 与 C42 等 5 个题项为赛事文化认知因子的观测变量，设定 C37、C38、C39 与 C41 等 4 个题项为赛事情境认知因子的观测变量。在赛事文化认知与赛事情境认知两个公共因子之间设定相互影响路径，见图4—5。

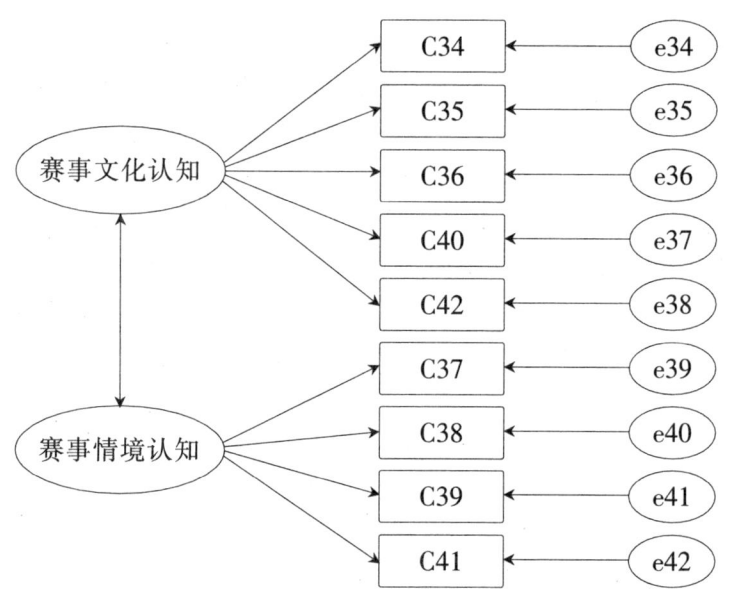

图 4—5　赛事文化情境认同维度的变量模型设定示意图

球迷赛事文化情境认同维度验证性因子分析模型的拟合优度指数见表 4—27。统计结果表明，在此变量模型中，绝对拟合指数的卡方自由度比 x^2/df 为 3.371，渐进残差均方和平方根 RMSEA 为 0.046，以及适配度指数 GFI 为 0.989，符合标准。增值拟合指数中的规准适配指数 NFI、调整的适配度 AGFI、指数非规准适配指数 TLI 和比较适配指数 CFI 均大于 0.9，拟合状况良好。整个模型的 P 值<0.001，具有显著性。

表 4—27　赛事文化情境认同维度验证性因素分析主要拟合指标一览表

拟合指数	绝对拟合指数					增值拟合指数			
	x^2/df	GFI	RMSEA	AGFI	NFI	CFI	IFI	RFI	TLI
理想值	1—3	>0.9	<0.08	>0.9	>0.9	>0.9	>0.9	>0.9	>0.9
指标值	3.371	0.989	0.046	0.971	0.982	0.987	0.988	0.963	0.973

注：球迷现场调查存在一定的难度，当样本量较大时，x^2/df 值小于 5 可以接受。

第四章 研究设计与模型维度的因子分析

五、球迷消费行为维度的验证性因子分析

根据本章第二节第三部分预测试中球迷消费行为的探索性因子分析结果，构建球迷消费行为维度的变量模型设定示意图。设定B4、B16、B19与B14等4个题项为球迷实际消费因子的观测变量，设定B22、B10、B12与B5等4个题项为球迷消费意愿因子的观测变量。在球迷实际消费与球迷消费意愿两个公共因子之间设定相互影响路径，见图4—6。

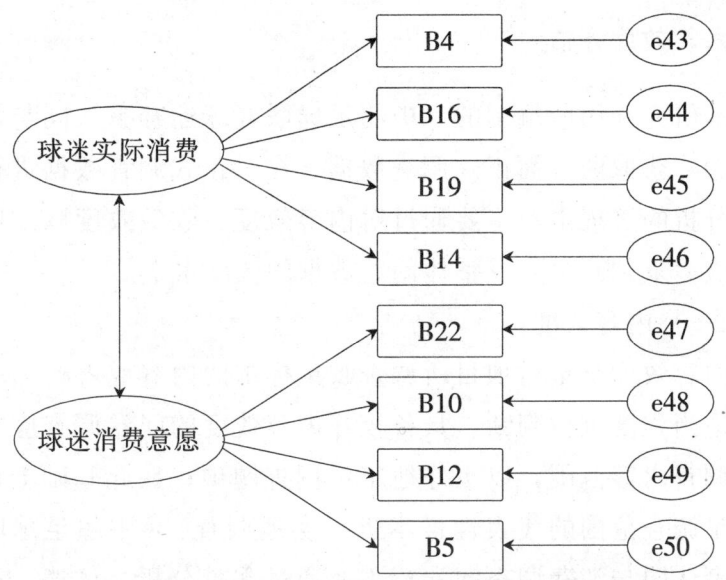

图4—6　球迷消费行为维度的变量模型设定示意图

球迷消费行为维度验证性因子分析模型的拟合优度指数见表4—28。统计结果表明，在此变量模型中，绝对拟合指数的卡方自由度比 x^2/df 为4.296，渐进残差均方和平方根 RMSEA 为0.048，以及适配度指数 GFI 为0.989，符合标准。增值拟合指数中的规准适配指数 NFI、调整的适配度 AGFI、指数非规准适配指数 TLI 和比较适配指数 CFI 均大于0.9，拟合状况良好。整个模型的 P 值<0.001，具有显著性。

表 4—28　球迷消费行为维度验证性因素分析主要拟合指标一览表

拟合指数	绝对拟合指数					增值拟合指数			
	x^2/df	GFI	RMSEA	AGFI	NFI	CFI	IFI	RFI	TLI
理想值	1—3	>0.9	<0.08	>0.9	>0.9	>0.9	>0.9	>0.9	>0.9
指标值	4.296	0.989	0.048	0.973	0.980	0.984	0.985	0.960	0.969

注：球迷现场调查存在一定的难度，当样本量较大时，x^2/df 值小于 5 可以接受。

六、效度评估

本研究利用所编制的《中超足球联赛球迷赛事认同与消费调查问卷》获取两方面正式调查数据，在对正式调查数据进行数理统计分析的过程中，主要通过对内容效度、收敛效度以及区别效度的检验来判断量表及整体问卷数据的效度水平。

（一）内容效度

内容效度是指对项目所调查收集样本的内容或者行为范围取样的适当程度进行判断。具备较好内容效度的问卷调查应首先确定其调查内容范围，以更好地定位调查题项；在此基础上，应选择满足调查范围的代表性样本进行实地调查。《中超足球联赛球迷赛事认同与消费调查问卷》主要通过文献分析、访谈、开放式问卷、题项归类整理等途径编制而成，为使问卷内容较为完整和问题指向性明确，在问卷初步编制完成后，聘请专家就题意和表述进行了定性分析，并通过两轮专家咨询的过程，以定量分析的手法删除了不合适的条目，样本的选取基本以所界定的中超足球球迷为主。因此，《中超足球联赛球迷赛事认同与消费调查问卷》从题项内容的合理性来判断，其内容效度是可以接受的。尽管内容效度属于对于问卷题项命题的逻辑分析，不可避免地会出现主观判断性，但可以用来对观测结果做大致的评价分析与参考。

第四章 研究设计与模型维度的因子分析

(二) 收敛效度

建构效度是指检验能够测量出理论的特质或概念的程度，即实际的测量结果能解释潜在变量的有效程度。建构效度分为收敛效度与区别效度。收敛效度的判断标准，当 AVE 的值大于或者等于 0.5 时，可以接受其潜变量具有较好的收敛效度。

1. 中超联赛赛事认同量表各维度收敛效度分析

(1) 球迷个体认同维度的收敛效度分析

验证性因子分析的结果表明，球迷个体认同维度由三个公共因子构成，其结构清晰，内容明确，球迷个体认同维度的收敛效度分析结果见表 4—29。统计结果表明，在球迷个体认同维度，球迷个体认知、球迷情感与个体赛事认知三个公共因子所分别对应的 14 个题项，其因子载荷均大于或等于 0.644，t 值均在 0.001 水平上达到显著，平均方差提取（AVE）值分别为 0.543、0.618 和 0.485，都在标准值 0.5 附近，表示各观测变量可以较好地解释对应潜变量，各潜变量具有较好的收敛效果。从组合信度系数上看，C.R. 值分别为 0.876、0.866 和 0.790，均大于 0.6 的标准值，说明测量模型具有较好的内部一致性。

表 4—29 球迷个体认同维度的收敛效度分析结果

对应路径			因子载荷	S.E.	C.R.	P 值	AVE	组合信度
球迷情感	←	球迷个体认知	0.835	.034	21.511	***		
赛事认知	←	球迷个体认知	0.491	.061	6.772	***		
赛事认知	←	球迷情感	0.414	.072	5.558	***		
C1	←	球迷个体认知	0.757				0.543	0.876

续 表

对应路径			因子载荷	S.E.	C.R.	P值	AVE	组合信度
C2	←	球迷个体认知	0.814	.029	34.359	***		
C3	←	球迷个体认知	0.831	.037	27.870	***		
C4	←	球迷个体认知	0.760	.037	25.371	***		
C5	←	球迷个体认知	0.656	.035	21.672	***		
C6	←	球迷个体认知	0.571	.035	18.602	***		
C7	←	球迷情感	0.757				0.618	0.866
C8	←	球迷情感	0.788	.036	29.492	***		
C9	←	球迷情感	0.794	.045	24.549	***		
C10	←	球迷情感	0.804	.049	23.352	***		
C11	←	赛事认知	0.743				0.485	0.790
C12	←	赛事认知	0.736	.040	19.656	***		
C13	←	赛事认知	0.658	.049	11.300	***		
C14	←	赛事认知	0.644	.054	18.396	***		

注：***表明在0.001水平上达到显著。

第四章　研究设计与模型维度的因子分析

(2) 球迷群体认同维度的收敛效度分析

验证性因子分析的结果表明，球迷群体认同维度由两个公共因子构成，其结构清晰，内容明确，球迷群体认同维度的收敛效度分析结果见表4—30。统计结果表明，在球迷群体认同维度，球迷群体隶属需要与群体压力情境两个公共因子所分别对应的8个题项，其因子载荷均大于或等于0.538，t值均在0.001水平上达到显著，平均方差提取（AVE）值分别为0.505和0.525，都在标准值0.5附近，表示各观测变量可以较好地解释对应潜变量，各潜变量具有较好的收敛效果。从组合信度系数上看，C.R.值分别为0.799和0.815，均大于0.6的标准值，说明测量模型具有较好的内部一致性。

表4—30　球迷群体认同维度的收敛效度分析结果

对应路径			因子载荷	S.E.	C.R.	P值	AVE	组合信度
压力情境	←	隶属需要	0.924	.045	18.342	***		
C19	←	压力情境	0.538	.043	15.648	***	0.505	0.799
C15	←	压力情境	0.763					
C17	←	压力情境	0.649	.043	18.662	***		
C20	←	压力情境	0.853	.154	5.794	***		
C16	←	隶属需要	0.731				0.525	0.815
C18	←	隶属需要	0.728	.048	20.069	***		

续表

对应路径			因子载荷	S.E.	C.R.	P值	AVE	组合信度
C21	←	隶属需要	0.764	.049	19.276	***		
C22	←	隶属需要	0.672	.049	19.514	***		

注：***表明在0.001水平上达到显著。

(3) 球迷赛事价值认同维度的收敛效度分析

验证性因子分析的结果表明，球迷赛事价值认同维度由两个公共因子构成，其结构清晰，内容明确，球迷赛事价值认同维度的收敛效度分析结果见表4—31。统计结果表明，在球迷赛事价值认同维度，赛事公共价值认同知与市场价值认知两个公共因子所分别对应的11个题项，其因子载荷均≥0.638，t值均在0.001水平上达到显著，平均方差提取（AVE）值分别为0.514和0.667，都在标准值0.5附近，表示各观测变量可以较好地解释对应潜变量，各潜变量具有较好的收敛效果。从组合信度系数上看，C.R.值分别为0.880和0.888，均大于0.6的标准值，说明测量模型具有较好的内部一致性。

表4—31 球迷赛事价值认同维度的收敛效度分析结果

对应路径			因子载荷	S.E.	C.R.	P值	AVE	组合信度
赛事市场价值	←	赛事公共价值	1.077	.054	18.231	***		
C28	←	赛事公共价值	0.716	.050	17.325	***	0.514	0.880
C23	←	赛事公共价值	0.721					

续 表

对应路径			因子载荷	S.E.	C.R.	P值	AVE	组合信度
C24	←	赛事公共价值	0.699	.041	24.798	***		
C25	←	赛事公共价值	0.704	.054	19.118	***		
C29	←	赛事公共价值	0.638	.110	4.444	***		
C31	←	赛事公共价值	0.764	.054	18.465	***		
C32	←	赛事公共价值	0.766	.054	18.302	***		
C26	←	赛事市场价值	0.822				0.667	0.888
C27	←	赛事市场价值	0.923	.044	21.186	***		
C30	←	赛事市场价值	0.831	.057	18.806	***		
C33	←	赛事市场价值	0.671	.058	19.262	***		

注：＊＊＊表明在0.001水平上达到显著。

(4) 球迷赛事文化情境认同维度的收敛效度分析

验证性因子分析的结果表明，球迷赛事文化情境认同维度由两个公共因子构成，其结构清晰，内容明确，球迷赛事文化情境认同维度的收敛效度分析结果见表4—32。统计结果表明，在球迷赛事文化情境认同维度，赛事文化认知与赛事情境认知两个公共因子所分别对应的9个题项，其因子载荷均≥0.564，t值均在

0.001水平上达到显著，平均方差提取（AVE）值分别为0.515和0.504，都在标准值0.5附近，表示各观测变量可以较好地解释对应潜变量，各潜变量具有较好的收敛效果。从组合信度系数上看，C.R.值分别为0.841和0.799，均大于0.6的标准值，说明测量模型具有较好的内部一致性。

表4—32 球迷赛事文化情境认同维度的收敛效度分析结果

对应路径			因子载荷	S.E.	C.R.	P值	AVE	组合信度
文化认知	←	情境认知	0.608	.060	11.497	***		
C40	←	文化认知	0.744	.075	10.588	***	0.515	0.841
C42	←	文化认知	0.759	.065	15.973	***		
C34	←	文化认知	0.639					
C35	←	文化认知	0.679	.050	17.092	***		
C36	←	文化认知	0.758	.060	16.095	***		
C37	←	情境认知	0.564				0.504	0.799
C38	←	情境认知	0.792	.084	15.828	***		
C39	←	情境认知	0.799	.074	15.510	***		
C41	←	情境认知	0.657	.076	7.670	***		

注：***表明在0.001水平上达到显著。

第四章 研究设计与模型维度的因子分析

2. 球迷消费行为维度的收敛效度分析

验证性因子分析的结果表明，球迷消费行为维度由两个公共因子构成，其结构清晰，内容明确，球迷消费行为维度的收敛效度分析结果见表4—33。统计结果表明，在球迷消费行为维度，球迷实际消费与球迷消费意愿两个公共因子所分别对应的8个题项，其因子载荷均≥0.564，t值均在0.001水平上达到显著，平均方差提取（AVE）值分别为0.515和0.504，都在标准值0.5附近，表示各观测变量可以较好地解释对应潜变量，各潜变量具有较好的收敛效果。从组合信度系数上看，C.R.值分别为0.841和0.799，均大于0.6的标准值，说明测量模型具有较好的内部一致性。

表4—33 球迷消费行为维度的收敛效度分析结果

对应路径			因子载荷	S.E.	C.R.	P值	AVE	组合信度
消费意愿	←	实际消费	0.815	.044	14.880	***		
B4	←	实际消费	0.703				0.5051	0.7987
B16	←	实际消费	0.530	.059	14.597	***		
B19	←	实际消费	0.406	.055	11.660	***		
B14	←	实际消费	0.515	.047	14.903	***		
B22	←	消费意愿	0.663				0.5249	0.8152

续　表

对应路径		因子载荷	S.E.	C.R.	P值	AVE	组合信度
B10	← 消费意愿	0.557	.052	17.446	***		
B12	← 消费意愿	0.817	.072	19.480	***		
B5	← 消费意愿	0.702	.157	7.374	***		

注：＊＊＊表明在0.001水平上达到显著。

（三）区别效度

区别效度主要为了评估存在于同一问卷中的不同维度间的区别程度。对于各维度间区别效度的检验，常用的评估方法与标准为两个构成变量之间的相关系数必须低于0.85，否则会形成严重的多重共线性的问题。本研究模型中五个构成变量之间的相关系数见表4—34，最大为0.848，均小于标准值0.85，说明中超足球联赛球迷赛事认同量表与消费调查问卷具有较好的区别效度。

表4—34　中超足球联赛球迷赛事认同量表与消费调查问卷的维度相关分析

类别	项　目	球迷个体认同	球迷群体认同	赛事价值认同	文化情境认同	球迷消费行为
球迷个体认同	皮尔森（Pearson）相关	1	0.742**	0.665**	0.639**	0.552**
	渐近显著性（2端）		.000	.000	.000	.000
	叉积平方和	778.01	590.74	500.90	455.48	407.07
	协方差	0.689	0.523	0.444	0.403	0.361
	总　数	886	886	886	886	886

第四章 研究设计与模型维度的因子分析

续 表

类别	项 目	球迷个体认同	球迷群体认同	赛事价值认同	文化情境认同	球迷消费行为
球迷群体认同	皮尔森（Pearson）相关	0.742**	1	0.637**	0.642**	0.560**
	渐近显著性（2端）	.000		.000	.000	.000
	叉积平方和	590.74	814.68	490.68	468.54	422.09
	协方差	0.523	0.722	0.435	0.415	0.374
	总数	886	886	886	886	886
赛事价值认同	皮尔森（Pearson）相关	0.665**	0.637**	1	0.730**	0.645**
	渐近显著性（2端）	.000	.000		.000	.000
	叉积平方和	500.90	490.68	728.84	503.34	459.90
	协方差	0.444	0.435	0.646	0.446	0.407
	总数	886	886	886	886	886
赛事文化情境认同	皮尔森（Pearson）相关	0.639**	0.642**	0.730**	1	0.848**
	渐近显著性（2端）	.000	.000	.000		.000
	叉积平方和	455.48	468.54	503.34	652.90	640.13
	协方差	0.403	0.415	0.446	0.578	0.567
	总数	886	886	886	886	886
球迷消费行为	皮尔森（Pearson）相关	0.552**	0.560**	0.645**	0.848**	1
	渐近显著性（2端）	.000	.000	.000	.000	
	叉积平方和	407.07	422.09	459.90	640.13	697.74
	协方差	0.361	0.374	0.407	0.567	0.618
	总数	886	886	886	886	886

注：**表明在0.01水平上达到显著。

小结

对预测试与正式测试相关信度与效度检验，进一步肯定了本研究设计的科学性与可行性，在此基础上，分别对模型维度进行探索性因子分析与验证性因子分析，进一步明确并锁定了本研究的具体研究指向与框架，见图4—7。

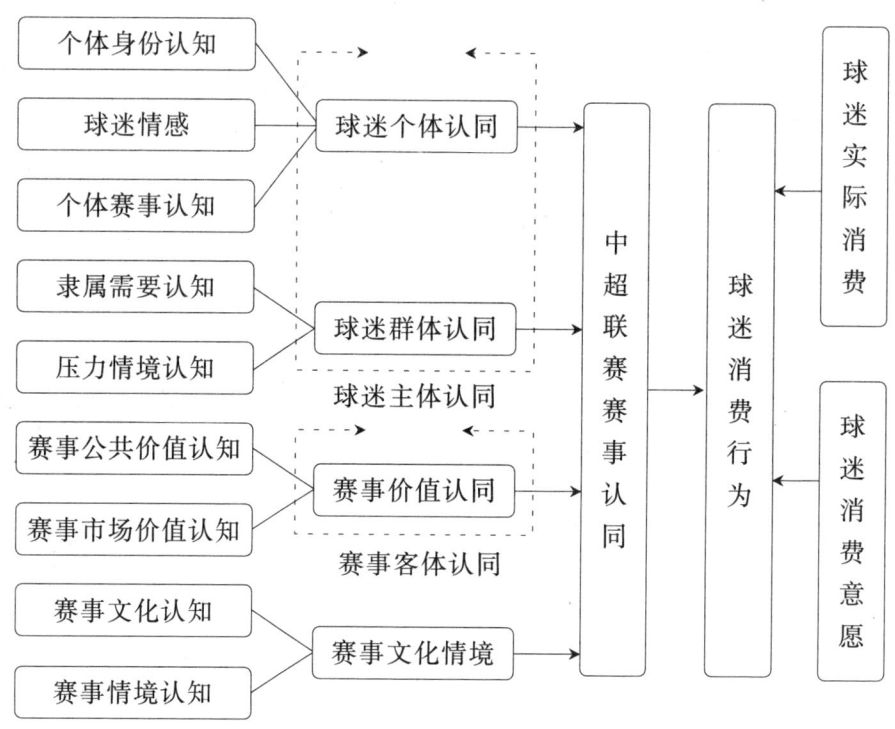

图4—7 本研究的具体研究指向与框架

根据本章研究设计与模型维度因子分析的结果，本研究共包括两大部分研究内容，分别是中超联赛赛事认同构面与球迷消费行为构面。中超联赛的赛事认同构面主要包括三部分内容，即球迷主体认同、球迷对中超联赛客体的认同以及球迷对赛事文化情境的认同。其中，球迷主体认同分别从球迷个体与球迷群体的角

第四章 研究设计与模型维度的因子分析

度探索球迷主观上对于中超联赛的认同情况，探索性因子分析的结果表明：球迷主体认同分别从球迷个体身份认知、球迷情感、个体赛事认知、群体隶属需要认知以及压力情境认知等五个方面，共22个题项予以测量；球迷对中超联赛客体的认同主要反映球迷对赛事价值客观表现的认同情况，探索性因子分析的结果表明：赛事价值认同主要从赛事公共价值认知与赛事市场价值认知两个方面，共11个题项予以测量；赛事文化情境主要反映球迷对赛事所处的文化氛围与联赛情境的认同情况，探索性因子分析的结果表明：赛事文化情境主要从赛事文化认知与赛事情境认知两个方面，共9个题项予以测量。最终，形成了由主体认同、客体认同与文化情境认同共同作用的、相对完整的中超联赛赛事认同研究框架。与赛事认同构面相对应的是球迷消费行为构面，其主要反映球迷在观赏、参与、体验中超联赛过程中所表现的消费行为情况，主要通过实际消费与消费意愿两个方面，共8个题项予以测量。

第五章　理论模型与研究假设

本章以上一章的研究为基础，结合学者们现有的研究成果，构建中超赛事认同对球迷消费行为影响机制的理论模型，通过理论推导提出相关的研究假设，对本研究的各个假设进行阐释，为下一步的研究设计和假设检验打下基础。

首先，对赛事认同对球迷消费行为影响的关键要素进行理论分析，并利用由此衍生出观测变量来测量中超联赛的赛事认同与球迷的消费行为。其次，通过对预测试样本进行探索性因子分析，对所有观测变量进行检验并定位、确定其所属的潜变量，进而通过对正式调查所获取的全部样本数据进行验证性因子分析，进一步检验数据信度、效度以及因子结构的合理性与科学性。最后，通过对潜在变量之间关系进行分析与讨论，提出本研究的研究假设，从理论层面构建赛事认同对球迷消费行为的影响机制模型。通过上一章研究分析，其理论影响机制模型主要涵盖赛事文化情境认同、球迷个体认同、球迷群体认同、中超赛事价值认同以及球迷消费行为等五个维度。

第一节　理论模型的理论基础及其推演

一、理论模型的理论基础

认知理论是心理学研究中的一个经典理论，其中，巴甫洛夫

第五章 理论模型与研究假设

提出的条件反射理论奠定了认知理论的研究基础。行为心理学家进一步将条件反射理论拓展应用至行为科学领域,逐渐构建并完善了"刺激(Stimulus)—反应(Response)"理论,该理论认为人的行为可以分解为刺激和反应两部分。由此,王甦、汪安圣(1992)提出人的行为所受到刺激的具体反应。[①] 由此,认知理论提出人的意识成为其重要的研究对象,人的行为产生于其所受到的外部刺激,是在意识作用下所发生的对于所处条件环境的反应。这一反应过程存在一定的间接作用,主要来自人的感知、领悟、思考以及推理等认知过程。可以说,人的行为主要表现为面对外在条件刺激所形成的认知传导过程作用下的具体反应。因此,传统的"刺激(Stimulus)—反应(Response)"理论在行为心理的研究中再次拓展为加入认知(Consciousness)环节的全新 S—C—R 的模型,即刺激—认知—反应的新模型。

在认知心理学与行为心理学研究基础上,社会心理学又开启了行为改变理论的相关研究,从社会心理研究角度对刺激—认知—反应模型进行全新路径探索。卢恩(Lewin)(1951)提出行为改变理论中的场域理论,开启了人境互动理论的相关研究,他强调行为是由个体内在条件(性格、价值观、能力、遗传等)与所处的社会情境互动影响而形成的。认为人的行为不仅受到其个体条件的影响,并且受到其所处的社会环境的影响,个体的行为是人和环境的共同作用的结果,[②] 可见,人境互动理论是刺激—认知—反应模型的理论拓展与应用创新。斯特恩(Stern)和奥斯康普(Oskamp)(1987)以及斯特恩(Stern)(2000)在社会心理学

[①] 王甦,汪安圣. 认知心理学 [M]. 北京:北京大学出版社,1992:253-258.

[②] Lewin K., *Field Theory in Social Science*, Edited by Dorwin Cartwright[M]. New York:Harper and Brothers,1951.

行为改变理论研究的基础上，提出态度—行为—情境理论，他们认为行为是有机体及其环境互动作用的结果表现，并具体表现为个体认知变量与情境因素交互作用的结果[1][2]。

无论是认知心理学论研究，还是社会心理学对行为改变理论的探索，都符合刺激—认知—反应模型的思维逻辑要求，都强调外界情境刺激作用下，有机体会产生相对应的主体认知，并形成与外界刺激、主体认知相适应的反应和行为。值得注意的是，主体认知指有机体对感觉到的信息（刺激）的组织和理解的过程。如果进一步区分、细化，可以看出认知理解的过程，更倾向于主体对于自身、客体以及环境的认同过程，即主体根据外在刺激与信息组织的结果所做出的自我概念化、社会角色化以及主体定位的过程。由此，本研究在主要借鉴刺激—认知—反应模型的基础上，进一步探讨认同对于主体行为的作用机制。于是，就需要考虑认同与认知、刺激以及行为之间的关系。

可借鉴认同、社会认同理论的相关理论，搭建认同的作用机制。以自我认同为例，其主要包含自我了解与自我实现两个层面。自我了解就是在对自我所处环境进行评估的基础上，进一步对所承担身份角色的正确定位以及对于理想与现实关系掌握能力的判断。可见，自我认同是在文化情境的刺激作用下而产生的对于自我认知的正确把握，并在此基础上形成自我发展等目标的自我实现需要。由此，可以看出自我认同是个体根源于文化情境的刺激与自我认知、外界认知以及对象认知而产生的连续的反思性

---

[1] Stern P. C., Oskamp S. *Managing Scarce Environmental Resources*[J]. Handbook of Environmental Psychology, 1987, 2: 1043-1088.

[2] Stern P C. *New Environmental Theories: Toward a Coherent Theory of Environmentally Significant Behavior*[J]. Journal of Social Issues, 2000, 56(3): 407-424.

投射。并由此催生出满足各种自我发展需要的自我实现行为。与此同时，吉登斯认为个体的独立的行为是不会构建其自我认同的。个体总是处在与他人、群体乃至社会不断地相互作用过程之中，由个体之间相互作用影响而构建其社会才是真正的社会。自我与"自我认同"皆是在社会情境之中逐渐形成并发展而来的，只有通过对社会情境影响的自我情况的执行功能，才能揭示出自我与自我认同发生作用的机制。所以，自我认同是社会认同、群体认同、文化认同、价值认同的基础，是在主体认知基础上所做出的主体角色、身份的反复的、连续的评估与确认。可见，首先，认同是有机体主体认知的深层次反应结果，从另一个角度看，主体认知可以对认同进行有效观察与测量，它可以从一定程度上衡量主体身份、角色以及对客体的认同情况。其次，认同是基于主体认知对所处文化情境的相应理解与表达，也是文化情境作用的间接结果，即文化情境通过对主题认知的影响而产生认同。最后，认同并不是认知的最终结果，在反映文化情境与认知作用的基础上，主体的角色、身份需要通过对外的行为予以实现，即人的行为才是刺激—认知—认同的外在结果与表现。因此，可推演出 S—C—I—R 的模型，见图 5—1，即在认知行为理论"刺激—认知—反应"模型基础上，将认同（Identification）作为中介调节变量加入其中，以强调认同与认知、刺激之间的相互作用，以及认同对行为所产生的影响作用。

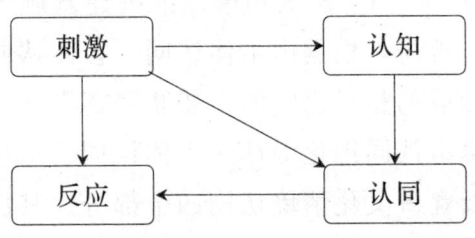

图 5—1　刺激—认知—认同—反应模型

二、理论模型的推演

本研究的理论模型以认知心理学的认知理论为经典，积极引入社会心理学中以人境互动理论与态度—行为—情境理论为代表的行为改变理论，以认同、社会认同的相关理论为模型研究的理论基础，通过理论推演与提出研究假设构建本研究的理论模型。

根据第四章第四节小结部分的本研究的具体研究指向与框架，拟构建中超联赛赛事认同对球迷消费行为影响机制的理论模型。以认知理论中的"刺激（Stimulus）—反应（Response）"理论与"刺激—认知—反应"模型为基础，进一步探索"刺激—认知—认同—反应"模型的操作性与实践性，并在考虑对本研究适用性的同时，逐步进行理论模型的推演与构建。

根据本研究的需要，将"刺激"内容定位为中超联赛文化情境，将"认知"内容定位为球迷认知，将"认同"内容定位为中超联赛赛事认同，将"反应"定位为球迷消费行为，见图5—2。

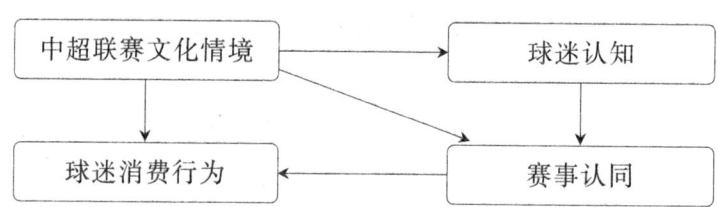

图5—2 本研究 S—C—I—R 认知模型的搭建

在本研究 S—C—I—R 认知模型的搭建基础上，进一步进行模型要素细化。首先，根据由主体认同、客体认同与文化情境认同共同作用所形成的相对完整的中超联赛赛事认同研究框架的要求，进一步将赛事认同细化为球迷个体认同、球迷群体认同、赛事价值认同以及赛事文化情境认同四个部分。其次，将球迷认知部分细化为球迷个体认知、群体认知以及对中超联赛价值的认知三个部分，见图5—3。

第五章　理论模型与研究假设

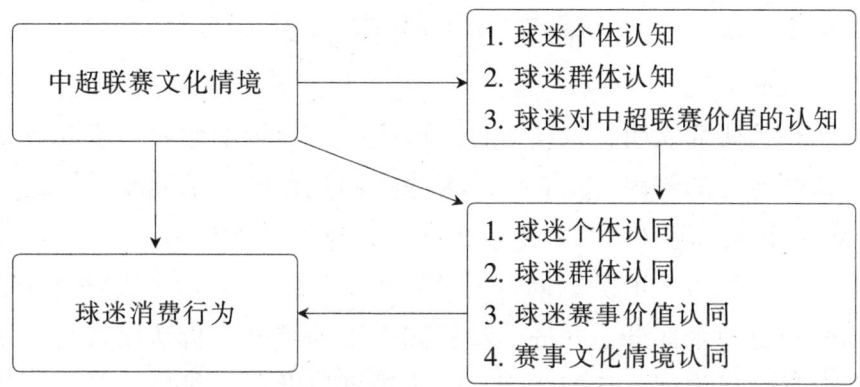

图 5—3　本研究 S—C—I—R 认知模型的要素细化

在 S—C—I—R 认知模型要素细化基础上，进一步定位其各维度的对应变量。根据探索性与验证性因子分析结果，具体将球迷个体身份认知、球迷情感认知、群体隶属需要认知等九个变量与赛事认同的四个维度相联系，见图 5—4。

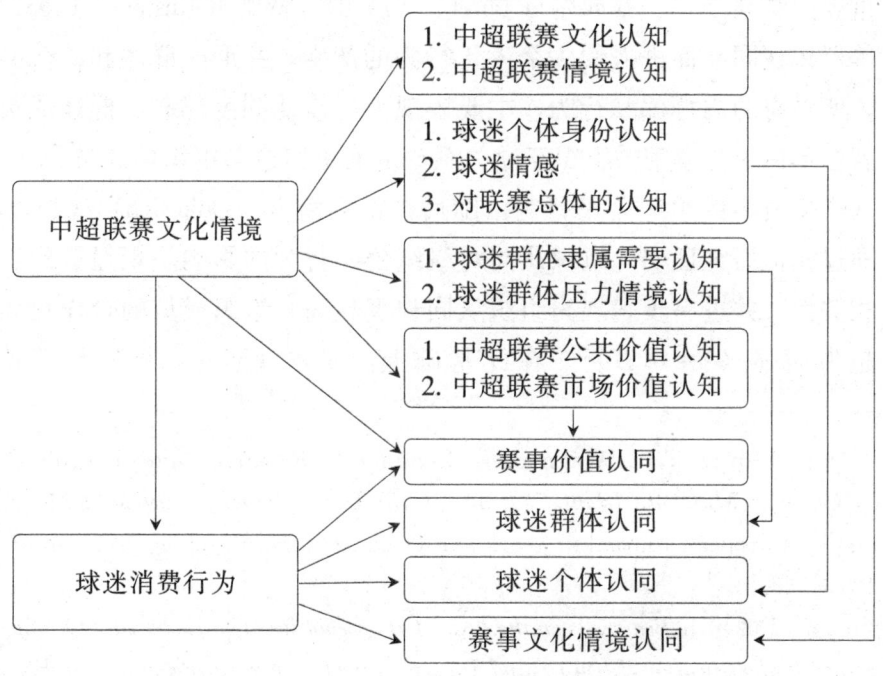

图 5—4　本研究 S—C—I—R 认知模型的对应变量

第二节 研究假设

相关研究表明：认同对行为产生重要的影响作用，主要体现为认同行为的前因变量，而行为是认同过程的结果变量。范迪克（Van Dick）等（2004）在分析并讨论阿什福德（Ashforth）、麦尔（Mael）等人有关认同定义的基础上，提出个体的认同包含认知与情感两个部分，并进一步从四个不同维度分析认同过程。主要包括情感维度、认知维度、评价维度以及行为维度。最终，他们认为情感与认知因素是基于社会认同理论考虑的，并形成认同过程，但行为与评价因素则更多地表现为认同的结果。[①] 因此，可以推论出认同与行为之间存在着因果关系，行为是基于人们的认同而产生的，而认同的结果更多地表现为人的行为。

组织行为学相关理论研究的成果表明：人的行为是认同过程重要的结果变量。泰弗尔（Tajfel）(1978)、特纳（Turner）(1987)等群体认同会促进人们去个人化行为的产生，并形成群体利益公共体所具有的内群偏私行为，主要表现为群体认同度越高，群体成员就会形成更为紧密的组织互动关系，从而更愿意与组织内成员合作，并产生较多的组织公民行为。随后，杜克雷奇（Dukerich）(2002)通过实证研究证明，组织认同对组织公民行为的影响呈现显著的正相关性，并进一步表现为组织认同程度越高，组织成员的合作行为越为明显（$\beta=0.57$）[②]。在此基础上，麦尔（Mael）与阿什福德

---

① Van Diek, R., Wagner, U., Lemmer, G. *Research Note: The Winds of Change: Multiple Identifications in the Case of Organizational Mergers*[J]. European Journal of Work and Organizational Psychology, 2004, 13: 121-138.

② Dukerieh. *Beauty Is in the Eye of the Beholder: The Impact of Organizational Identification, Identity, and Image on the Cooperative Behaviors of Physician*[J]. Administrative Science Quarterly, 2002, 47: 507-533.

第五章 理论模型与研究假设

(Ashforth)（1989）研究认为组织认同对组织成员态度及行为的影响较为显著，主要表现为较高程度的组织认同，会促进组织成员形成较多的合作行为与组织公民行为，进而提升组织的竞争力。[①]

在认同与行为互动关系、影响机制的相关研究基础上，李颖灏、朱立（2013）提出从社会认同视角研究基于自我概念的消费者行为，被认为是一个有效且意义重大的研究视角。对社会认同对消费行为的影响机理予以分析，然而，该文章也只是以综述的视角对社会认同影响消费行为的调节因素予以理论梳理，并没有进行实证研究探索。本研究以社会认同对消费行为影响为研究思路，将中超联赛的赛事认同对球迷消费行为的影响作为研究核心问题，从球迷个体认同、群体认同、赛事价值认同以及赛事文化情境认同四个维度测度球迷的赛事认同情况，并分别链接四个维度与球迷消费行为的影响作用，分别提出研究假设。

一、赛事文化情境认同总体影响机制的假设

文化心理学认为人类的生活受制于自身所生活的社会文化情境为研究前提，对文化情境的前因作用给予充分的重视。马枫（2010）认为消费文化产生于大众文化并由其发展演化而来，消费文化对于个体、群体、价值认同的建构发挥着不同程度的影响作用，它可以既作为认同建构的空间与场域，又可作为认同的媒介与对象。[②] 与此同时，瑞德（Reed）（2002）提出心理学与社会学中存在不同研究范式的自我概念，并主要呈现两种趋势：一方面，越来越强调自我的外部与社会情境特征；另一方面，对自我的内在与心理特

---

① Ashforth, B. E., Mael, F. A. *Social Identity Theory and the Organization*. Academy of Management Review，1989，14，20-39.

② 马枫. 论消费社会中的认同问题 [D]. 长春：吉林大学，2010：25-27.

征日益强调。又从另一个角度，将文化情境与自我、与主体认同相互拟合，[1] 并提示我们应该从文化情境对认同的影响角度展开研究，并给予充分的重视。麦圭尔（McGuire）、威廉姆（William J）（1978，1979）认为消费者所居住的社会环境可能会增加某种特定社会身份的凸显程度，表现为其与众不同的或不寻常的。[2] 伍腾（Wooten）、大卫（David B）（1995）提出在一定社会文化环境中，社会身份会在一定程度上反映消费者的个体属性，消费者将更倾向于凸显该社会身份的关联内容，并对于如此关联的营销刺激做出积极的反应。[3] 以上观点反映出消费者的行为是在一定的社会文化情境范围内进行的，文化情境对于消费行为具有一定的前因调节作用，并且，赛事文化情境对个体、社会身份具有影响作用。在此基础上，康莹依（Hong, Ying-yi）、M. 莫里斯（Michael W. Morris）、赵志裕（Chi-yue Chiu）和 V. B. 马丁内斯（Veronica Benet Martínez）（2000）相关研究认为，社会环境所出现的特定情境暗示会促进消费者对社会身份关联信息的加工，并将注定提高可及性的社会认同，进而增强消费者使用其社会身份来评估营销刺激。[4] 其

---

[1] ReedII, Americus. *Social Identity as a Useful Perspective For Self-Concept Based Consumer Research* [J]. Psychology And Marketing, 2002, 19(3): 1-32.

[2] McGuire, William J., Claire V. McGuire, and Ward Winton. *Effects of Household Sex Composition on the Salience of One's Gender in the Spontaneous Self-Concept* [J]. Journal of Experimental Social Psychology, 1979, 15: 77—90.

[3] Wooten, David B. *One-of-a-Kind in a Full House: Some Consequences of Ethnic and Gender Distinctiveness* [J]. Journal of Consumer Psychology, 1995, 4(3): 205—224.

[4] Hong, Ying-yi, Michael W. Morris, Chi-yue Chiu, and Veronica Benet-Martinez. *Multicultural Minds: A Dynamic Constructivist Approach to Culture and Cognition* [J]. American Psychologist, 2000, 55(7): 709-720.

中的特定情境暗示必然会作用于消费者自身,并形成一定的赛事文化情境认同,因此,可以推论出赛事文化情境认同对消费者个体、群体、消费客体价值认同以及消费行为具有影响作用。基于以上分析,本研究提出以下假设:

H1:"赛事文化情境认同"对"球迷个体认同"影响显著

H2:"赛事文化情境认同"对"球迷群体认同"影响显著

H3:"赛事文化情境认同"对"球迷赛事价值认同"影响显著

H4:"赛事文化情境认同"对"球迷消费行为"影响显著

二、赛事认同对球迷消费行为影响机制的假设

认同理论与社会认同理论的相关研究指出,认同对消费行为具有一定的影响作用,为本研究理论假设的提出提供坚实的基础。值得注意的是,仅有为数不多的研究成果从实证的角度展开认同对消费行为的影响测量与验证。

个体认同与自我概念的构建联系紧密,它是个体自我表达与身份确认的过程,消费者的消费行为最终成为个体认同的反应与实现。西吉尔(Sirgy)(1981;1982)认为,对消费者行为必然与自我身份概念之间存在互动关系,消费者行为既是自我身份概念构建和发展的结果表现,同时也影响着自我身份概念本身。[1] 杨魁(2003)提出,消费从而也成为自我表达与身份认同的主要形式和来源。[2] 张婷森(2007)认为,消费者自我概念是指消费者个体将自己看成一个客体时对自己的看法和态度。[3] 罗杰斯(Rogers)(1951)、格鲁布(Grubb)

---

[1] Sirgy,M. Joseph. *Self-Concept in Consumer Behavior:A Critical Review* [J]. Journal of Consumer Research,1982,9:287 – 300.

[2] 杨魁. 消费主义文化的符号化特征与大众传播 [J]. 兰州大学学报,2003 (1):63 – 64.

[3] 张婷森. 消费者自我概念结构模型及其应用研究 [D]. 长沙:湖南大学,2007:53.

和格拉斯沃尔（Grathwohl）(1967) 提出，个体的消费行为更倾向于通过消费具有象征意义的商品来强化、凸显自我身份概念。①② 个体认同过程也包含一定的社会化过程，布朗（Brown）(2004) 认为，自我身份概念的社会化过程就是人们构建社会身份的过程，而且，这种身份的构建会促进在社会环境下个体对他人或客体的感知以及行为方式形成。实证研究方面，贝克（Belk）(1988) 通过实证研究提出，个人消费产品更倾向于那些能够匹配、凸显自我身份概念的品牌，并认为这种消费是自我展示的一种方式。③ 基于以上分析，本研究提出以下假设：

H5："球迷个体认同"对"球迷消费行为"影响显著

在认同理论研究基础上，社会认同理论研究又将个体认同与社会相连接，将个体与群体以及社会相联系，并最终使群体认同通过消费者的消费行为予以表达与实现瑞德（Reed）等（2000，2002，2004）认为，对于基于自我身份概念的消费行为进行研究应从社会身份视角，以一系列实验研究的方式来探讨社会身份对消费者行为的影响作用。瑞德（Reed）(2002) 认为，消费者通过社会分类以形成自己的社会身份，进而对各种行为进行思考与评价。福尔汉德（Forehand）和德什潘德（Deshpande）(2002) 指出，特定社会身份的凸显将有效引导消费者的消费决策与态度。④ 在此基础上，群体认同一定程度上对消费行为产生影响作用。卡萨尔吉

---

① Rogers, Carl. *Client-Centered Therapy: Its Current Practice, Implications and Theory*. London: Constable, 1951.

② Grubb, E. L., Grathwohl, H. L. *Consumer Self Concept, Symbolism, and Market Behavior: A Theoretical Approach*[J]. Journal of Marketing, 1967, 31: 22-27.

③ Belk. *Possessions and the Extended Self "Revisited"*[J]. Journal of Historical Research in Marketing. , 1988, 7(2): 184-207.

④ Forehand, M. R., Deshpande, R., Reed, A. *Identity Salience and the Influence of Differential Acti-Vation of Social Self-Schema on Advertising Response*[J]. Journal of Applied Psychology, 2002, 87: 1086-1099.

第五章 理论模型与研究假设

安（Kassarjian）、哈罗德（Harold H）（1981）提出，在消费决策过程中，消费者更倾向于得到并借助相关参照群体的意见，并受到参照群体意见的影响。[①] 奥斯特豪斯（Osterhus）、托马斯（Thomas L）（1997）认为，消费者趋于认同高可靠性的群体，其消费行为也更容易受到影响[②]。费希尔·罗伯特（Fisher Robert J）、普莱斯（Price）、琳达（Linda L）（1992）认为，消费决策更容易受到参照群体的影响。[③] 基于以上分析，本研究提出以下假设：

H6："球迷群体认同"对"球迷消费行为"影响显著

张建华等提出，价值认同就是指价值理想、价值取向和价值标准等方面的一致性和统一性。认同是如何融入我们的生活的呢？一种观点是这样的：世界上很多事物有价值。它们的价值是客观的；不管有没有人认识到它们的重要性，它们都是重要的。然而，认同与价值之间的关系到底如何？在阿皮亚（2013）所著的《认同伦理学》一书中可以找到答案。他认为，认同是另一种价值的源泉所在，将帮助人们在众多价值选项中进行选择。人们对某一事物的认同，就是让它成为自己身份的表征，并积极构建自己生活方式。即我的认同有其内在的模式，这种模式帮助我来思考我的生活。认同成为一种价值的来源而非实现其他价值的某种东西的方式可能有很多种。[④] 许多价

---

① Kassarjian, Harold H. and Thomas S. Robert-son. *Perspectives in Consumer Behavior* [M]. 3rd Edition, Glenview, IL: Scott, Forsman, and Company, 1981.

② Osterhus, Thomas L. *Pro-Social Consumer Influence Strategies: When and How Do They Work?* [J]. Journal of Marketing, 1997, 61(4): 16-29.

③ Fisher Robert J, Price, Linda L. *An Investigation into the Social Context of Early Adoption Behavior* [J]. Journal of Consumer Research, 1992, 19(3): 477-486.

④ 夸梅·安东尼·阿皮亚. 认同伦理学 [M]. 南京：译林出版社，2013: 96-102.

值对于一种认同来说是内在的：它们是拥有那种认同的人必须去考虑的价值，但不是没有那种认同的人所需要的价值。可以看出，价值已然成为认同的对象，对某一事物价值的感知与判断可影响主体的认同情况，因此，价值认同反映着认同主体与认同客体之间的关系，它必然影响着主体的行为与生活。基于以上分析，本研究提出以下假设：

H7：“赛事价值认同”对"球迷消费行为"影响显著

三、赛事认同主客体影响机制的假设

无论是认知理论，还是行为改变理论，都对认知主客体之间的影响机制予以充分关注，包括主体与主体之间、主体与客体之间的相互关系与作用机制。在社会认同理论的相关研究中，对认同主客体之间影响的研究也同样关注。个体与群体之间的相互影响已成为社会认同研究的重要内容，从而引发出个体认同对群体认同的影响作用相关研究。贝尔登（Bearden）、威廉（W O）、内特梅尔（Netemeyer）、理查德（R G）和蒂尔（Teel）、杰西（JE）（1989）提出，遵从动机主要表现为个体行为以符合他人标准或群体规范为目标的意愿，它与社会认同的内化程度和可及性高度相关。[1] 克莱森（Claesen）等（1986）认为，由于群体压力，青少年更倾向于服从于社会遵从，主要因为青少年对获得更多的社会接触产生期望，并促使他们从主观上努力寻求群体认同。[2] 凯拉·

---

[1] Bearden, W O, Netemeyer, R G, Teel, JE. *Measurement of Consumer Susceptibility to Interpersonal Influence* [J]. Journal of Consumer Research, 1989, 15(2): 473-481.

[2] Claesen. Donna Rae, B. Bradford Brown, and Sue Ann Eicher. *Perceptions of Peer Pressure, Peer Conformity Dispositions, and Self-Reported Behavior among Adolescents* [J]. Developmental Psychology, 1986, 22: 521-530.

第五章 理论模型与研究假设

洛德（Lord，K R）、李（Lee，M）和宗鹏（Choong，P）（2001）研究认为，消费者与特定群体之间互动频率、程度越高，其消费认同程度就越强，从而导致其消费行为受到越大的影响。[①] 基于以上分析，本研究提出以下假设：

H8："球迷个体认同"对"球迷群体认同"影响显著

主体与客体之间不可避免地由认知形成交互作用，认同的主体与认同的对象之间必然联系紧密。认同的主体在关注自身身份、角色的基础上，更关注其认同对象的价值构成与诉求，因此，认同主体所形成的主体认同对认同客体所形成的价值认同有着一定的影响作用。

对于消费者个体而言，主体的定位和自我意识构成主体意识，并形成个体认同，其与产品、品牌以及消费对象的象征意义联系紧密。个人主要表现为一定社会关系的承担者，成为整个社会主体中的构成部分与细胞。当个人超出自己的范围，从个人的需要和能力所具有的社会普遍性内容出发去评价事物时，他的评价就和本群体其他许多人的评价或局部的社会有共同之处，因而构成了一定的"公众评价"。沙维特（Shavitt）、莎朗（Sharon）和M.纳尔逊（Michelle R. Nelson）（2000）认为，如果评估对象的象征含义与群体社会规范与消费者的行为、态度形成较高的关联性，那么消费者会对其社会身份认同及其相关性给予较高的关注。瑞德（Reed）和福尔汉德（Forehand M.）（2003）研究认为，社会认同的可诊断性与消费者的社会身份关系密切，并进一步与其对象的评估目的、象征意义以及行为价值产生关联，并最

[①] Lord,K R,Lee,M,Choong,P. *Differences in Normative and Informational Social Influence*[J]. Advances in Consumer Research,2001,28(1):280-285.

终影响其区辨能力。① 个人在社会中总是呈现为一个独立的完整主体，通常以自我尺度为标准来评价各种现象的价值，这种评价属于纯粹的个人的评价，即个体认同对于价值认同影响的表现。

对于消费者群体而言，基于每个消费者个体认同所形成的群体认同更加关注群体规范、群体成员一致性以及价值观等内容。艾伦·弗农（Allen Vernon L）（1965）认为，群体成员价值观的一致性将强化群体成员的认同感。② 达纳·尼科莱塔·拉斯库（Lascu Dana - Nicoleta），威廉姆·比尔登（William O. Bearden）和兰德尔.罗斯（Randall L. Rose）（1995）提出，有着严格规范的群体必将导致消费者行为呈现从众现象，并将共同遵从于群体的价值判断。③ 可见，群体规范、认同与价值判断之间有着密切的关系。

对于消费对象而言，主体对于客体必然存在确定的价值观念，其主要表现为具有一定的主体性，直接表达为所形成的价值观念都只能是一定主体的价值观念，一切理想、信仰与信念都只能是具体主体的理想、信仰与信念。一种价值观念"是谁的，最终为了谁"，就会以谁的地位、立场、利益为根据，反映和代表谁的意志。所以构成任何一种价值观念的第一个基础，就是确定价值的主体性特征；对于价值主体而言，充分认知、明确自己的社会使命、地位与角色成为定位价值主体价值观念的重要前提与

---

① Reed A., Forehand M. *Social Identity and Marketing: An Integrative Framework* [M]. Unpublished, Wharton School of Business, University of Pennsylvania, 2003.

② Allen, Vernon L. *Situational Factors in Conformity* [J]. Advances in Experimental and Social Psychology. 1965, (2):133 - 175.

③ Lascu, Dana Nicoleta, William O. Bearden and Rose. Randall L. *Norm Extrmity and Interpersonal Influences on Consumer Conformity* [J]. Journal of Business Research, 1995, 32(3):201 - 212.

第五章　理论模型与研究假设

基础。在此基础，价值主体关于任何价值的理想、信仰与信念的形成，必将成为价值主体评价事物、进行价值判断的标准。价值主体总体上分为个体与群体两个层次与类别，并始终按照此价值判断标准去评价判断事物与客体的价值。需要注意的是，所有的价值观念都有其价值主体性倾向。换言之，价值观念与认同来源于现实存在的个体与群体对于其自身主体性的认知、社会身份的定位以及知行一致性的解释。基于以上分析，本研究提出以下假设：

H9："球迷个体认同"对"赛事价值认同"影响显著

H10："球迷群体认同"对"赛事价值认同"影响显著

第三节　理论模型的构建

本研究以认知心理学、社会心理学以及认同、社会认同理论为理论基础，进行理论模型的推演，并根据本研究 S—C—I—R 认知模型的搭建、要素细化以及对应变量的逐步确立，继而提出本研究的主要理论假设，并据此构建出本研究的理论模型，见图5—5。

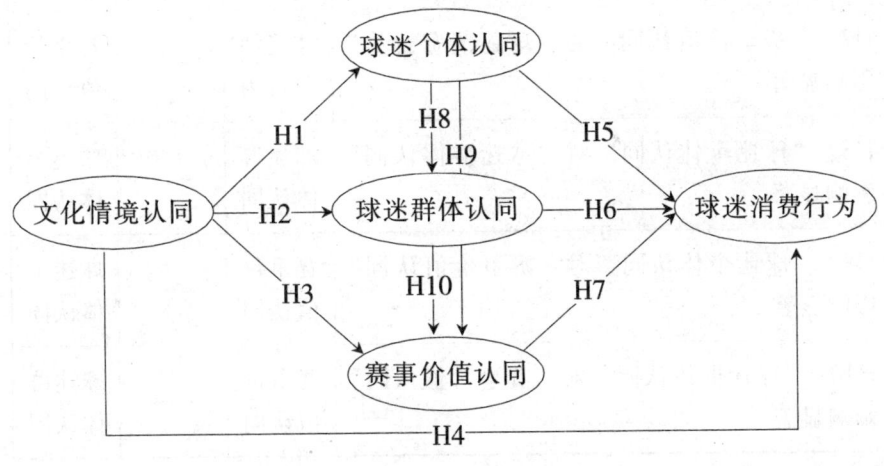

图5—5　理论模型

本研究假设汇总，如表5—1所示。

表5—1 研究假设内容及对应路径

假设内容	对应路径		
H1："文化情境认同"对"球迷个体认同"影响显著	球迷个体认同	←	文化情境认同
H2："文化情境认同"对"球迷群体认同"影响显著	球迷群体认同	←	文化情境认同
H3："文化情境认同"对"球迷赛事价值认同"影响显著	赛事价值认同	←	文化情境认同
H4："文化情境认同"对"球迷消费行为"影响显著	球迷消费行为	←	文化情境认同
H5："球迷个体认同"对"球迷消费行为"影响显著	球迷消费行为	←	球迷个体认同
H6："球迷群体认同"对"球迷消费行为"影响显著	球迷消费行为	←	球迷群体认同
H7："赛事价值认同"对"球迷消费行为"影响显著	球迷消费行为	←	赛事价值认同
H8："球迷个体认同"对"球迷群体认同"影响显著	球迷群体认同	←	球迷个体认同
H9："球迷个体认同"对"赛事价值认同"影响显著	赛事价值认同	←	球迷个体认同
H10："球迷群体认同"对"赛事价值认同"影响显著	赛事价值认同	←	球迷群体认同

第六章 赛事认同对球迷消费行为的影响机制实证检验

本章在对分析方法与样本数据进行描述的基础上,依据所构建的理论模型提出预设结构模型,并对测量模型和结构模型的信度、效度进行了分析。采用结构方程模型构建方法,对所收集到的全部样本数据进行统计分析,对预设模型进行检验。此外,为进一步分析、讨论各维度内不同组别消费者的认同与消费行为差异,还对不同类型的消费者展开了观测变量层次的独立样本 T 检验,并从学历、收入、性别、年龄以及是否参加球迷组织等五个维度出发,开展维度内的多组比较分析。

第一节 分析方法和样本数据

一、分析方法

结构方程模型(Structural Equation Modeling,简称 SEM)是一种统计建模技术与方法,已经在心理学、管理学、经济学和行为学等研究领域广泛应用。利用结构方程模型可以建立、估计和检验因果关系模型,是多元数据进行系统分析的重要工具。结构方程模型包括两个基本模型。测量模型主要由潜变量与显变量组成，重点表达显变量的线性函数，结构模型表示变量之间的因果关系，主要表达线性结构关系。①

基于之前本研究问卷调查的信度与效度的分析，本研究利用所有调查获得数据，运用 AMOS17.0 软件来检验此前所构建的理论模型与所提出的十个研究假设。由对结构方程模型方法的分析可知，结构方程模型技术较大程度地满足了本研究的数理统计分析需要。首先，结构方程模型可以较为完整、宏观地反映潜变量与观测变量之间的相互关系，并可进一步较为有效地反映潜变量之间的相互影响作用机理。可见，完全符合本研究将"球迷个体认同""球迷群体认同""赛事价值认同""赛事文化情境认同"和"球迷消费行为"整合在一个模型内研究的基本思路和要求。利用结构性的方法，促使观测变量之间的关系能较全面地体现赛事认同对球迷消费行为产生影响的互动效应。其次，本研究的潜变量均表现为难以直接测量的，现有的统计分析方法中，只有该技术可以较好地表达潜变量所蕴含的信息，并对潜变量之间的关系进行拓展性探索分析。综上所述，选择并利用结构方程模型分析方法、技术，可以较为科学地揭示赛事认同对球迷消费行为的影响机制，从而为理论研究和管理实践提供借鉴。

二、样本数据

本研究实地调查共发放调查问卷 2200 份，共回收有效问卷 1421 份，回收率为 64.59%。

本研究分别从地域、性别、年龄、学历、月收入、婚姻状况以及是否参加球迷团体等七个维度调查球迷的基本特征。包括预测试在内的三轮次实地调查，分别调查了大连、抚顺、盘锦、锦

---

① 侯杰泰，温忠麟，成子娟等. 结构方程模型及其应用 [M]. 北京：教育科学出版社，2004：173-176.

第六章 赛事认同对球迷消费行为的影响机制实证检验

州以及沈阳等五座城市的球迷1239人,占总样本的87.2%,主要的五个城市球迷分布大体均衡。其他城市的球迷共182名,包括53名营口球迷,21名鞍山球迷,41名葫芦岛球迷,18名辽阳球迷,19名本溪球迷,16名朝阳球迷,以及14名铁岭球迷。其中,男球迷1058人,占总样本的74.5%,比较符合足球项目男性球迷为主的特征。35岁以下的球迷共763人,占总样本的53.7%,比较符合球迷的年龄分布特征。学历层次为大学本科及以上的球迷共796人,占总样本的56.0%,基本符合目前辽宁地区学历结构特征,即青年人学历以本科为主,中年人学历以大专或者高职为主。月收入水平为4000元以下的球迷共986人,占总样本的69.4%,与当前辽宁地区城镇居民人均可支配收入的统计数据大体相符,见表6—1。

表6—1 实证检验样本的自然特征统计

变量名称	变量编码	变量内容	人数	百分比(%)
性别	1	女	363	25.5
	2	男	1058	74.5
婚姻状况	1	已婚	686	48.3
	2	未婚	735	51.7
年龄	1	18岁以下	120	8.4
	2	18—24岁	292	20.5
	3	25—34岁	351	24.7
	4	35—44岁	428	30.1
	5	45—54岁	190	13.4
	6	55—64岁	25	1.8
	7	65岁及以上	15	1.1

续 表

变量名称	变量编码	变量内容	人数	百分比（%）
受教育程度	1	初中及以下	75	5.3
	2	高中/中专	327	23.0
	3	大专/高职	223	15.7
	4	大学本科	713	50.2
	5	研究生及以上	83	5.8
月收入水平	1	无经济收入	328	23.1
	2	2000元以下	130	9.1
	3	2000—3999元	528	37.2
	4	4000—5999元	304	21.4
月收入水平	5	6000—7999元	49	3.4
	6	8000—9999元	32	2.3
	7	10000元及以上	50	3.5
职业类型	1	技术专业人员	241	17.0
	2	企事业单位人员	339	23.9
	3	公司职员	244	17.2
	4	自由职业者	152	10.7
	5	政府机关人员	78	5.5
	6	学生	303	21.3
	7	军人	15	1.1
	8	待业人员	3	0.2
	9	退休	20	1.4
	10	家庭主妇	5	0.4
	11	其他	20	1.4

第六章 赛事认同对球迷消费行为的影响机制实证检验

续 表

变量名称	变量编码	变量内容	人数	百分比（%）
是否参加球迷团体	1	参加	629	44.3
	2	未参加	792	55.7
所在城市		沈阳	331	23.3
		大连	211	14.8
		抚顺	276	19.4
		锦州	186	13.1
		盘锦	235	16.5
		营口	53	3.7
		葫芦岛	41	2.9
所在城市		朝阳	16	1.1
		辽阳	18	1.3
		鞍山	21	1.5
		本溪	19	1.3
		铁岭	14	1.0
总　计			1421	100

运用 SPSS20.0 软件对问卷调查所收集的样本数据进行描述性统计，包括各个显变量的最小值、最大值、标准差、均值和偏度等方面，通过对五个维度共 50 个题项的相对应统计整理，结果如表 6—2 所示。1421 份有效问卷均为填写完整的问卷，在各个显变量上均较少出现缺失值，调查对象在李克特五点量表的各个层次均有涉及，数据具有较好的代表性。在此基础上，多数指标的偏度接近 0，表明潜变量数据基本服从正态分布，适合进行结构方程模型（SEM）分析。

表 6—2　所有调查样本的数据描述统计

维　度	N	最小值	最大值	均　值		标准差	偏　度	
	统计量	统计量	统计量	统计量	标准误	统计量	统计量	标准误
球迷个体认同	1421	1	5	3.49	.021	.799	−.135	.065
球迷群体认同	1421	1	5	3.37	.023	.849	−.020	.065
赛事价值认同	1421	1	5	3.65	.021	.787	−.145	.065
赛事文化情境	1421	1	5	3.55	.020	.749	.083	.065
球迷消费行为	1421	1	5	3.59	.020	.754	.009	.065
总样本	1421							

第二节　各维度测量模型检验

一、测量模型的信度检验

由表 6—3 可以看到，本研究中，球迷赛事认同的四个维度模型的各维度分量表的信度系数均大于或等于 0.792，总量表的的信度系数大于 0.80，球迷消费行为维度的信度系数大于 0.70，证明本研究设计的中超足球联赛球迷赛事认同与消费调查问卷具有较高的信度。

第六章 赛事认同对球迷消费行为的影响机制实证检验

表 6—3 实证检验调查的总体信度分析

事项	球迷个体认同维度	球迷群体认同维度	赛事价值认同维度	文化情境认同维度	赛事认同总量表	球迷消费行为维度
内部一致性信度	0.918	0.864	0.906	0.835	0.957	0.787
分半信度	0.857	0.820	0.821	0.792	0.847	0.713

二、各维度测量模型效度检验

1. 球迷个体认同维度测量模型检验

依据第四章第三节第四部分研究中所设定的球迷个体身份认同维度的变量模型示意图，使用 Amos17.0 软件处理统计参数，考察模型与数据的拟合程度，模型的拟合优度指数见表 6—4。统计结果表明，在此变量模型中，绝对拟合指数的卡方自由度比 x^2/df 为 4.787，渐进残差均方和平方根 RMSEA 为 0.052，以及适配度指数 GFI 为 0.972，符合标准。增值拟合指数中的规准适配指数 NFI、调整的适配度 AGFI、指数非规准适配指数 TLI 和比较适配指数 CFI 均大于 0.9，拟合状况良好。整个模型的 P 值<0.001，具有显著性。

表 6—4 球迷个体认同维度测量模型检验主要拟合指数一览表

拟合指数	绝对拟合指数				增值拟合指数			
	x^2/df	GFI	RMSEA	AGFI	NFI	CFI	IFI	RFI	TLI
理想值	1—3	>0.9	<0.08	>0.9	>0.9	>0.9	>0.9	>0.9	>0.9
指标值	4.787	0.972	0.052	0.951	0.973	0.979	0.979	0.960	0.968

注：球迷现场调查存在一定的难度，当样本量较大时，x^2/df 值小于 5 可以接受。

从模型的检验结果看，球迷个体认知、球迷情感与球迷赛事认知三个公共因子对应的 14 个题项的因子载荷，分别等于或大于 0.621。球迷个体认知与球迷赛事认知的标准化路径系数为 0.509，其总效应、直接效应与间接效应分别为 0.989、0.509 与 0.480，P 值在 0.001 水平上达到显著，说明球迷个体认知对球迷赛事认知有着显著的影响作用；球迷情感与球迷赛事认知的标准化路径系数为 0.326，其总效应、直接效应与间接效应分别为 1.031、0.326 与 0.704，P 值在 0.05 水平上达到显著，说明球迷情感对球迷赛事认知有着显著的影响作用。总体上，统计结果表明球迷个体认同维度测量模型较为合理，具体见图 6—1，表 6—5 与表 6—6。

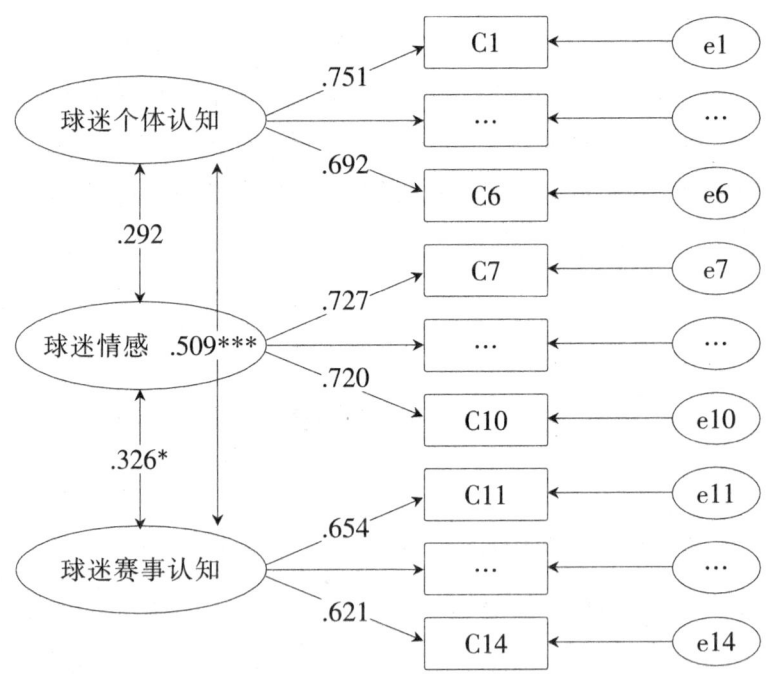

图 6—1 球迷个体认同维度测量模型检验结果

第六章 赛事认同对球迷消费行为的影响机制实证检验

表6—5 球迷个体认同维度测量模型的路径系数分析

路径关系			S.E.	C.R.	P值	标准化路径系数
球迷情感	←	球迷个体认知	0.355	0.699	0.485	0.292
球迷赛事认知	←	球迷个体认知	0.115	3.674	***	0.509
球迷赛事认知	←	球迷情感	0.159	2.014	0.044*	0.326
球迷个体认知	←	球迷情感	0.403	1.743	0.081	0.596
球迷情感	←	球迷赛事认知	0.222	1.567	0.117	0.340

注：*表明在0.05水平上达到显著，***表明在0.001水平上达到显著。

表6—6 球迷个体认同维度测量模型中各潜在变量之间的效应

效应项目		球迷情感	球迷个体认知
总效应	个体赛事认知	1.031*	0.989***
直接效应		0.326*	0.509***
间接效应		0.704*	0.480***

注：*表明在0.05水平上达到显著，***表明在0.001水平上达到显著。

2. 球迷群体认同维度测量模型检验

依据4.3.4研究中所设定的球迷群体认同维度的变量模型示意图，使用Amos17.0软件处理统计参数，考察模型与数据的拟合程度，模型的拟合优度指数见表6—7。统计结果表明，在此变量模型中，绝对拟合指数的卡方自由度比 x^2/df 为2.501，渐进残差均方和平方根RMSEA为0.033，以及适配度指数GFI为0.995，符合标准。增值拟合指数中的规准适配指数NFI、调整的适配度 AGFI、指数非规准适配指数 TLI 和比较适配指数 CFI 均大于 0.9，拟合状况良好。整个模型的 P 值＜0.001，具有显著性。

表 6—7 球迷群体认同维度测量模型检验主要拟合指数一览表

拟合指数	绝对拟合指数					增值拟合指数			
	x^2/df	GFI	RMSEA	AGFI	NFI	CFI	IFI	RFI	TLI
理想值	1—3	>0.9	<0.08	>0.9	>0.9	>0.9	>0.9	>0.9	>0.9
指标值	2.501	0.995	0.033	0.984	0.993	0.996	0.996	0.984	0.991

从模型的检验结果看，球迷群体隶属需要与压力情境两个公共因子所分别对应的 8 个题项的因子载荷分别≥0.573。球迷群体隶属需要与压力情境的标准化路径系数为 0.978，P 值在 0.001 水平上达到显著，说明球迷群体隶属需要对压力情境有着显著的影响作用。总体上，统计结果表明球迷群体认同维度测量模型较为合理，具体见图 6—2、表 6—8。

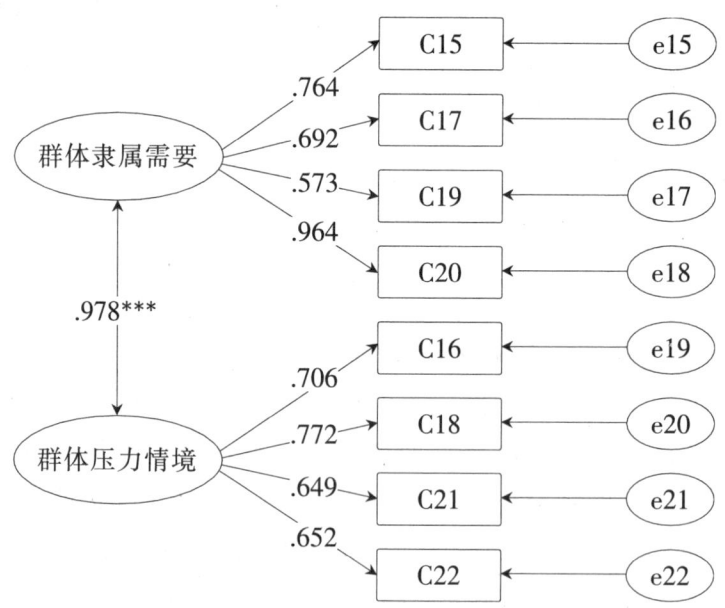

图 6—2 球迷群体认同维度测量模型检验结果

第六章 赛事认同对球迷消费行为的影响机制实证检验

表 6—8 球迷群体认同维度测量模型中各潜在变量之间的效应（标准化的结果）

路径关系			S.E.	C.R.	P 值	标准化路径系数估计
压力情境	←	隶属需要	0.036	21.961	***	0.978

注：***表明在 0.001 水平上达到显著。

3. 球迷赛事价值认同维度测量模型检验

依据第四章第三节第四部分研究中所设定的球迷赛事价值认同维度的变量模型示意图，使用 Amos17.0 软件处理统计参数，考察模型与数据的拟合程度，模型的拟合优度指数见表 6—9。统计结果表明，在此变量模型中，绝对拟合指数的卡方自由度比 x^2/df 为 3.380，渐进残差均方和平方根 RMSEA 为 0.041，以及适配度指数 GFI 为 0.990，符合标准。增值拟合指数中的规准适配指数 NFI、调整的适配度 AGFI、指数非规准适配指数 TLI 和比较适配指数 CFI 均大于 0.9，拟合状况良好。整个模型的 P 值 <0.001，具有显著性。

表 6—9 球迷赛事价值认同维度测量模型检验主要拟合指标一览表

拟合指数	绝对拟合指数					增值拟合指数			
	x^2/df	GFI	RMSEA	AGFI	NFI	CFI	IFI	RFI	TLI
理想值	1—3	>0.9	<0.08	>0.9	>0.9	>0.9	>0.9	>0.9	>0.9
指标值	3.380	0.990	0.041	0.972	0.990	0.993	0.993	0.976	0.983

注：球迷现场调查存在一定的难度，当样本量较大时，x^2/df 值小于 5 可以接受。

从模型的检验结果看，球迷赛事公共价值认同与市场价值认同两个公共因子对应的 11 个题项的因子载荷≥0.590。赛事公共价值认同与市场价值认同的标准化路径系数为 0.876，P 值在 0.001 水平上达到显著，说明球迷赛事公共价值认同对市场价值认同有着显著的影响作用。总体上，统计结果表明球迷赛事价值认同维度测量模型较为合理，具体见图 6—3、表 6—10。

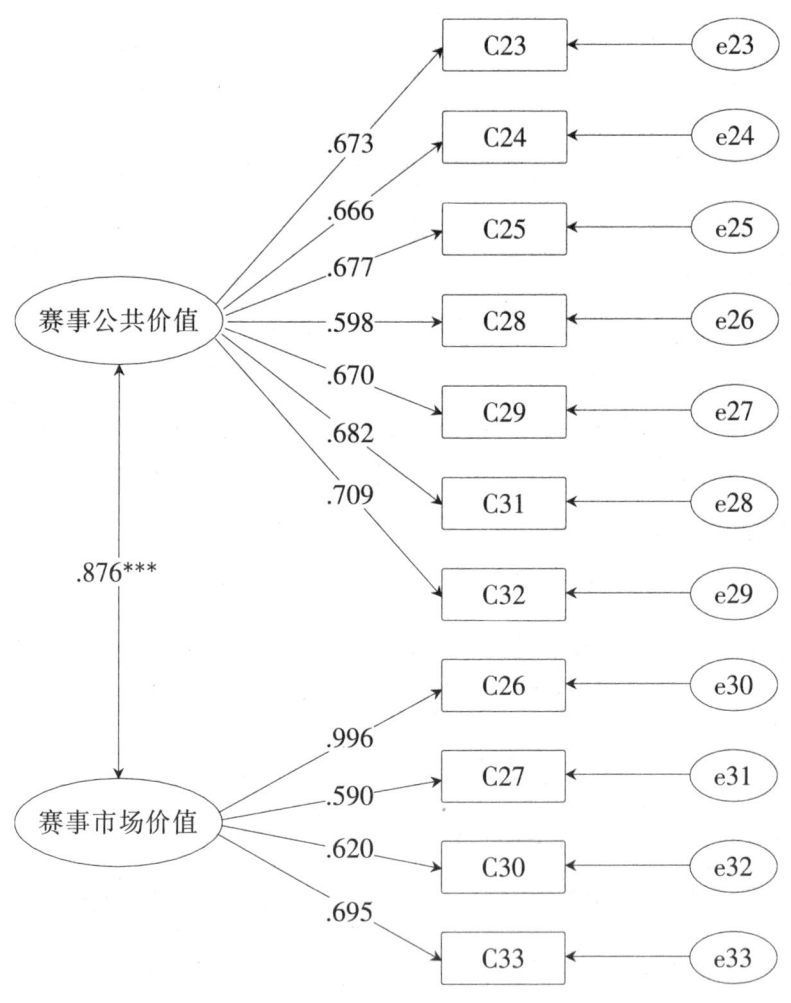

图 6—3　球迷赛事价值认同维度测量模型检验结果

第六章　赛事认同对球迷消费行为的影响机制实证检验

表6—10　球迷赛事价值认同维度测量模型中各潜在变量之间的效应
（标准化的结果）

对应路径		S.E.	C.R.	P值	标准化路径系数估计
赛事市场价值	← 赛事公共价值	0.102	16.191	***	0.876

注：***表明在0.001水平上达到显著。

4. 球迷赛事文化情境认同维度测量模型检验

依据第四章第三节第四部分研究中所设定的球迷赛事文化情境认同维度的变量模型示意图，使用Amos17.0软件处理统计参数，考察模型与数据的拟合程度，模型的拟合优度指数见表6—11。统计结果表明，在此变量模型中，绝对拟合指数的卡方自由度比x^2/df为4.891，渐进残差均方和平方根RMSEA为0.041，以及适配度指数GFI为0.987，符合标准。增值拟合指数中的规准适配指数NFI、调整的适配度AGFI、指数非规准适配指数TLI和比较适配指数CFI均大于0.9，拟合状况良好。整个模型的P值<0.001，具有显著性。

表6—11　球迷赛事文化情境认同维度测量模型检验主要拟合指数一览表

拟合指数	绝对拟合指数					增值拟合指数			
	x^2/df	GFI	RMSEA	AGFI	NFI	CFI	IFI	RFI	TLI
理想值	1—3	>0.9	<0.08	>0.9	>0.9	>0.9	>0.9	>0.9	>0.9
指标值	4.891	0.987	0.041	0.966	0.981	0.985	0.985	0.959	0.967

注：球迷现场调查存在一定的难度，当样本量较大时，x^2/df值小于5可以接受。

从模型的检验结果看，球迷赛事文化认同与赛事情境认同两个公共因子对应的9个题项的因子载荷分别≥0.553。球迷赛事文化认同与赛事情境认同的标准化路径系数为 0.623，P 值在 0.001 水平上达到显著，说明球迷赛事文化认同对赛事情境认同有着显著的影响作用。总体上，统计结果表明，球迷赛事文化情境认同维度测量模型较为合理，具体见图 6—4、表 6—12。

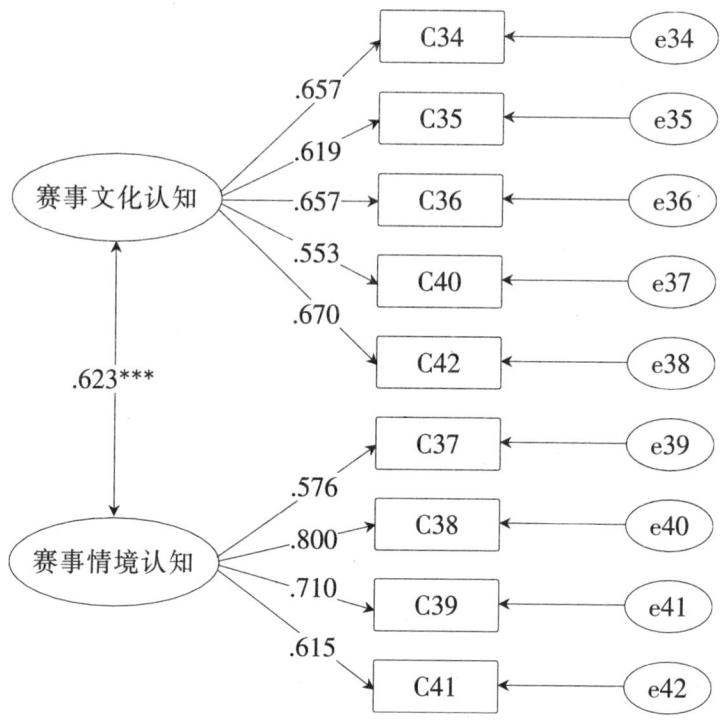

图 6—4　赛事文化情境认同维度测量模型检验结果

表 6—12　赛事文化情境认同维度测量模型中各潜在变量之间的效应
（标准化的结果）

路径关系		S.E.	C.R.	P 值	标准化路径系数估计
赛事文化	← 赛事情境	0.069	12.246	***	0.623

注：***表明在 0.001 水平上达到显著。

第六章 赛事认同对球迷消费行为的影响机制实证检验

5. 球迷消费行为维度测量模型检验

依据第四章第三节第四部分研究中所设定的球迷消费行为维度的变量模型示意图,使用 Amos17.0 软件处理统计参数,考察模型与数据的拟合程度,模型的拟合优度指数见表6—13。统计结果表明,在此变量模型中,绝对拟合指数的卡方自由度比 x^2/df 为 4.296,渐进残差均方和平方根 RMSEA 为 0.041,以及适配度指数 GFI 为 0.989,符合标准。增值拟合指数中的规准适配指数 NFI、调整的适配度 AGFI、指数非规准适配指数 TLI 和比较适配指数 CFI 均大于 0.9,拟合状况良好。整个模型的 P 值<0.001,具有显著性。

表 6—13 球迷消费行为维度测量模型检验主要拟合指标一览表

拟合指数	绝对拟合指数					增值拟合指数			
	x^2/df	GFI	RMSEA	AGFI	NFI	CFI	IFI	RFI	TLI
理想值	1—3	>0.9	<0.08	>0.9	>0.9	>0.9	>0.9	>0.9	>0.9
指标值	4.296	0.989	0.041	0.973	0.980	0.984	0.985	0.960	0.969

注:球迷现场调查存在一定的难度,当样本量较大时,x^2/df 值小于 5 可以接受。

从模型的检验结果看,球迷实际消费与消费意愿两个公共因子对应的 8 个题项的因子载荷分别≥0.517。球迷实际消费与消费意愿的标准化路径系数为 0.798,P 值在 0.001 水平上达到显著,说明球迷实际消费对消费意愿有着显著的影响作用。总体上,统计结果表明球迷消费行为维度测量模型较为合理,具体见图6—5、表6—14。

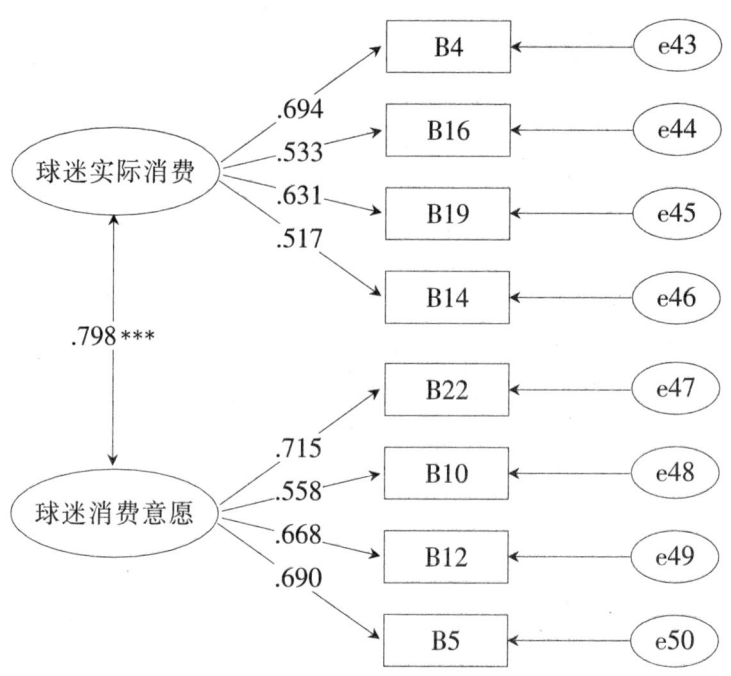

图 6—5　球迷消费行为维度测量模型检验结果

表 6—14　球迷消费行为维度测量模型中各潜在变量之间的效应（标准化的结果）

路径关系			S.E.	C.R.	P 值	标准化路径系数估计
消费意愿	←	实际消费	0.044	14.880	***	0.798

注：＊＊＊表明在 0.001 水平上达到显著。

第三节　结构模型检验

对结构模型检验首先进行是否违反模型辨认的检验。如表 6—15 所示，模型的基本适配指标都达到检验评价项目标准要求，检验结果数据的基本适配指标合格，没有违反模型辨认规则。

第六章 赛事认同对球迷消费行为的影响机制实证检验

表 6—15　预设结构方程模型基本适配度检验汇总表

评价项目	检验结果数据	模型适配判断
是否没有很大的标准误差	是	适配
因子载荷是否介于 0.50—0.95 之间	是	适配
是否没有负的误差变量	是	适配

资料来源：作者根据 AMOS 软件的运行结果整理所得。

一、预设结构模型及其检验

根据本研究所提出的 10 个假设，将此前预测试、正式测试的探索性因子分析与验证性因子分析结果，与各维度测量模型检验结果相结合，本研究构建出"赛事认同对球迷消费行为影响机制"的结构方程模型，如图 6—6 所示。

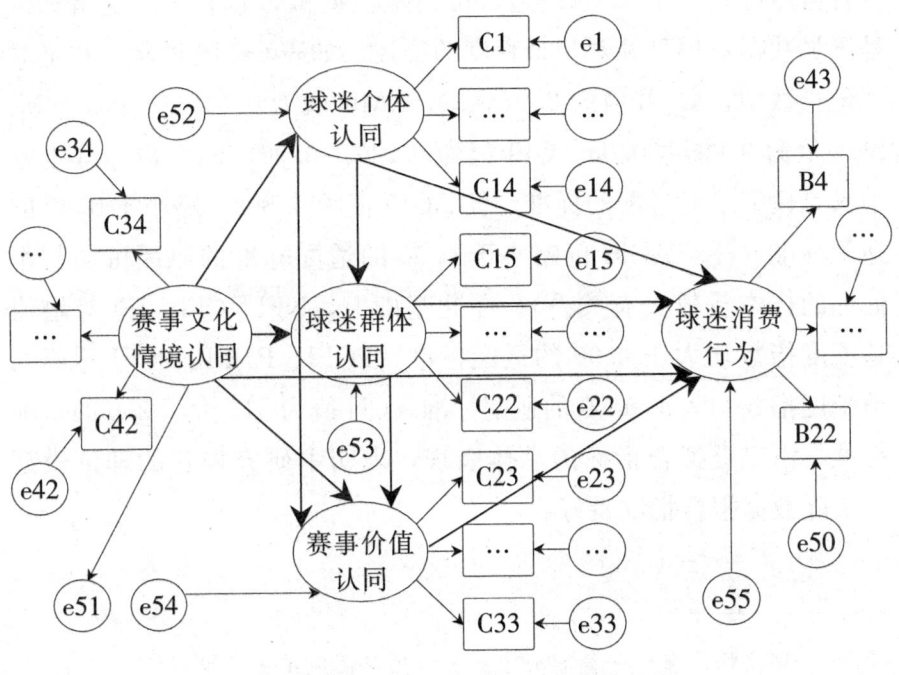

图 6—6　预设结构方程模型

在此基础上，对预设结构方程模型进行适配度检验。本研究采用绝对适配指数、增值适配度指数与简约适配度指数三类拟合指标，评价结构方程模型是否得到了观测数据的支持。一般认为，x^2越小，表示测量数据与模型拟合得越好；x^2/df值越接近0，表示测量数据与模型拟合得越好。通常判断，$x^2/df<3$，模型较好；样本较大时，合理与否的标准可放宽至5[①]，测量数据与模型基本拟合，模型可以接受；$x^2/df>5$，表示测量数据与模型拟合得不好，模型较不好；$x^2/df>10$，表示测量数据与模型不能拟合，模型较差。在此基础上，采用RMSEA、RMR等综合性拟合指标对测量数据与预设结构模型的支持情况进行判断，通用的标准为RMSEA<0.08，测量数据与模型拟合较好；RMSEA<0.05，测量数据与模型拟合很好。其他指标如CFI、NFI、AGFI、GFI、NNFI等的值域在0至1之间。越接近1，表示模型拟合得越好；大于0.90以上，可判定模型拟合较好。上述指标都是测量数据对模型绝对拟合程度的描述。如表6—16所示，在绝对适配指数中，x^2/df值为2.973<3，RMR值为0.049<0.05，RMSEA值为0.037<0.08，GFI值为0.917>0.90，四个指标都很好地满足模型绝对适配的标准。仅AGFI值为0.899，略小于0.90的适配标准（注：AGFI值略小于0.90的适配标准的原因可能与本研究的样本量较大有关系）。在此基础上，NFI、CFI、IFI等增值适配度指数均大于0.90的适配标准。PGFI、PNFI、PCFI等简约适配度指数均大于0.50的适配标准，CN值为513大于200的适配标准。由三类拟合指标的总体表现，表明本研究构建的理论模型与实际数据拟合情况良好。

---

① 陈文峰. 基于平衡积分卡的工程项目团队绩效关键指标研究 [D]. 天津：天津大学，2011：45-48.

第六章 赛事认同对球迷消费行为的影响机制实证检验

表 6—16 预设结构方程模型整体适配度检验汇总表

统计检验量	适配的标准或临界值	检验结果数据	模型适配判断
绝对适配指数			
x^2/df	1—3	2.973	适配
RMR	<0.05	0.049	适配
RMSEA	<0.08	0.037	适配
GFI	>0.90	0.917	适配
AGFI	>0.90	0.899	基本适配
增值适配度指数			
NFI	>0.90	0.918	适配
CFI	>0.90	0.944	适配
IFI	>0.90	0.944	适配
RFI	>0.90	0.904	适配
TLI	>0.90	0.934	适配
简约适配度指数			
PGFI	>0.50	0.756	适配
PNFI	>0.50	0.788	适配
CN	>200	513	适配
PCFI	>0.50	0.810	适配

二、结构方程模型的分析

从结构方程模型的路径系数、临界比率值以及标准化路径系数估计上看,见表 6—17。首先,赛事文化情境认同对球迷个体认同的影响,赛事文化情境认同对赛事价值认同的影响,球迷个体认同对球迷群体认同的影响以及球迷个体认同对球迷消费行为的影响 P 值分别在 0.001 水平上达到显著,表明此四个影响路径的显著程度最高。其次,文化情境认同、球迷群体认同以及赛事价值认同对球迷消费行为的影响 P 值分别在 0.01 水平上达到显著,表明此三个影响路径的显著程度较高。再次,文化情境认同对球迷群体认同的影响 P 值在 0.05 水平上达到显著,表明影响显著。最后,球迷个体认同与群体认同对赛事价值认同影响的 CR 绝对值没有超过 1.96,P 值大于 0.05,表明影响不显著,不能构成影响路径。

表 6—17 结构方程模型的路径系数及临界比率值

路径关系		S.E.	C.R.	P 值	标准化路径系数估计
球迷个体认同	← 赛事文化情境认同	0.038	21.374	***	0.782
球迷群体认同	← 赛事文化情境认同	0.043	2.219	0.026*	0.084
赛事价值认同	← 赛事文化情境认同	0.052	14.926	***	0.888
球迷消费行为	← 赛事文化情境认同	0.159	3.153	0.002**	0.504
球迷消费行为	← 球迷个体认同	0.063	10.290	***	0.690
球迷消费行为	← 球迷群体认同	0.040	−2.945	0.003**	−0.135
球迷消费行为	← 赛事价值认同	0.165	−3.048	0.002**	−0.441

第六章 赛事认同对球迷消费行为的影响机制实证检验

续 表

路径关系			S.E.	C.R.	P值	标准化路径系数估计
球迷群体认同	←	球迷个体认同	0.053	13.889	***	0.688
赛事价值认同	←	球迷个体认同	0.040	0.401	0.689	0.019
赛事价值认同	←	球迷群体认同	0.025	1.680	0.093	0.055

三、结构方程模型的构建

根据预设结构模型及其整体适配度检验结果，以及对结构方程模型的分析结果，构建结构方程模型，见图 6—7。其中，影响显著的对应路径用实线表示，影响不显著的对应路径用虚线表示。

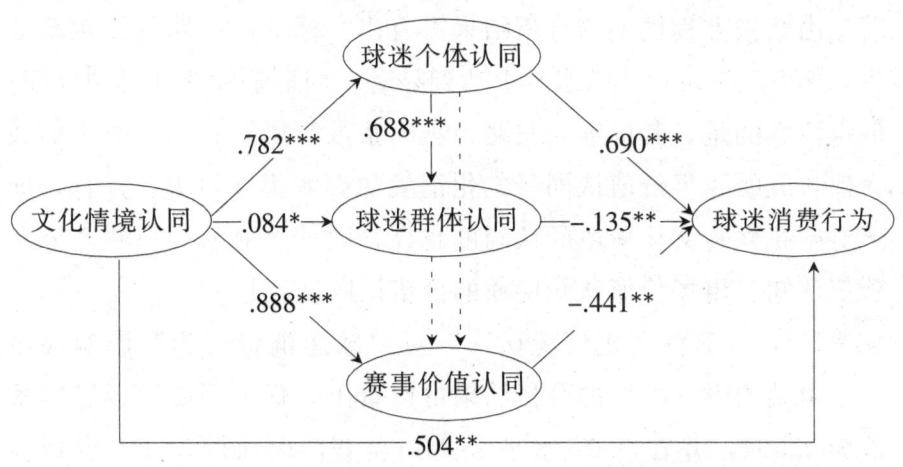

图 6—7 结构方程模型

注：*表明在 0.05 水平上达到显著，**表明在 0.01 水平上达到显著，***表明在 0.001 水平上达到显著。

四、研究假设的检验结果

根据构建的结构方程模型,将本研究的假设检验结果汇总如下,见表6—18。

H1:"赛事文化情境认同"对"球迷个体认同"影响非常显著,由结构方程模型的分析结果可以看出,标准回归路径影响系数为0.782,并在0.001水平上达到显著,因而假设H1得到验证。表明球迷对中超联赛文化情境的认同度越高,则球迷从个体身份认知、个体情感以及对中超联赛的认知层面的个体认同度越高。

H2:"赛事文化情境认同"对"球迷群体认同"影响较显著,由结构方程模型的分析结果可看出,标准回归路径影响系数为0.084,并在0.05水平上达到显著,因而假设H2得到验证。表明球迷对中超联赛文化情境的认同度越高,则球迷从群体隶属需要认知、压力情境认知层面的群体认同度就越高。

H3:"赛事文化情境认同"对"赛事价值认同"影响非常显著,由结构方程模型的分析结果可看出,标准回归路径影响系数为0.888,并在0.001水平上达到显著,因而假设H3得到验证。值得注意的是,其标准回归路径影响系数为所有影响系数中的最大值,表明赛事价值认同受文化情境的影响程度最大。并且,球迷对中超联赛文化情境的认同度越高,则球迷对从中超联赛公共价值认知、市场价值认知层面的价值认同度就越高。

H4:"赛事文化情境认同"对"球迷消费行为"影响很显著,由结构方程模型的分析结果可以看出,标准回归路径影响系数为0.504,并在0.01水平上达到显著,因而假设H4得到验证。表明球迷对中超联赛文化情境的认同度越高,则球迷从实际消费与消费意愿方面所表现的消费行为越积极。

H5:"球迷个体认同"对"球迷消费行为"影响非常显著,

第六章 赛事认同对球迷消费行为的影响机制实证检验

由结构方程模型的分析结果可以看出,标准回归路径影响系数为 0.690,并在 0.001 水平上达到显著,因而假设 H5 得到验证。值得注意的是,其标准回归路径影响系数为所有影响系数中的最大值,表明球迷消费行为受球迷个体认同的影响程度最大。并且,球迷从个体身份认知、个体情感以及对中超联赛的认知层面的个体认同度越高,则球迷从实际消费与消费意愿方面所表现的消费行为越积极。

H6:"球迷群体认同"对"球迷消费行为"影响很显著,由结构方程模型的分析结果可看出,标准回归路径影响系数为 −0.135,并在 0.01 水平上达到显著,因而假设 H6 得到验证。值得注意的是,其标准回归路径影响系数为负值,表明球迷从群体隶属需要认知、压力情境认知层面的群体认同度越高,则球迷从实际消费与消费意愿方面所表现的消费行为越消极。

H7:"赛事价值认同"对"球迷消费行为"影响很显著,由结构方程模型的分析结果可看出,标准回归路径影响系数为 −0.441,并在 0.01 水平上达到显著,因而假设 H7 得到验证。值得注意的是,其标准回归路径影响系数为负值,表明球迷对从中超联赛公共价值认知、市场价值认知层面的价值认同度越高,则球迷从实际消费与消费意愿方面所表现的消费行为越消极。

H8:"球迷个体认同"对"球迷群体认同"影响非常显著,由结构方程模型的分析结果可看出,标准回归路径影响系数为 0.688,并在 0.001 水平上达到显著,因而假设 H8 得到验证。球迷从个体身份认知、个体情感以及对中超联赛的认知层面的个体认同度越高,则球迷从群体隶属需要认知、压力情境认知层面的群体认同度就越高。

H9:"球迷个体认同"对"赛事价值认同"影响不显著,假设 H9 没有得到验证。

H10:"球迷群体认同"对"赛事价值认同"影响不显著,假设 H10 没有得到验证。

表 6—18 结构方程模型的研究假设检验结果

序号	研究假设	检验结果
H1	"赛事文化情境认同"对"球迷个体认同"影响显著	接受
H2	"赛事文化情境认同"对"球迷群体认同"影响显著	接受
H3	"赛事文化情境认同"对"赛事价值认同"影响显著	接受
H4	"赛事文化情境认同"对"球迷消费行为"影响显著	接受
H5	"球迷个体认同"对"球迷消费行为"影响显著	接受
H6	"球迷群体认同"对"球迷消费行为"影响显著	接受
H7	"赛事价值认同"对"球迷消费行为"影响显著	接受
H8	"球迷个体认同"对"球迷群体认同"影响显著	接受
H9	"球迷个体认同"对"赛事价值认同"影响显著	拒绝
H10	"球迷群体认同"对"赛事价值认同"影响显著	拒绝

第四节 竞争性模型选择

在结构方程模型构建研究中,研究者追求的目标是构建简单且拟合较好的模型。自由度越大,说明模型越简单;相关矩阵和再生矩阵差别越小,表明模型拟合得越好。因此,在运用结构方程模型进行分析时,最好能根据相关理论及其推演,提出其他可能的竞争性模型。通过比较其他模型的各种拟合指数，来判断并选择一个相对简单又拟合较好的模型。

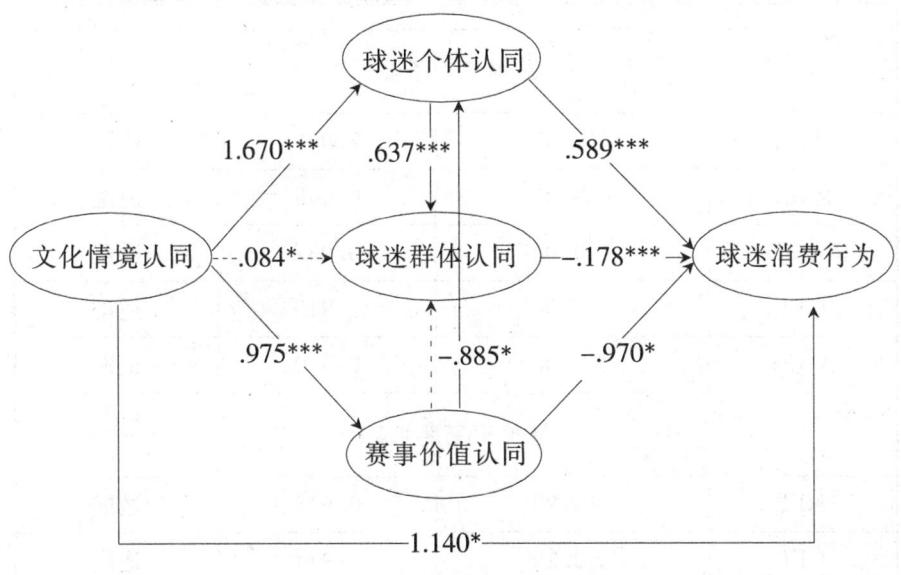

图6—8 预设结构方程模型1

注：＊表明在0.05水平上达到显著，＊＊表明在0.01水平上达到显著，＊＊＊表明在0.001水平上达到显著。

根据相关理论文献研究，对于消费者个体而言，主体的定位和自我意识构成主体意识，并形成个体认同，其与产品、品牌以及消费对象的象征意义联系紧密。可见，作为认同客体的价值对认同主体的个体有着一定的影响作用。与此同时，伍庆（2009）提出，通过消费行为对商品符号价值的共同利用，成为一种重要的属性，并将人们联系起来，形成各种消费者共同体。相关研究亦表明：消费对象的价值属性及其认同已然成为消费者身份辨别和社会群体认同的定位与方式。为此，在原模型构建的基础上，改变赛事价值认同与球迷个体、群体认同之间的关系，将原球迷个体、群体认同对赛事价值认同的影响，修改为赛事价值认同对球迷个体、群体认同的影响，构建预设结构方程模型1。具体见图6—8。

表6—19 预设结构方程模型1整体适配度检验摘要表

统计检验量	适配的标准或临界值	检验结果数据	模型适配判断
绝对适配指数			
x^2/df	1—3	2.968	适配
RMR	<0.05	0.048	适配
RMSEA	<0.08	0.037	适配
GFI	>0.90	0.917	适配
AGFI	>0.90	0.900	适配
增值适配度指数			
NFI	>0.90	0.918	适配
CFI	>0.90	0.944	适配
IFI	>0.90	0.944	适配
RFI	>0.90	0.905	适配
TLI	>0.90	0.935	适配
简约适配度指数			
PGFI	>0.50	0.756	适配
PNFI	>0.50	0.788	适配
CN	>200	514	适配
PCFI	>0.50	0.810	适配

从模型整体适配度的拟合检验来看，绝对、增值以及简约适配度指数皆符合适配的标准或临界值要求，整体模型构建良好，见表6—20。

第六章　赛事认同对球迷消费行为的影响机制实证检验

表 6—20　结构方程模型 1 的路径系数及临界比率值

路径关系			S.E.	C.R.	P 值	标准化路径系数估计
球迷个体认同	←	赛事文化情境认同	0.471	3.801	＊＊＊	1.670
球迷群体认同	←	赛事文化情境认同	0.267	1.318	.187	0.308
赛事价值认同	←	赛事文化情境认同	0.042	20.745	＊＊＊	0.975
球迷消费行为	←	赛事文化情境认同	0.462	2.495	.013＊	1.140
球迷群体认同	←	球迷个体认同	0.065	10.422	＊＊＊	0.637
球迷个体认同	←	赛事价值认同	0.518	−2.052	.040＊	−0.885
球迷消费行为	←	球迷个体认同	0.083	6.677	＊＊＊	0.589
球迷群体认同	←	赛事价值认同	0.259	−0.859	.390	−0.174
球迷消费行为	←	球迷群体认同	0.042	−3.705	＊＊＊	−0.178
球迷消费行为	←	赛事价值认同	0.454	−2.428	.015＊	−0.970

注：＊表明在 0.05 水平上达到显著，＊＊＊表明在 0.001 水平上达到显著。

然而，从结构方程模型 1 的路径系数来看，赛事文化情境认同对球迷个体认同与球迷消费行为的影响作用其标准化路径系数估计均超过 1 的水平，赛事文化情境认同对赛事价值认同影响以及赛事价值认同对球迷消费行为的标准化路径系数估计值十分接近 1 的水平，尤其是赛事文化情境认同对球迷个体认同的估计值竟然达到 1.670，这些均不符合模型构建的标准化路径系数要求。与此同时，赛事文化情境认同对球迷群体认同影响的临界比率值为 1.318，小于 1.96 的标准值，P 值为 0.187＞0.05，未达到显著水平，表明赛事文化情境认同对球迷群体认同影响不显著，这与本研究最初的假设和有关理论相违背。

因此，将原结构方程模型与竞争性模型结构方程模型 1 的比较，从拟合检验结果来看，模型 1 整体构建良好。但通过对路径系数、临界比率值的分析来看，结构方程模型 1 不符合模型构建的标准化路径系数要求，并且与本研究最初的假设和有关理论相违背。所以，原结构方程模型是一个相对简单又拟合得好的模型，可以较好地揭示赛事认同对球迷消费行为的影响机制。接下来的所有分析和讨论，都以原结构方程模型为基础展开。

第五节 结构方程模型的效应分析

一、各潜变量间的直接效应分析

根据结构方程模型的构建结果，从表 6—21 各潜变量间的效应汇总结果可知，有三对潜变量之间的显著影响关系仅存在直接效应，分别为文化情境认同对球迷个体认同的影响，赛事价值认同对球迷消费行为影响以及球迷个体认同对球迷群体认同的影响，直接效应汇总及影响系数见表 6—22。

第六章 赛事认同对球迷消费行为的影响机制实证检验

表6—21 各潜变量间的效应汇总

路径关系		直接效应	间接效应	总效应
球迷个体认同	← 赛事文化情境认同	0.782***	.000	0.782***
球迷群体认同	← 赛事文化情境认同	0.084*	0.538*	0.622*
赛事价值认同	← 赛事文化情境认同	0.888***	0.049	0.937
球迷消费行为	← 赛事文化情境认同	0.504**	0.042**	0.546**
球迷消费行为	← 球迷个体认同	0.690***	−0.118***	0.572***
球迷消费行为	← 球迷群体认同	−0.135**	−0.024	−0.159
球迷消费行为	← 赛事价值认同	−0.441**	.000	−0.441**
球迷群体认同	← 球迷个体认同	0.688***	.000	0.688***
赛事价值认同	← 球迷个体认同	0.019	0.038	0.057
赛事价值认同	← 球迷群体认同	0.055	.000	0.055

注：*表明在0.05水平上达到显著，**表明在0.01水平上达到显著，***表明在0.001水平上达到显著。

表 6—22　各潜变量间的直接效应汇总

直接效应内容	影响系数
中超联赛文化情境认同直接影响球迷个体认同	0.782
中超联赛赛事价值认同直接影响球迷消费行为	−0.441
球迷个体认同直接影响球迷群体认同	0.688

二、各潜变量间的间接效应分析

根据结构方程模型的构建结果，及表6—21效应汇总结果分析，在直接效应显著的基础上，还存在三对潜变量之间的显著影响关系因为加入间接效应，而形成总效应，分别为赛事文化情境认同对球迷群体认同的影响，赛事文化情境认同对球迷消费行为的影响，以及球迷个体认同对球迷消费行为的影响。

1. 赛事文化情境认同对球迷群体认同的影响

赛事文化情境认同对球迷群体认同的影响表现为两者直接效应加入赛事文化情境认同通过对球迷个体认同的间接效应而形成的总效应。

计算方法为：总效应（0.622）＝两者直接效应（0.084）＋赛事文化情境认同对球迷个体认同的效应（0.782）×球迷个体认同对群体认同的效应（0.688）

2. 赛事文化情境认同对球迷消费行为的影响

赛事文化情境认同对球迷消费行为的影响表现为两者直接效应加入赛事文化情境认同通过对球迷个体认同、群体认同以及赛事价值认同的间接效应而形成的总效应。

计算方法为：总效应＝两者直接效应（0.504）＋赛事文化情境认同对球迷个体认同的效应（0.782）×球迷个体认同对球

第六章 赛事认同对球迷消费行为的影响机制实证检验

迷消费行为的效应（0.690）＋赛事文化情境认同对球迷个体认同的效应（0.782）×球迷个体认同对群体认同的效应（0.688）×球迷群体认同对球迷消费行为的效应（－0.135）＋赛事文化情境认同对球迷群体认同的效应（0.084）×球迷群体认同对球迷消费行为的效应（－0.135）＋赛事文化情境认同对赛事价值认同（0.888）的效应×赛事价值认同对球迷消费行为的效应（－0.441）。

值得注意的是，在这一总效应中应扣除球迷个体认同与球迷群体认同对赛事价值认同不显著影响的效应。

3. 球迷个体认同对球迷消费行为的影响

球迷个体认同对球迷消费行为的影响表现为两者直接效应加入球迷个体认同通过对群体认同的间接效应而形成的总效应。

计算方法为：总效应＝两者直接效应（0.690）＋球迷个体认同对群体认同的效应（0.688）×球迷群体认同对球迷消费行为的效应（－0.135）。

值得注意的是，在这一总效应中应扣除球迷个体认同与球迷群体认同对赛事价值认同不显著影响的效应。

表6—23为三对显著影响潜变量之间的间接变量及间接效应计算路径汇总。

第六节 结构方程模型的讨论

一、讨论1：球迷个体认同对球迷消费行为正向影响最为显著

通过比较，球迷个体认同对球迷消费行为影响程度最大，其影响系数为0.690，并在0.001的水平上达到显著，这说明现阶段影响球迷消费行为的主要因素为球迷个体认同情况，而不是其他三个认同维度。

表 6—23 间接变量及间接效应计算路径汇总

效应关系	间接变量（显著）	间接效应计算路径
赛事文化情境认同对球迷群体认同的影响	球迷个体认同	赛事文化情境认同×球迷个体认同×群体认同
球迷个体认同对球迷消费行为的影响	球迷群体认同	球迷个体认同×群体认同×球迷消费行为
赛事文化情境认同对球迷消费行为的影响	球迷个体认同 球迷群体认同 赛事价值认同	赛事文化情境认同×个体认同×球迷消费行为＋赛事文化情境认同×群体认同×消费行为＋赛事文化情境认同×赛事价值认同×球迷消费行为＋赛事文化情境认同×个体认同×群体认同×球迷消费行为

相关认同理论研究表明：对于基于自我身份概念的消费行为进行研究应从社会身份视角，来探讨社会身份对消费者行为的影响作用。并认为特定社会身份的凸显将有效引导消费者的消费决策与态度。总体上，在本研究所设定的赛事认同四个维度中，球迷个体认同对球迷消费行为的正向影响最为显著。这表明：在我国足球市场与中超联赛发展的现阶段，中超联赛的球迷已然依据个人的经历反思性地理解自我，球迷个体认同就是通过内在参照系统而形成自我认同的过程，球迷在社会中的位置已然不再是停留在拥有的状态，而是更多地表现为存在、体验状态，更确切地表现为一定的社会定义。球迷个体认同更多地突出其主观能动性，并积极期望通过消费行为予以个体身份建构。换句话说，球迷更期望通过以球迷的消费行为作为一种"存在方式"或"生活

第六章 赛事认同对球迷消费行为的影响机制实证检验

方式"来确定自己的身份定位,塑造属于球迷的自我身份认同。因此,球迷自我认同成为球迷自我表达、定位的重要目标,而消费意愿与行动更多地成为球迷追逐自我认同的载体与方式。与球迷群体认同、文化情境认同以及赛事价值认同对消费行为的影响程度相比较,球迷个体认同成为现阶段影响其消费行为最主要的因素,反映出我国中超联赛球迷在消费过程中更多地关注自我身份的建构,与此同时,还较为忽略对球迷群体、赛事价值以及赛事文化情境等方面的考量。

除了理论方面的阐释作用之外,所调查区域球迷所处的现状性因素的影响作用也可为本研究结果做重要的实证性解释。以下从经济影响因素、球迷群体因素以及球迷文化因素等三方面实证角度讨论其影响作用机制。

1. 经济影响因素

球迷个体认同受到来自球迷个体的经济因素影响较大,通过国内四个省(直辖市)的经济指标比较可以看出,尽管辽宁省的经济总量较大,但在人均GDP与城镇居民人均可支配收入两个方面和发达省区的指标有着显著的差距,见表6—24。经济因素成为影响球迷个体认同与消费能力、意愿的主要因素。

表6—24 2014年四省(直辖市)主要经济指标比较

经济指标	广东	上海	北京	辽宁
GDP(亿元)	67792.24	23560.94	21330.80	28626.58
人均GDP(万元)	6.45	10.04	10.57	6.53
城镇居民人均可支配收入(元)	32148	47710	43910	29082

在宏观经济因素及人均可支配收入的影响下,辽宁球迷的月收入水平较低,从表6—25辽宁球迷月收入水平调查结果看,月收入水平在4000元以下的球迷比例为76.3%,占到所调查样本数量的75%。较低的收入水平使得球迷的个体认同受到个人经济因素的影响较强,进一步影响着其消费能力与意愿。

表6—25 2015年辽宁球迷月收入水平调查

选 项	人 数	比 率
无经济收入	278	19.5%
2000元以下	330	23.2%
2000—3999元	478	33.6%
4000—5999元	204	14.4%
6000—7999元	49	3.4%
8000—9999元	32	2.3%
10000元及以上	50	3.5%

在经济指标与个人收入的影响之下,辽宁队主场门票价格定得较低,散票与套票都没有实行差别定价,见表6—26。球票定价缺乏针对性与科学性,表现出俱乐部经营与管理的粗放性。再加上俱乐部拖欠球员工资、引援不利等因素,导致辽宁俱乐部近几年的联赛成绩较差,始终处于保级边缘,致使辽宁球迷的个人认同出现了大幅度下降,球队忠诚度减弱,最终导致球迷实际消费能力弱与消费意愿差。

第六章　赛事认同对球迷消费行为的影响机制实证检验

表6—26　2015年北京、上海、广州、辽宁主场门票价格

球票类型	广州	上海	北京	辽宁
散票	100元、200元、300元、VIP500元	80元、100元、150元、200元、380元	100元、150元、200元、300元	全场统一价格为40元
套票	500元(学生票)、600元、1000元、1500元、2000元、2500元	球迷组织区600元、铂金(VIP)球迷区1200元	700元、800元、1000元	全场统一价格为300元

注：北京为北京国安俱乐部；广州为广州恒大淘宝俱乐部；上海为上海绿地申花俱乐部；辽宁为辽宁宏运俱乐部。

2. 球迷群体因素

中国球迷的群体认同表现为多元性，更多地体现为带有世俗性的娱乐性质，较为缺乏团队互动、群体意识与组织性，通常在赛场中呈现个体行为特征，并且球迷的忠诚度不高。[①] 这是我国球迷在现阶段所表现出来的主要特征。由于职业联赛的时间较短，俱乐部的经营与管理还处于适应我国国情与市场经济等因素的探索阶段，因此，球迷对俱乐部的情感处于初级阶段，对群体的认同程度有限。

对于辽宁球迷而言，辽宁俱乐部没有合理地处理与球迷之间的关系，俱乐部主场外迁现象严重，变更过于频繁，球队的成绩不理想等因素，导致辽宁球迷的稳定性减弱，球迷不断流失，球

---

① 谭淼. 我国足球球迷文化发展的影响因素及其建设路径研究 [J]. 沈阳体育学院学报，2014 (2)：32-36.

队的支持者逐渐减少，截至 2015 赛季，沈阳市所拥有的球迷俱乐部由原来最多时的十多家，锐减到仅剩两家。球迷俱乐部与相关团体大幅度较少，必然导致球迷参与更加缺乏群体意识，更多呈现个体行为。球迷的个体认同加强，而群体认同减弱，仅剩的群体认同也更多地以个体认同为基础，进而影响其消费行为。即现阶段，辽宁球迷的消费更多地体现为个体消费行为。

3. 球迷文化因素

与欧洲足球职业联赛相比，中超联赛的发展时间太过短暂，因此，球迷接触并感悟足球运动、联赛的时间较短，与欧洲较成熟的球迷文化相比，中超联赛的球迷文化构建尚处于起步阶段。即我国球迷文化的等级与水平较低，尚处于幼稚发展阶段。

从价值认同比较，欧洲球迷更加关注的是"我是哪家俱乐部的支持者"以及"我所崇尚的球队精神是什么"。为了找到这两个问题的满意答案，球迷的群体认同较强，且时代相承。如阿森纳俱乐部的球迷，基本上每场比赛到场的观众 50% 以上都是忠实的支持会员，这些会员可能甚至是几代的会员，比如有七八十岁的，有五六十岁的、三四十岁的，甚至三四岁的也有，他们可能更多的是以一个家庭为单位来球场看球。球迷通常将所关注的俱乐部比赛日当作球迷的节日，比赛日球迷的饮食、门票消费已经成为球迷个体基础消费的一部分。

与之相比，我国的球迷价值认同相对薄弱，有球迷甚至因为无聊才去现场观赛，大多数球迷只关注现场的"热闹"，而仅有的较低程度的群体认同没有形成稳定的"价值观"，球迷的热情极易受到比赛结果以及球队成绩的影响，无论是球迷个体还是球迷组织，与俱乐部之间的联系、互动相对较少，球迷群体的忠诚度较低并表现为不稳定状态。与此同时，俱乐部没能较好地处理与球迷之间的关系，表现为"宁愿花钱雇佣闲散人员也不愿意在

第六章 赛事认同对球迷消费行为的影响机制实证检验

长期的球迷感情培养上投资"[①]。前几年,国内足球腐败所导致的假球、黑哨以及操纵比赛等丑闻不绝于耳,导致大批对足球充满激情的球迷离开赛场。以上各方面因素导致我国球迷的文化素养良莠不齐,球迷文化水平提高缓慢。在价值认同薄弱阶段,中超联赛球迷的观赛动机更多地来源于个体,来源于个体需求、个性、个体价值等因素,其消费行为也主要受球迷个体认同的影响。

二、讨论2:赛事价值认同对球迷消费行为的影响作用显著

主要表现为赛事价值认同对球迷消费行为的影响系数为 -0.441,并在0.01水平上达到显著水平。价值认同反映着认同主体与认同客体之间的关系,它必然影响着主体的行为与生活。研究结果表明:球迷对赛事价值的认同影响着球迷的消费行为。具体体现为球迷对赛事价值的认同度较高,然而,其具体的实际消费与消费意愿较低。本研究主要从赛事价值认同内容角度讨论其影响作用机制。

根据本研究所设计的赛事认同量表中有关赛事价值认同项目内容,以及本研究的研究内容具体指向,对于中超联赛的赛事价值认同方面主要考虑赛事公共价值与市场价值认同两个方面。

1. 球迷对中超联赛公共价值关注度高

我国体育发展总体上还是比较关注公共体育服务的,足球运动的发展也充分重视公共价值的提升。在专家访谈中,辽宁省足球管理中心主任梁殿乙说:"从足球比赛转播方面,我国的公共体育服务做得非常好。"的确,2015—2016赛季央视将在周末转

[①] 曲晟. 职业联赛文化缺损的根本原因:把足球还给足球 [N]. 沈阳日报,2006-11-17.

播英超、德甲等精彩比赛。尽管转播的场次有限，但国内球迷仍旧可以在CCTV5、CCTV5+以及风云足球等公共电视频道观看周末精彩英超、德甲比赛。对于中超联赛，每赛季全部240场比赛，电视、网络几乎进行全覆盖直播。在此值得注意的是，无论是英超、德甲比赛，还是中超全部比赛，公民几乎都可以在电视与网络上免费观看直播，这是公共体育服务的最直接体现，也充分体现了国家对于足球运动公共价值彰显的关注。

中超联赛的公共价值可分为外在公共价值与内在公共价值。外在公共价值主要体现出国家对于中超联赛公共体育服务的宏观要求。而内在公共价值主要反映中超联赛现阶段作为公共体育产品属性的基本要求。对于中超联赛的产品属性判断问题，随着中国职业足球联赛的发展与改革进程而发生历史性的变化，因此，在各个阶段国内学者所持的观点也随之演进。中超联赛的前身是中国足球甲级A组联赛——甲A联赛，1994年中国足球全面推行俱乐部制，甲A联赛进入职业化阶段。由此也开启了对中国职业足球联赛产品属性的争论与辨识。

第一阶段：中国职业足球联赛的公共产品属性阶段

叼得一（2002）在论述中认为中国足球协会所持"人民足球"的观点是合理的，并提出足球是属于人民大众的，指出中国作为管理部门的足球协会应拥有职业联赛的产权与管理权。[①]

第二阶段：中国足球超级联赛的准公共产品属性阶段

2004年，中超俱乐部投资人共同发起并提出中超联赛应属于私人产品，俱乐部应拥有其产权，向中国足球协会提出对中超联赛经营权、所有权、收益权等的要求，在社会上引起极大反响，

---

① 叼得一.人民足球快乐足球——谁都不敢不快乐[N].足球报，2002—03—06.

第六章 赛事认同对球迷消费行为的影响机制实证检验

媒体称为"中超革命"。① 与此同时,学术界对中超联赛的产品属性问题进行了相应的反思,黄璐、杨磊(2007)通过论证与辨析,对"足球联赛产权与公共产品供给"有关"中超联赛属于公共产品范畴"提出质疑,研究结论为将中超联赛定位为准公共产品。② 丁林梅(2008)等人论述指出,中超联赛产权应属于联合产权,由各俱乐部和足球协会共有。③

李南筑(2002)提出,甲A联赛产品的公共产品性质主要体现在投入、基本产品以及能否获得私人收入三个方面;而四个方面受益主体所体现的外部效益更广泛地体现出产品的公共价值。然而,他又说,甲A足球联赛中的产品都不属于纯粹的公共产品,而是带有一定公共产品性质的私人产品,且这些公共产品性质大多能实现向私人产品性质的转化。④ 李南筑(2004)引入混合产品概念与理论,认为混合产品是同时具有公共产品和私人产品性质的产品,并提出甲A联赛电视转播权市场失灵的原因之一,甲A联赛产品本身具有混合产品的性质⑤。

第三阶段:中国足球超级联赛的向准私人产品过渡属性阶段

---

① 徐明. 引爆中超革命,体育总局高层领导秘密商讨对策[EB/OL]. 足球周报,2004-10-18.

② 黄璐,杨磊. 中超联赛是公共产品?——对《足球联赛产权与公共产品供给》一文中支撑基本观点的决定性理论的质疑[J]. 首都体育学院学报,2007(1):18-20.

③ 丁林梅,牟向东. 中超联赛联合产权的合作博弈研究[J]. 广州体育学院学报,2008(5):27-30.

④ 李南筑. 中国甲A足球联赛无形资产类产品的供求分析[J]. 上海体育学院学报,2002(2):34-35.

⑤ 李南筑. 中国甲A足球联赛市场失灵的分析[J]. 上海体育学院学报,2004(1):45-46.

随着中国足球职业化的深入,及中超联赛的行政制度化与职业市场并行发展,中超联赛陆续出现假球黑哨、球员素质不升反降等一系列社会问题、经济问题。2005 年,丁俊晖在夺得世界职业台球中国公开赛冠军后所涉及的冠军奖金分配问题,引发了学者对于中国体育公共性问题的全新思考。事与愿违的是,中超联赛经过十年的发展,中国国奥足球队于 2013 年以 1∶5 大比分惨败于泰国国奥,彻底击碎了中国足球球迷的世界杯梦想。国内的专家学者也开始勇于正视中超联赛产品属性的科学性问题。

谭刚、易剑东(2013)认为职业足球联赛表现出较强的竞争性、排他性和一定的外部性,属于准私人产品范畴,并将中超联赛的产品属性定位于准私人产品。

2015 年 2 月 27 日,中央全面深化改革领导小组第十次会议审议通过了《中国足球改革总体方案》,宣布了我国要从国家层面对包括中超联赛在内的中国足球发展问题进行彻底的改革与实践。2015 年 8 月 17 日,中国足协与国家体育总局脱钩,依法独立运行,为奠定我国足球管理与中超联赛的科学运营良好基础走出了坚实的一步。业内人士、专家学者、忠实球迷等群体千呼万唤的中国足球"管办分离"局面终于出现,为中超联赛的产品属性向准私人产品过渡提供了难得的机遇。

小结

20 世纪 90 年代开始的甲 A 联赛,更多地体现的是职业足球联赛的公共产品性质;2004 年中超联赛时代开始,开启了中国足球职业联赛不断探索、改革、曲折发展的历程,而"中超革命"与学者、专家的反思、辨识,也促成了十年发展时期中超联赛准公共产品属性的基本确立与外显;在此基础上,中超联赛所产生的问题与矛盾更是促使学者们的进一步探究,国家也从中国足

第六章　赛事认同对球迷消费行为的影响机制实证检验

球、体育宏观发展层面进一步促进中超联赛向准私人产品过渡。但总体上，在十年甲A发展基础上所产生的中超联赛，其改革与发展始终在政府与中国足协的掌控、管理之中，更多地体现在足球联赛发展的中国社会主义特色。因此，尽管准私人产品是今后改革的方向与目标，但球迷所感知与认同的仍然是中超联赛的准公共产品的产品属性，即对中超联赛公共价值的格外关注。由此，球迷对中超联赛公共价值的认同程度较高，在赛事价值认同部分占主体部分。

2. 球迷对中超联赛的市场价值关注度低

与中超联赛公共价值认同程度较高相对应的是，中超联赛的市场价值认同度相对低，成为赛事价值认同部分的次要部分，主要表现为球迷对中超联赛的市场价值关注度较低。这一结果与中超联赛现阶段的市场运营、管理水平有着密切的关联。

中国足球超级联赛与欧洲五大联赛历史对比情况来看（见表6—27），中超联赛的起步时间晚，职业化经验最少，联赛改革与发展尚处于探索阶段，其市场化运营程度最低，因此，中超联赛的市场价值最低也就理所当然了。

表6—27　中国足球超级联赛与欧洲五大联赛历史对比

所属国家	球队性质	职业联赛诞生时间	当前所举行的联赛开始时间
中国	职业队	1994年	2004年
德国	职业队	1963年	1963年
英格兰	职业队	1889年	1992年
意大利	职业队	1898年	1898年
西班牙	职业队	1928年	1928年
法国	职业队	1932年	1932年

足球联赛的市场价值主要体现在电视转播收入、商业赞助和门票销售等三个方面。从2014年各足球联赛上座率统计结果看（见表6—28），中超联赛以场均18 571人排名世界第十，亚洲第一，超过了亚洲主要的竞争对手日本和韩国。由此可见，中国球迷参与中超联赛的热情非常高。然而，与较好上座率相反的是，中超年门票收入仅为1.2亿人民币。这说明中国球迷的消费观念与消费能力还有待改变与提升。从联赛运营管理方面，低价票、赠票等影响门票收入的因素还是普遍存在的。在对"您获得中超联赛球票的渠道是什么"问题调查中，有28.8%的球迷是通过获得赠票，包括从客户赠送、朋友赠送以及赞助商活动赠送。这反映了中超联赛的运营与管理出现了一定的问题。

表6—28　2014年各足球联赛上座率统计

联赛	德甲	英超	西甲	意甲	法甲	中超	日本J联赛
上座率	43173	36589	26867	23365	20693	18571	17160
排名	1	2	3	4	6	10	12

注：根据相关资料统计。

上座率排在前列的欧洲五大联赛，其在电视转播收入方面均表现出良好的成绩（见表6—29）。值得关注的是英超联赛，其上座率排在第二位，而电视转播收入以18.75亿欧元位列榜首，且遥遥领先。电视转播收入的成功源于联赛管理者对转播权的保护，欧足联明文规定，禁止任何会员国在本国地区直播周六下午的比赛，主要目的是保护本国联赛上座率，以从媒体方面保证这些比赛较为有效地销售到其他国家。根据BBC权威部门统计，世界范围内英超联赛的受众达到6.45亿，转播国家和地区达到了212个。由此，英超成为世界上拥有受众群体最多、辐射最广

第六章 赛事认同对球迷消费行为的影响机制实证检验

的职业足球联赛,也是世界上最受欢迎的体育赛事之一。2013—2014年赛季,电视转播商共向英超球队支付了18.752亿欧元。与之相比,2013—2014赛季中超联赛的电视转播收入仅为5000万人民币,在3.8亿人民币的中超全年总收益中,仅占13%,而日本J联赛4年前的电视转播收入就已突破4亿人民币。可见,中超联赛不仅与欧美五大联赛的电视转播收入差距巨大,而且,还落后于上座率不及我们的日本联赛。

表6—29 2013—2014赛季欧洲五大联赛电视转播收入

联赛名称	电视转播收入
英超	18.75亿欧元
意甲	8.46亿欧元
西甲	7.55亿欧元
德甲	4.95亿欧元
法甲	4.87亿欧元
中超	5000万人民币

从各联赛的总体市场表现上看,中超联赛与其他联赛的差距更是突出(见图6—9)。英超联赛以240亿元人民币的高营业收入位列第一,英超成为世界范围内收入与盈利处于遥遥领先地位的职业足球联赛,而有着出色上座率的中超联赛却以4亿元营业收入排在日本J联赛之后。《北京青年报》记者表示,"比起国际上成熟的职业联赛,特别是欧洲五大联赛,中超经营目前充其量也只是'小儿科'"。这些都说明,中超联赛的市场运营与管理较为落后,中超联赛的市场价值没有很好地传递给球迷。

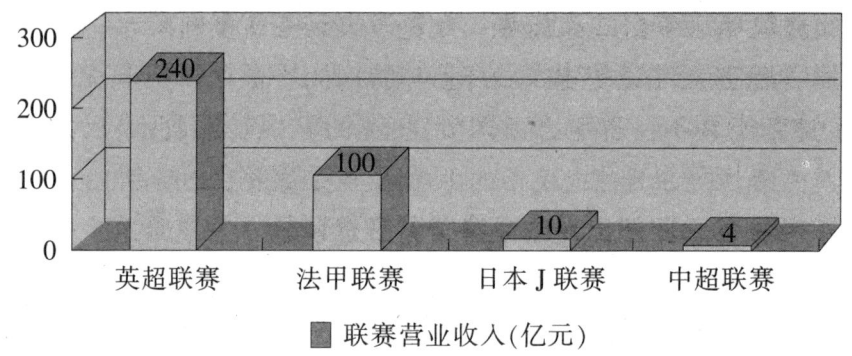

图6—9 2014年四联赛营业收入对比[①]

小结

通过将球迷对中超联赛公共价值与市场价值认同的比较分析可以看出，尽管球迷对中超联赛总体的价值认同较高，但其主要的认同对象为赛事的公共价值认同，即对中超联赛公共价值认同度较高，关注度较强，将中超联赛定位至准公共产品的观念较为深厚，因此，中超联赛价值认同以公共价值认同为主要部分。与之相对应的是，中超联赛的市场运行与管理较为落后，市场价值表现不突出，球迷对中超联赛的市场价值认同较低，关注度较弱。基于以上分析，本研究认为球迷对中超联赛价值的较高认同主要来自其公共价值认同，而一定程度地对联赛市场价值予以忽视，从而形成了"还用花钱去看比赛"的惯性疑问，因此，必然导致球票赠送、"弄票"现象的出现，进而影响了球迷的实际消费与消费意愿。

总体上来说，对于一种产品价值基本定位所形成的认同会对其消费行为产生必然影响。辽宁足球球迷对于中超联赛赛事价值的认

---

① 中超4亿赞助创纪录仍难比J联赛，仅为英超收入1/60 [EB/OL]. 北京青年报，2014-07-29.

第六章 赛事认同对球迷消费行为的影响机制实证检验

同,是基于市场价值的认同以及基于公共价值的认同出现了差异,最终形成了调查数据的两极分化结果。其原因为,大部分球迷受到传统的中国体育文化的影响,认为大型体育比赛对于社会发展的作用仍然是公益性质的,于是出现了"买票就没人看",而"不要钱就有人看"的中超赛事观赛局面。在市场经济不足发达的北方经济背景下,必然会形成此种球迷消费观念与意识。市场观念比较单薄,造成了辽宁球迷对中超联赛赛事的市场价值关注度较差,认为"花钱买球票去看球是吃亏的",从本质上更认同包括中超联赛在内的大型体育产品应具有较高的公益性与社会性,更多地应体现出其公共体育产品的性质。对中超联赛赛事公共价值与市场价值认同的两极化,导致其球迷调查的数据分布出现了异化,而最终表现出赛事价值认同对球迷消费行为的影响呈负相关结果。

事物价值存在一定的客观性基础,其主要取决于主体本身的客观性性质。在球迷对中超联赛价值认同的过程中,球迷主体的需要、实践以及行动的客观性一定程度上反映了对联赛价值的认知与认同。因此,球迷对于中超联赛价值的认同成为其消费行为的重要前提,对于公共价值与市场价值的不同认知,导致了其消费行为存在一定程度的异化。在此基础上,球迷的消费行为必然随着重公共价值、轻市场价值的认同模式,而成为赛事价值认同的奇异之果。

三、讨论3:球迷群体认同对球迷消费行为的影响作用显著

主要表现为球迷群体认同对球迷消费行为的影响系数为-0.135,并在 0.01 水平上达到显著水平。研究结果表明:球迷对赛事价值的认同影响着球迷的消费行为。在认同理论研究基础上,社会认同理论研究又将个体认同与社会相连接,将个体与群体以及社会相联系,并最终使群体认同通过消费者的消费行为予以表达与实现。相关研究表明:在消费决策过程中,消费者更倾向于得到并借助相关参照群体的意见,并易受到参照群体意见的

影响；消费者趋于认同高可靠性的群体，其消费行为更容易受到影响；消费决策也更容易受到参照群体的影响。可见，球迷的群体认同应在一定程度上对消费行为产生影响作用。值得注意的是，相关研究成果并没有十分明确其影响作用是积极的还是消极的。仅福尔汉德（Forehand）和德什潘德（Deshpande）（2002）指出，特定社会身份的凸显将有效引导消费者的消费决策与态度。其研究结论较倾向于群体认同对消费行为产生积极影响。与之相比较，本研究的研究结果显示球迷群体认同对其消费行为产生消极影响。具体体现为球迷对群体认同度较高，然而，其具体的实际消费与消费意愿较低。为了较为客观地解释这一研究结果，本研究拟从辽宁球迷在观赛与消费过程中存在若干现实干扰因素角度讨论其影响作用机制。

在对"您经常跟谁一起观看中超电视转播"与"您经常跟谁一起去现场看中超联赛"的调查结果中，仅有 16.8％ 与 18.4％ 的球迷选择"与球迷俱乐部的球迷"。这一数据，可以在一定程度上反映出球迷与球迷之间的联系并不十分紧密。在此基础上，球迷群体认同调查部分，尽管球迷群体认同受到了来自群体压力情境强有力的影响，具体表现为绝大多数球迷认为中超联赛的水平低使得球迷的团体缺乏凝聚力，以及辽宁经济的不景气使得球迷规模有限。由此，我们也找到了球迷之间联系不紧密的重要原因，球迷群体认同情况受到联赛水平较低、区域经济不景气等压力情境的影响较大。但是，从总体上，绝大多数球迷有着较强的群体隶属需要，具体表现为绝大多数球迷认为与球迷团体有共同的价值观，"成为辽宁队球迷的一员，让我找到了有组织的感觉"，并认为"成为球队的球迷俱乐部的一员让我享受一种优越感"，最终在一定程度上，反映出辽宁球迷对于球迷组织的群体认同程度较高。

与球迷有着较高的群体认同情况相背离的是，辽宁球迷在实际消费与消费意愿方面表现得不尽如人意，其主要原因在于辽宁

第六章　赛事认同对球迷消费行为的影响机制实证检验

球迷在观赛与消费过程中存在若干现实的干扰因素。主要包括俱乐部因素、主场因素以及消费制约因素等方面。

1. 俱乐部与球迷群体关系干扰因素

在世界发达的职业足球联赛市场中，几乎所有的俱乐部都非常注重尊重并培育球迷，皆积极争取与球迷群体建立良好的健康、互动关系。但是，目前我国职业足球俱乐部与球迷群体的关系却不尽如人意。

2015年中超联赛第二十轮前辽宁宏运的战绩为四胜、七平、八负，进24球，被攻入40球。积分19分，排名倒数第二位。联赛成绩差、面临保级难题已成为辽宁宏运俱乐部今年必须面对的现实问题。然而，在处理与球迷之间的关系方面，俱乐部却并没有给予充分的重视。

> 人家俱乐部现在想的是如何才能把主场球迷组织好，让球场的气氛真正能为胜利添砖加瓦。我们的俱乐部在干什么？各协会怕球迷去多了不好管理再出现下课声不感（敢）发车，到时候再被黄封杀！世界上真有这样的奇葩俱乐部？（赤魂和西红两家协会只发一台车，正常情况本场应该赤魂三台之（至）四台，西红最少两台，当然我们的俱乐部花钱找了一些大爷大妈把看台点缀一下，让电视画面好看点……
> ——王庆民（球迷）2015年6月24日中超联赛第15轮比赛赛前微博

俱乐部在服务球迷观赛的过程中，提供了一些支持，包括为球迷观赏比赛提供车辆租赁费用等，然而，在具体的球迷管理中，更多地考虑俱乐部自身的利益，而采取措施威胁球迷，甚至禁止所谓的"不良球迷"入场，从而保障俱乐部所倡导的所谓的"比赛秩序"。更有甚者，为了创造主场上座率的假象，出现"花钱请人坐场"（邀请盘锦当地的闲散人员去看球，给看球费用50

元/人）的尴尬局面。

  俱乐部应在尊重球迷，培育与维护与球迷的良性互动关系的基础上，不断提高其比赛质量，来满足广大球迷的需求，从而不断推动本队运动竞技水平、联赛成绩的发展与提高。这应是职业俱乐部发展的可持续路径。可见，尊重球迷是基础，培育与维护与球迷的良性互动关系是必要条件。然而，辽宁宏运俱乐部没有充分尊重球迷，没有真正倾听球迷的呼声，没有通过采取积极的方式与球迷沟通，忽视球迷群体的意愿、牺牲球迷的利益，并最终以破坏球迷对俱乐部、球队的认同为代价去满足自身短期的利益需要，从而导致与球迷群体关系紧张。这是违背职业俱乐部发展的科学规律的。

  俱乐部不能科学、合理地处理与球迷之间的本源性关系，必然导致球迷对于俱乐部的不信任加剧，矛盾丛生。尽管，球迷对于所在群体——辽宁队具有较高的认同度，但在俱乐部不断地破坏互动关系、设置障碍等干扰、作用下，球迷的实际消费、消费意愿必然降低。

  2. 俱乐部主场外迁频繁干扰因素

  欧美国家许多职业足球俱乐部都拥有自己的主场体育场，而目前我国大部分职业足球俱乐部都没有属于自己的主场体育场，因此，俱乐部主场外迁现象在所难免。俱乐部主场外迁的主要原因在于职业足球俱乐部的投资方不是俱乐部原主场城市企业，或者基于投资的不同目的而发生经营地点变动，导致俱乐部主场城市选择也随之变化。[①]

  2015年5月3日，一支叫伯恩茅斯的小球队，建队116年以来首次杀进"全世界最富有的足球联赛"——英超联赛。这支名

---

  ① 刘正国，谷化铮. 我国职业足球俱乐部主场外迁现象分析 [J]. 西安体育学院学报，2013（4）：437-439.

第六章　赛事认同对球迷消费行为的影响机制实证检验

不见经传的球队所在的伯恩茅斯镇位于英国南部港口，常住人口只有1.17万。这就是英国的足球文化，而其重要表现之一就是其球队主场的稳定性。

2015年2月27日，中央全面深化改革领导小组审议通过《中国足球改革发展总体方案》（以下简称《方案》）。《方案》明确提出："地方政府创造条件，引导一批优秀俱乐部相对稳定在足球基础好、足球发展代表性和示范性强的城市，避免俱乐部随投资者变更而在城市间频繁迁转、缺乏稳定依托的现象。"

辽宁足球一直是中国足坛上不可忽视的一支重要力量，曾创造过国内十连冠与首夺亚冠冠军的好成绩。辽宁足球俱乐部成立于1995年10月29日，是在工商局注册成立的中国第一家股份制足球俱乐部。中超联赛开始后，辽宁足球俱乐部先后更名为辽宁中誉队（2004年5月11日—2006年1月19日），辽宁队（2006年1月20日—2006年9月7日），辽宁宏运（2008年1月至今）。然而，从1997年开始，辽宁足球队的主场分别定在北京、鞍山、大连、抚顺、营口及锦州等地，直到2008年才从锦州重返沈阳。到2013赛季结束，辽宁宏运俱乐部将主场迁至盘锦市红海滩体育中心。值得注意的是，一支叫作"辽宁队"的球队竟然将主场定在北京。

辽宁足球队主场变更得过于频繁，原因有很多，最主要的原因是区域经济不景气所导致的辽宁俱乐部的经济问题——"没钱"。

"出走沈阳，奔赴盘锦，宏运集团及俱乐部做出这样的决定，主要原因迫于俱乐部的生存压力。"该负责人如是说，"在沈阳的5年里，俱乐部完全是在独立运营，没有得到任何政策上的支持和帮助，与外省球队相比，我们的确是在独自坚持。我们只能选择生存下去……"

辽宁宏运队将主场定在盘锦，主要考虑盘锦将帮助宏运俱乐部联系一些商业赞助，同时在住宿、场租、安保等方面提供支持，"这些赞助及支持，总价值接近3000万元，将大大缓解俱乐部的生存压力。"

——一位辽宁足球俱乐部知情人士透露

辽宁足球俱乐部作为一个国内知名足球俱乐部，仅仅为了总价值接近3000万元的赞助及帮助，就毅然舍下省会城市的地理位置与众多忠实的球迷，在足球俱乐部的发展历程中也是不多见的。俱乐部主场外迁频繁所引发的球迷不满不可避免。

"在铁西待得好好的，球市也挺好，交通方便有地铁直达，为啥要搬到盘锦，而且是盘锦的郊区，前不着村后不着店，根本就是个无人区啊。你看看人家哈尔滨毅腾的主场，看那人气，球员踢起来也受鼓舞啊，看咱主场，要睡着了。"

——一位辽宁足球球迷表示

辽宁足球俱乐部主场外迁频繁现象十分突出，必然导致球迷不满，球迷的忠诚度下降，继而造成球迷群体构成的不稳定。尽管球迷对于所在群体——辽宁队球迷具有较高的认同度，但在主场频繁变更、迁徙的不断干扰、作用下，球迷的实际消费、消费意愿必然降低。

3. 主场观赛的不便利性干扰因素

从2014年至今，盘锦市红海滩体育中心成为辽宁足球俱乐部的主场以来，辽宁球迷观赛的便利性受到了极大的影响。盘锦市红海滩体育中心位于盘锦市辽东湾新区，是为举办2013年第十二届全国运动会青年女子足球项目比赛而修建的体育场馆。该体育场位于盘锦市与营口市之间的新区地带，距离两个城市的市中心都较远，而且公共交通几乎没有，给最近的两座城市的球迷前往观赛造成了较大的不便。省内其他城市去往该体育场的路程

第六章　赛事认同对球迷消费行为的影响机制实证检验

都较遥远，如沈阳至该体育场的距离为 210 公里，只有汽车交通可以到达，时间需要 3 个小时。由于本赛季的中超比赛时间大多安排在 19：30，所以，沈阳球迷乘坐大巴就需要从沈阳 14 点出发，比赛结束后，凌晨 1 点才能到达沈阳。如此辛苦的观赛历程让沈阳球迷苦不堪言，因此，沈阳去盘锦主场看球的球迷呈现逐渐减少的趋势，从 2014 年每场比赛发 10 辆大巴车共 500 人，到 2015 年最少时一辆不到 40 人。

由于盘锦市红海滩体育中心位于盘锦市与营口市之间的新区地带，故该体育场周边的配套设施较不充足，满足不了球迷观赛的基本需求，造成球迷观赛的吃饭难问题。因此，沈阳球迷需要从沈阳将预订的盒饭与球迷一并送至体育场外，之后，球迷要席地解决吃饭问题。在对沈阳市球迷协会主席邵纯的访谈中，他提到"到体育场之后，即使你有钱也花不出去"，直接反映出辽宁足球俱乐部主场的服务不到位问题。再加上主场管理的不人性化，给球迷在观赛过程中带来了种种不便利。比如 2015 年 6 月 27 日，辽宁队主场 2：1 战胜贵州人和比赛之后，由于体育场提早关掉照明用灯，并且用围栏围住出口而给球迷退场时造成了种种不便。

辽宁队主场位置的不便利性是给球迷观赛带来了交通、饮食等制约球迷现场观赛的最基本的限制因素。在此基础上，俱乐部相关服务弱化，不重视对球迷的针对性服务，必然使得球迷在主场观赛的质量感知上大打折扣，导致球迷现场观赛的不满意度增加，球迷的忠诚度下降，继而造成现场观赛球迷数量的下降。尽管球迷对于所在群体——辽宁队球迷具有较高的认同度，但在主场观赛便利性极差的不断干扰和作用下，球迷的实际消费、消费意愿必然降低。

从总体上来说，球迷群体认同对球迷消费行为的影响作用呈现显著结果，尽管显示为消极影响，有些不尽如人意，但真实地反映出辽宁球迷在球迷群体认同与具体消费行为两个方面的客观状况。究其原因，主要缘于球迷个体认同与球迷群体认同过程中存在"缝隙"，具体表现为球迷个体与俱乐部、球迷群体之间出现脱节；主要缘于球迷群体认同与球迷消费行为存在"鸿沟"，具体表现为俱乐部相关的经营与管理造成了球迷群体认同力量的分散与削弱；主要缘于现阶段影响球迷消费行为的重要前提不是群体认同，而是消费环境的客观性因素，具体表现为球迷观赛、消费更主要地受到来自俱乐部主场外迁、观赛便利性等客观因素地左右与影响。因此，本研究所得出的消极影响结果，主要原因在于球迷群体认同与球迷消费行为之间的沟通问题，更多地体现出球迷消费行为的复杂性，即球迷消费行为受到来自客观现实等方面的影响因素众多，并非只有球迷群体认同一个因素。球迷群体认同并非球迷消费行为影响的唯一因素，其作用的消极性只是体现出本研究从认同角度研究群体认同对消费行为影响的客观性表现。

四、讨论4：文化情境认同成为球迷认同过程与消费行为的重要前因变量

从总体上来说，球迷的文化情境认同对球迷个体认同、群体认同、赛事价值认同以及消费行为皆呈现出一定的显著性。可见，文化情境认同成为球迷认同过程与消费行为的重要前因变量。这充分地表明球迷所处的文化与情境是球迷自我身份确认、群体归属以及对赛事价值认知过程中的重要前提与基础。中超联赛发展现阶段的社会、规范、文化等状况对我国中超球迷的影响作用潜移默化，具体表现为球迷始终在文化情境的客观影响下逐渐明晰并定位其个体、群体身份，并最大程度地影响着球迷对认同客体——中超联赛价值的判断。反之，球迷个体认同、群体认同、赛事价值认同以及消费行为都纷纷表现出个体或者群体在现阶段有中国特色中超联赛文化情境中，所表现出的一种保持自我同一性的反应。

在所有八组显著影响系数中，文化情境认同对赛事价值认同

第六章 赛事认同对球迷消费行为的影响机制实证检验

的影响系数最大,达到 0.888 的程度,并在 0.001 水平达到显著。

汪信砚提出价值认同是个体或群体通过相互作用而在观念上对某价值的认可与共享,是人们对其身份在社会生活中的价值定位和确定,并最终促进共同价值观念的形成。[①] 所以,价值认同不可避免地具有普遍性、民族性、文化性、制度性、情境性等特征。由此,文化、制度、情境等认知成为价值认同的前提与基础,在我国相对稳定的文化制度中,球迷自然愿意把自己的活动纳入正常的社会秩序与文化情境范围内进行,这种正常的社会秩序与文化情境,就构成了价值认同存在的必然性。因此,必然对中超联赛的价值认同有着直接且显著的影响作用。球迷对中超联赛的文化情境认同主要来自两个方面。一是球迷对于中国体育、足球文化的认同情况;二是球迷对于中国足球所处的社会情境的认同情况。

在对"我认为中超联赛的发展受中国传统文化影响较大"联赛文化认同的调查结果中,51.6%的球迷选择较认同与很认同,还有 32.4%的球迷选择一般认同。"我认为中超联赛的发展受国家政治影响较大",54%的球迷选择较认同与很认同,还有 32%的球迷选择一般认同。可见,绝大多数的球迷认为,中超联赛受中国文化与制度的影响非常大。一方面,中国的传统文化中一直倡导的"家天下",儒家思想的仁政思想等都对我国目前的体育文化产生重要的影响。另一方面,中国特色社会主义制度秉承着社会主义精神——主张并倡导整个社会作为整体,由社会拥有并控制土地、资本、产品、资产等,并基于公众利益进行管理与分配。可以说,我国体育文化发展的基本指向仍然为公共价值。中超联赛发展所诉诸的公共价值主要包括培养公民的爱国情感、对

[①] 汪信砚. 全球化中的价值认同与价值观冲突[J]. 哲学研究,2002(11):32.

中国足球发展充满信心、促进社会道德水平提高、提升国家、民族凝聚力以及增强居民体育健身意识等方面。由此，球迷对于中超联赛的文化认同情况与其对赛事的公共价值认同情况存在着紧密的联系，而联赛文化认同对于联赛公共价值认同的影响显著也就成为必然。

在对"我几乎不了解联赛的管理制度"联赛情境认同的调查结果中，49.5%的球迷选择较认同与很认同。还有29.8%的球迷选择一般认同。"我认为中超联赛主场的观赛环境有待改善"，56.4%的球迷选择较认同与很认同。还有31.2%的球迷选择一般认同。可见，绝大多数的球迷认为中超联赛受所处情境存在很大问题，这成为球迷赛事情境认同的主要表现。中国体育文化发展充分关注公共价值，在一定程度上导致其对体育市场价值的不重视，尤其表现在中国足球、中超联赛的发展过程中。众所周知，中国足球、中超联赛的发展始终在国家体育总局与中国足协的管理之下，具有非常强的行政管理特征，始终走着计划经济发展之路。2015年8月17日，《中国足球协会调整改革方案》正式出台，进一步明确中国足协与国家体育总局脱钩，依法独立运行，并在人事管理、内部机构设置、财务和薪酬管理、工作计划制定、国际专业交流等方面拥有自主权，中国足球发展才走出市场化的坚实一步。此前，无论是从1994年开始的中国足球甲级A组联赛，还是2004年升级为中超联赛，都没有走出一条专业市场化道路，有中国特色社会主义市场经济在中国足球发展、运行过程中改革的步伐较慢，中超联赛的市场价值尽管没有被忽略，但没有被真正开发出来。因此，球迷对于中超联赛的管理制度、观赛环境等方面表现出较强的不认同，是有较深刻的社会情境认同根源的。这也是情境认同对联赛市场价值认同呈现显著影响的主要原因。

第六章　赛事认同对球迷消费行为的影响机制实证检验

文化情境为沟通人与认知对象、球迷与赛事之间起着重要的中介桥梁作用。文化心理学所强调的文化情境重要性较好地体现出来，文化情境认同也成为赛事认同中的球迷个体认同、群体认同、赛事价值认同等三方面认同的基础。与此同时，作为认同构建的一个重要组成部分，文化情境是连接认同者与被认同对象之间的重要纽带与桥梁，体育赛事所蕴含的文化氛围与所处的社会情境必然成为球迷重要的感知与认同对象，而赛事价值认同更多地体现为文化情境认同的主要结果。

第七节　基于消费者特征的多组比较分析

通过对年龄、性别、收入、学历以及团体归属等五个方面个体因素进行多组比较分析，以探求赛事认同对球迷消费行为影响机制的适应性与科学性。

一、消费者不同特征对消费者行为产生不同的影响作用

已有研究表明，消费者的个人基本特征，如性别、年龄、收入和受教育程度等，对其消费者行为有着不同程度影响，皆表现为显著影响。赫德伦（Hedlund）等（2012）对681名瑞典旅行者的研究表明，年龄、受教育程度、性别和收入等基本特征对其旅行消费意识及行为产生显著影响。[①] 阿尔茨（Arts）等（2011）通过研究提出年龄对消费者的创新性消费行为产生负向影响；收

---

① Hedlund T, Marell A, Garling T. *The Mediating Effect of Value Orientation on the Relationship between Socio-Demographic Factors and Environmental Concern in Swedish Tourists' Vacation Choices*[J]. Journal of Ecotourism, 2012, 11(1): 16-33.

入对消费者的创新性消费行为产生正向影响;教育对消费者的创新性消费行为影响显著。① 杜拉基亚(Dholakia)和乌西塔罗(Uusitalo)(2002)的研究认为,收入、年龄以及消费额对消费者消费的感知与行为都产生显著影响②。

霍金斯(Hawkins)等(2004)在其《消费者行为,构建市场营销策略》著作中,提出消费者的受教育的程度影响其消费品位与消费偏好,进一步影响其消费行为;收入水平成为消费者购买商品、获得媒体信息等活动的重要影响因素,是划分市场相对有效的变量;年龄是影响各类产品和服务消费的重要因素,依据年龄对消费者进行分组,对于了解市场与把握细分市场均十分有益。③

在国外学者研究基础上,国内学者也开展基于不同消费者特征的消费者行为多组比较分析。贺爱忠等(2011)对农村居民的低碳消费行为进行的研究表明,社会特征包括年龄、性别、收入等调节变量在不同假设路径中有不同影响,并表明各组的影响作用存在差异。罗子明(2002)在其著作《消费者心理学》中指出,受教育程度较高与受教育程度较低的消费者,收入水平较高与收入水平较低的消费者,不同性别的消费者等均产生不同的消费意愿与行为。④

---

① Arts J W C, Frambach R T, Bijmolt T H A. *Generalizations on Consumer Innovation Adoption: A Meta-Analysis on Drivers of Intention and Behavior*[J]. International Journal of Research in Marketing, 2011, 28(2): 134 – 144.

② Dholakia R R, Uusitalo O. *Switching to Electronic Stores: Consumer Characteristics and the Perception of Shopping Benefits*[J]. International Journal of Retail & Distribution Management, 2002, 30(10): 459 – 469.

③ Hawkins D. I., Roger J. Best, Kenneth A. Coney. *Consumer Behavior, Building Marketing Strategy*[M], Irwin: McGraw-Hill, 2004.

④ 罗子明. 消费者心理学[M]. 北京: 清华大学出版社, 2002: 84 – 89.

第六章 赛事认同对球迷消费行为的影响机制实证检验

除了收入、年龄、性别、受教育程度四个方面外,消费者所在群体也对消费行为产生一定程度的影响作用,这种影响作用更是通过消费行为来确定消费者所属群体的路径来完成。卢里(Lury)(2003)提出,消费文化已促成的各种已成为时尚的关系正在形成特殊的归属类别,包括社会阶层、性别、年龄等形成当代社会特色的类别。即消费行为所处的环境对发展个人自我构成和群体成员身份之间的新型关系起着一定的影响作用。[1] 伍庆(2009)认为,消费行为与商品符号价值之间互动作用可产生一种重要的属性,将人们联系起来而形成消费者共同体。而消费个体也更倾向于将自己归属于特定的消费者共同体,依据具体消费行为来划定自己所属的群体。[2] 王宁(2001)提出,在现代社会中,陌生的人们通过消费相互联系作用,消费者将个体归属于消费某特定种类商品的群体,或者将某种特定的消费方式作为自己的群体标志予以展现,球迷的消费行为的特点是极为常见与十分重要的。[3]

相关研究表明:在诸多客观因素的影响下,包括年龄、性别、收入等多组消费者特征的个体因素又成为影响消费行为的主体因素。通过对年龄、性别、收入、学历以及团体归属等五个方面个体因素进行多组比较分析,以探求赛事认同对球迷消费行为影响机制的适应性与科学性。

二、基于年龄特征的分析与讨论

本研究假设低年龄球迷消费者与高年龄球迷消费者在"赛事

---

[1] Lury, C. 消费文化 [M]. 南京:南京大学出版社, 2003:255.
[2] 伍庆. 消费社会与消费认同 [M]. 北京:社会科学文献出版社, 2009:154.
[3] 王宁. 消费社会学:一个分析的视角 [M]. 北京:社会科学文献出版社, 2009:77.

认同对球迷消费行为影响"方面存在差异。依据调查样本的性别层次,将全部1421个样本分为两组:低年龄球迷消费者的样本为一组,高年龄球迷消费者的样本为一组。分别运用独立样本T检验方法与前文建立的结构方程模型对低年龄(34岁及以下)与高年龄(35岁及以上)球迷消费者进行多组比较分析。

1. 不同年龄的独立样本T检验

对不同年龄的球迷消费者样本进行独立样本T检验,结果如表6—30所示。低年龄球迷消费者与高年龄球迷消费者的赛事认同与消费行为在四个显变量上均表现出显著差异。

在"球迷群体认同"与"球迷消费行为"这两个维度上,低年龄球迷消费者表现高于高年龄球迷消费者。与此相反的是,在"球迷个体认同"维度上,低年龄球迷消费者表现低于高年龄球迷消费者。

表6—30 不同年龄组别球迷消费者独立样本T检验

题项	34岁及以下			35岁及以上			t	Sig. (2-tailed)
	Mean	Std. Deviation	Std. Error Mean	Mean	Std. Deviation	Std. Error Mean		
C5	3.72	1.120	0.041	3.84	1.054	0.041	−2.111	0.035*
C18	3.50	1.100	0.040	3.28	1.233	0.048	3.622	.000***
C41	3.85	1.110	0.040	3.69	1.145	0.045	2.538	0.011*
B22	3.03	1.043	0.038	2.88	0.969	0.038	2.687	0.007**

注:*表明在0.05水平上达到显著,**表明在0.01水平上达到显著,***表明在0.001水平上达到显著。

2. 不同年龄球迷消费者的结构方程模型多组比较分析

运用结构方程模型的多组比较分析方法对不同年龄球迷消费者的两组数据进行比较分析,结果如表6—31所示。x^2/df、RM-

第六章 赛事认同对球迷消费行为的影响机制实证检验

SEA、CFI、IFI 以及 TLI 等指标均达到理想状态，其他四个指标均接近理想值，表示理论模型与两组实际数据拟合较好。

表 6—31 不同年龄组别验证性因素分析主要拟合指标一览表

拟合指数	绝对拟合指数					增值拟合指数			
	x^2/df	GFI	RMSEA	AGFI	NFI	CFI	IFI	RFI	TLI
理想值	1—3	>0.9	<0.08	>0.9	>0.9	>0.9	>0.9	>0.9	>0.9
指标值	2.392	0.861	0.031	0.848	0.862	0.915	0.915	0.855	0.910

如表 6—32 所示，总体上，不同年龄球迷消费者的两组数据在整个模型的适应情况包括五个方面，即高年龄与低年龄球迷消费者在五个方面表现出适应模型的一致性（两组数据都同时接受或拒绝模型）。

然而，还有五个方面表现出模型适应的不一致。对于高年龄球迷消费者而言，"文化情境认同"对"球迷群体认同"和"球迷群体认同"对"赛事价值认同"两个方面影响程度不显著。但对于低年龄球迷消费者而言，具有显著影响。说明低年龄球迷消费者在这两个方面的影响程度明显高于高年龄球迷消费者。

与之相反的是，对于低年龄球迷消费者而言，"文化情境认同""赛事价值认同""球迷群体认同"对"球迷消费行为"的影响三个方面影响程度显著。但对于高年龄球迷消费者而言，三个方面没有显著影响。说明低年龄球迷消费者在三个方面的影响程度明显高于高年龄球迷消费者。

通过对不同年龄球迷消费者进行比较，可知：对于高年龄球迷消费者而言，其群体认同受到中超联赛相关的文化情境认同的影响较大，进而形成较强的赛事价值认同。对于低年龄球迷消费者而言，其消费行为受到其赛事价值认同、球迷群体认同以及文化情境认同的影响较大。

表 6—32 不同年龄组别维度的结构方程模型检验结果

假设	34 岁及以下			35 岁及以上		
	标准化回归系数	P 值	拒绝/接受	标准化回归系数	P 值	拒绝/接受
个体认同←文化情境	0.772	***	接受	0.797	***	接受
群体认同←个体认同	0.735	***	接受	0.628	***	接受
群体认同←文化情境	0.105	0.030	接受	0.084	0.176	拒绝
价值认同←文化情境	0.943	***	接受	0.835	***	接受
价值认同←个体认同	−0.130	0.062	拒绝	0.134	0.065	拒绝
价值认同←群体认同	0.156	0.005	接受	−0.024	0.563	拒绝
消费行为←个体认同	0.638	***	接受	0.766	***	接受
消费行为←群体认同	−0.081	0.307	拒绝	−0.197	0.001	接受
消费行为←价值认同	−0.324	0.152	拒绝	−0.512	0.014	接受
消费行为←文化情境	0.431	0.087	拒绝	0.494	0.029	接受

注：＊＊＊表明在 0.001 水平上达到显著。

三、基于性别特征的分析与讨论

基于此，本研究假设男性球迷消费者与女性球迷消费者在"赛事认同对球迷消费行为影响"方面存在差异。依据调查样本的性别层次，将全部 1421 个样本分为两组：男性球迷消费者的样本为一组，女性球迷消费者的样本为一组。分别运用独立样本 T 检验方法与前文建立的结构方程模型对男性与女性球迷消费者进行多组比较分析。

1. 不同性别的球迷消费者独立样本 T 检验

对不同性别的球迷消费者样本进行独立样本 T 检验，结果如表 6—33 所示。低收入球迷消费者与高收入球迷消费者的赛事认同与消费行为在六个显变量上均表现出显著差异。

在"赛事价值认同""文化情境认同"两个维度上，女性球

第六章 赛事认同对球迷消费行为的影响机制实证检验

迷消费者表现均高于男性球迷消费者。

与此相反的是，在"球迷群体认同"与"球迷消费行为"这两个维度上，女性球迷消费者表现低于男性球迷消费者。

表6—33 不同性别组别球迷消费者独立样本T检验

题项	女性			男性			t	Sig. (2-tailed)
	Mean	Std. Deviation	Std. Error Mean	Mean	Std. Deviation	Std. Error Mean		
C20	3.39	1.211	0.064	3.54	1.135	0.035	−2.061	0.040*
C33	3.75	1.182	0.062	3.59	1.131	0.035	2.291	0.022*
C37	3.59	1.137	0.060	3.31	1.225	0.038	3.768	.000***
B4	2.47	1.199	0.063	2.78	1.171	0.036	−4.317	.000***
B5	3.07	1.194	0.063	3.22	1.072	0.033	−2.211	0.027*
B22	2.87	1.065	0.056	3.00	0.991	0.030	−2.119	0.034*

注：*表明在0.05水平上达到显著，**表明在0.01水平上达到显著，***表明在0.001水平上达到显著。

2. 不同性别的球迷消费者结构方程模型多组比较分析

运用结构方程模型的多组比较分析方法对不同性别球迷消费者的两组数据进行比较分析，结果如表6—34所示。x^2/df、RMSEA、CFI、IFI以及TLI等指标均达到理想状态，其他四个指标均接近理想值，表示理论模型与两组实际数据拟合较好。

表6—34 不同性别组别球迷消费者验证性因素分析主要拟合指标一览表

拟合指数	绝对拟合指数					增值拟合指数			
	x^2/df	GFI	RMSEA	AGFI	NFI	CFI	IFI	RFI	TLI
理想值	1—3	>0.9	<0.08	>0.9	>0.9	>0.9	>0.9	>0.9	>0.9
指标值	2.377	0.862	0.031	0.849	0.863	0.915	0.916	0.856	0.911

如表 6—35 所示，总体上，不同性别球迷消费者的两组数据在整个模型的适应情况包括七个方面，即男性与女性球迷消费者在七个方面表现出适应模型的一致性（两组数据都同时接受或拒绝模型）。

然而，还有三个方面表现出模型适应的不一致。对于男性球迷消费者而言，"文化情境认同"对"球迷群体认同"的影响程度不显著。但对于女性球迷消费者而言，具有显著影响。这说明女性球迷消费者在这个方面的影响程度明显高于男性球迷消费者。

与之相反，对于男性球迷消费者而言，"文化情境认同"与"赛事价值认同"对"球迷消费行为"的影响两个方面影响程度显著。但对于女性球迷消费者而言，两个方面没有显著影响。说明，女性球迷消费者在两个方面的影响程度明显低于男性球迷消费者。

通过对不同性别球迷消费者进行比较，可知：对于女性球迷消费者而言，其群体认同受到中超联赛相关的文化情境认同的影响较大。对于男性球迷消费者而言，其消费行为受到其赛事价值认同与文化情境认同的影响较大。

表 6—35 性别维度的结构方程模型检验结果

假　设	女　生			男　生		
	标准化回归系数	P 值	拒绝/接受	标准化回归系数	P 值	拒绝/接受
个体认同←——文化情境	.841	＊＊＊	接受	.764	＊＊＊	接受
群体认同←——个体认同	.461	＊＊＊	接受	.702	＊＊＊	接受
群体认同←——文化情境	.468	＊＊＊	接受	.017	.681	拒绝
价值认同←——文化情境	1.062	＊＊＊	接受	.933	＊＊＊	接受
价值认同←——个体认同	.156	.128	拒绝	−.051	.361	拒绝

第六章 赛事认同对球迷消费行为的影响机制实证检验

续 表

假 设	女 生			男 生		
	标准化回归系数	P值	拒绝/接受	标准化回归系数	P值	拒绝/接受
价值认同←群体认同	−.275	.030	接受	.094	.008	接受
消费行为←个体认同	.680	***	接受	.593	***	接受
消费行为←群体认同	−.242	.200	拒绝	−.067	.207	拒绝
消费行为←价值认同	−.097	.790	拒绝	−.707	***	接受
消费行为←文化情境	.285	.525	拒绝	.810	***	接受

注：＊＊＊表明在0.001水平上达到显著。

四、基于收入特征的分析与讨论

西方消费社会学研究证明经济资本对身份认同与消费行为有着重要影响。收入水平是消费者经济资本的重要表现，决定了消费者的购买力，影响着消费者的消费行为。收入水平的高低制约着消费者的消费水平、品位、消费能力等方面，可以说，收入水平的高低对于消费者自我认同、群体认同以及消费对象价值认同等方面形成重要的影响作用，继而影响其实际消费与意愿。

基于此，本研究假设高、低收入两组的消费者在"赛事认同对球迷消费行为影响"方面存在差异。依据调查样本的收入水平层次，将全部1421个调查样本分为两组：月收入低于4000元的样本为一组，月收入等于或高于4000元的样本为另一组。分别运用独立样本T检验方法与前文建立的结构方程模型对低收入消费者（月收入低于4000元）与高收入消费者（月收入等于或高于4000元）进行多组比较分析。

1. 不同收入的独立样本 T 检验

对不同收入水平的样本进行独立样本 T 检验,结果如表 6—36 所示。低收入球迷消费者与高收入球迷消费者的赛事认同与消费行为在 15 个显变量上均表现出显著差异。

在"球迷个体认同""赛事价值认同""文化情境认同"以及"球迷消费行为"四个维度上,低收入球迷消费者表现均低于高收入球迷消费者。

与此相反的是,在"球迷群体认同"这个赛事消费行为维度上,低收入球迷消费者表现高于高收入球迷消费者。

表 6—36 不同收入组别独立样本 T 检验

题项	月收入低于 4000 元			月收入等于或高于 4000 元			t	Sig. (2-tailed)
	Mean	Std. Deviation	Std. Error Mean	Mean	Std. Deviation	Std. Error Mean		
C4	3.41	1.194	0.036	3.61	1.129	0.062	-2.600	0.009**
C5	3.73	1.111	0.034	3.92	1.014	0.055	-2.696	0.007**
C11	3.51	1.158	0.035	3.67	1.207	0.066	-2.115	0.035**
C18	3.45	1.101	0.033	3.21	1.350	0.074	3.408	0.001**
C20	3.44	1.145	0.035	3.68	1.174	0.064	-3.356	0.001**
C21	3.41	1.165	0.035	3.24	1.319	0.072	2.270	0.023*
C22	3.48	1.157	0.035	3.28	1.355	0.074	2.742	0.006**
C25	3.66	1.059	0.032	3.79	1.120	0.061	-2.063	0.039*
C34	3.28	1.173	0.036	3.54	1.213	0.066	-3.520	.000***
C35	3.40	1.110	0.034	3.56	1.166	0.064	-2.277	0.023*
C37	3.44	1.173	0.036	3.21	1.304	0.071	2.993	0.003**

第六章 赛事认同对球迷消费行为的影响机制实证检验

续 表

题项	月收入低于4000元			月收入等于或高于4000元			t	Sig.(2-tailed)
	Mean	Std. Deviation	Std. Error Mean	Mean	Std. Deviation	Std. Error Mean		
B4	2.63	1.191	0.036	2.93	1.141	0.062	−4.072	.000***
B5	3.12	1.108	0.034	3.38	1.079	0.059	−3.685	.000***
B16	2.56	1.342	0.041	2.96	1.350	0.074	−4.674	.000***
B19	2.58	1.315	0.040	3.04	1.302	0.071	−5.629	.000***

注：*表明在0.05水平上达到显著，**表明在0.01水平上达到显著，***表明在0.001水平上达到显著。

2. 不同收入的结构方程模型多组比较分析

运用结构方程模型的多组比较分析方法对不同收入水平的两组数据进行比较分析，结果如表6—37所示。x^2/df、RMSEA、CFI、IFI以及TLI等指标均达到理想状态，其他四个指标均接近理想值，表示理论模型与两组实际数据拟合较好。

表6—37 不同收入组别验证性因子分析主要拟合指数一览表

拟合指数	绝对拟合指数					增值拟合指数			
	x^2/df	GFI	RMSEA	AGFI	NFI	CFI	IFI	RFI	TLI
理想值	1—3	>0.9	<0.08	>0.9	>0.9	>0.9	>0.9	>0.9	>0.9
指标值	2.410	0.852	0.032	0.838	0.861	0.913	0.914	0.854	0.909

如表6—38所示，总体上，不同收入水平的两组数据在整个模型的适应情况包括六个方面，即高收入与低收入的球迷消费者

在六个方面表现出适应模型的一致性(两组数据都同时接受或拒绝模型)。

表6—38 不同收入组别维度的结构方程模型检验结果

假 设	月收入低于4000元			月收入等于或高于4000元		
	标准化回归系数	P值	拒绝/接受	标准化回归系数	P值	拒绝/接受
个体认同←文化情境	0.791	***	接受	0.763	***	接受
群体认同←个体认同	0.659	***	接受	0.640	***	接受
群体认同←文化情境	0.209	***	接受	−0.098	0.246	拒绝
价值认同←文化情境	0.896	***	接受	0.894	***	接受
价值认同←个体认同	0.035	0.539	拒绝	0.036	0.704	拒绝
价值认同←群体认同	0.019	0.707	拒绝	0.043	0.366	拒绝
消费行为←个体认同	0.713	***	接受	0.575	***	接受
消费行为←群体认同	−0.155	0.020	接受	−0.012	0.886	拒绝
消费行为←价值认同	−0.251	0.105	拒绝	−1.157	0.004	接受
消费行为←文化情境	0.334	0.059	拒绝	1.192	0.006	接受

注：***表明在0.001水平上达到显著。

然而，还有四个方面表现出模型适应的不一致。对于高收入的球迷消费者而言，"文化情境认同"对"球迷群体认同"的影响、"球迷群体认同"对"球迷消费行为"的影响两个方面影响程度不显著。但对于低收入的球迷消费者而言，两个方面具有显著影响。说明低收入球迷消费者在两个方面的影响程度明显高于高收入消费者。

第六章 赛事认同对球迷消费行为的影响机制实证检验

与之相反的是,对于高收入的球迷消费者而言,"文化情境认同"与"赛事价值认同"对"球迷消费行为"的影响两个方面影响程度显著。但对于低收入的球迷消费者而言,两个方面没有显著影响。这说明低收入球迷消费者在两个方面的影响程度明显低于高收入消费者。

通过对不同收入水平的球迷消费者进行比较,可知:对于低收入的球迷消费者而言,其群体认同受到中超联赛相关的文化情境认同的影响较大,进而形成较强的球迷消费行为。对于高收入球迷消费者而言,其消费行为受到其赛事价值认同与文化情境认同的影响较大。

五、基于学历特征的分析与讨论

按照西方消费社会学理论,文化资本对身份认同与消费方式的选择有着重要影响。法国学者布迪厄按照不同文化资本的消费生活方式,揭示出当代法国阶级或职业的消费行为。美国学者福塞尔的"格调理论"提出可以通过建立在文化资本基础上的生活品位来观察消费行为。在现实消费社会中,受教育程度成为消费者文化资本的最重要表现形式,学历成为文化资本的重要表现内容。

基于此,本研究假设受教育程度高、低不同的两组消费者在"赛事认同对球迷消费行为影响"方面存在差异。依据调查样本的学历层次,将全部1421个调查样本分为两组:学历为专科及以下的样本为一组,学历为本科及以上的样本为另一组。分别运用独立样本T检验方法与前文建立的结构方程模型对低学历消费者(专科及以下学历)与高学历消费者(本科及以上学历)进行多组比较分析。

1. 不同学历的独立样本T检验

对不同学历层次的样本进行独立样本T检验,结果如表6—

39 所示。学历在专科及以下的球迷消费者与学历在本科及以上的赛事认同与消费行为在 12 个显变量上均表现出显著差异。

在"赛事价值认同"维度上,不同学历的球迷消费者表现没有显著差异。而在"球迷个体认同""球迷群体认同""文化情境认同"三个赛事认同维度上出现显著差异,学历在本科及以上的球迷消费者表现均低于学历在专科及以下的球迷消费者。

与此相反的是,在"球迷实际消费"这个赛事消费行为维度上,学历在本科及以上的球迷消费者表现高于学历在专科及以下的球迷消费者。

表 6—39 不同学历组别独立样本 T 检验

题项	专科及以下学历			本科及以上学历			t	Sig. (2-tailed)
	Mean	Std. Deviation	Std. Error Mean	Mean	Std. Deviation	Std. Error Mean		
C1	3.28	1.245	0.050	3.11	1.208	0.043	2.483	0.013*
C6	3.88	1.084	0.043	3.76	1.077	0.038	2.115	0.035*
C7	3.72	1.086	0.043	3.57	1.065	0.038	2.607	0.009**
C8	3.73	1.077	0.043	3.51	1.102	0.039	3.738	.000***
C14	3.37	1.232	0.049	3.21	1.209	0.043	2.486	0.013*
C15	3.12	1.295	0.052	2.96	1.228	0.044	2.237	0.025*
C17	3.51	1.184	0.047	3.33	1.166	0.041	2.960	0.003**
C18	3.52	1.149	0.046	3.30	1.176	0.042	3.434	0.001**
C21	3.47	1.186	0.047	3.30	1.216	0.043	2.592	0.010*

第六章 赛事认同对球迷消费行为的影响机制实证检验

续 表

题项	专科及以下学历			本科及以上学历			t	Sig. (2-tailed)
	Mean	Std. Deviation	Std. Error Mean	Mean	Std. Deviation	Std. Error Mean		
C22	3.53	1.211	0.048	3.36	1.203	0.043	2.602	0.009**
C37	3.46	1.241	0.050	3.33	1.180	0.042	2.074	0.038*
B14	2.27	1.154	0.046	2.55	1.113	0.039	−4.72	.000***

注：*表明在0.05水平上达到显著，**表明在0.01水平上达到显著，***表明在0.001水平上达到显著。

2. 不同学历的结构方程模型多组比较分析

运用结构方程模型的多组比较分析方法对不同学历的两组数据进行比较分析，结果如表6—40所示。x^2/df、RMSEA、CFI、IFI以及TLI等指标均达到理想状态，其他四个指标均接近理想值，表示理论模型与两组实际数据拟合较好。

表6—40 不同学历组别比较分析主要拟合指标一览表

拟合指数	绝对拟合指数					增值拟合指数			
	x^2/df	GFI	RMSEA	AGFI	NFI	CFI	IFI	RFI	TLI
理想值	1—3	>0.9	<0.08	>0.9	>0.9	>0.9	>0.9	>0.9	>0.9
指标值	2.425	0.860	0.032	0.847	0.860	0.913	0.913	0.853	0.908

如表6—41所示，总体上，不同学历的两组数据在整个模型的适应情况包括五个方面，即高学历与低学历的球迷消费者在五个方面表现出适应模型的一致性（两组数据都同时接受或拒绝模型）。

然而，还有五个方面表现出模型适应的不一致。对于学历在本科及以上的消费者而言，"文化情境认同"对"球迷群体认同"的影响、"赛事价值认同"与"文化情境认同"对"球迷消费行为"的影响三个方面影响程度不显著。但对于学历在专科及以下的消费者而言，三个方面具有显著影响。说明低学历消费者在三个方面的影响程度明显高于高学历消费者。

与之相反的是，对于学历在本科及以上的消费者而言，"球迷群体认同"对"赛事价值认同"与"球迷消费行为"的影响两个方面影响程度显著。但对于学历在专科及以下的消费者而言，两个方面没有显著影响。说明低学历消费者在两个方面的影响程度明显低于高学历消费者。

通过对不同受教育程度的球迷进行比较，可知：对于低学历的球迷消费者而言，其受到中超联赛相关的文化情境认同的影响较大，进而形成较强的球迷群体认同；低学历的球迷其消费行为受到球迷对中超联赛价值的认同以及文化情境认同情况影响较大。对于高学历的球迷消费者而言，其对中超联赛赛事价值认同受到其所属球迷群体的影响较大，高学历的球迷其消费行为受到其所属球迷群体认同的影响较大。

表6—41 学历维度的结构方程模型检验结果

假 设	专科及以下学历			本科及以上学历		
	标准化回归系数	P值	拒绝/接受	标准化回归系数	P值	拒绝/接受
个体认同——文化情境	0.763	***	接受	0.795	***	接受
群体认同——个体认同	0.681	***	接受	0.687	***	接受
群体认同——文化情境	0.202	***	接受	−0.004	0.942	拒绝
价值认同——文化情境	0.879	***	接受	0.890	***	接受

第六章 赛事认同对球迷消费行为的影响机制实证检验

续 表

假 设	专科及以下学历			本科及以上学历		
	标准化回归系数	P	拒绝/接受	标准化回归系数	P	拒绝/接受
价值认同←—个体认同	0.086	0.186	拒绝	−0.023	0.744	拒绝
价值认同←—群体认同	0.018	0.762	拒绝	0.081	0.039	接受
消费行为←—个体认同	0.764	***	接受	0.694	***	接受
消费行为←—群体认同	−0.150	0.169	拒绝	−0.124	0.014	接受
消费行为←—价值认同	−1.258	0.004	接受	−0.102	0.456	拒绝
消费行为←—文化情境	1.282	0.004	接受	0.161	0.324	拒绝

注：***表明在0.001水平上达到显著。

六、基于团体归属特征的分析与讨论

在当今消费社会中，消费行为已经成为我们进行自我身份识别和归属，以及对他人及群体进行辨识的重要方式。消费社会学的相关研究成果已经证明身份认同与消费方式、行为之间存在密切的联系。姚建平提出，消费方式与身份之间是一种互相制约、互相建构的关系。身份对消费方式具有约束功能，个人总是选择与其身份相符的消费方式与行为。伍庆（2009）指出，消费方式与行为所表达的身份认同过程包括一个互动的过程，群体归属感通过消费方式将个人融入某个阶级、阶层或群体来定位身份，强调群体间的差别。由此，从消费行为的形式来看，消费的过程不仅仅是消耗，而且更重要是在消费的过程中建构，不断地定位自我，将自我划分为特定的消费者共同体，成为所属群体的一部分。消费并非仅仅是占有，更重要的是其本身也是一种存在性的方式。对于球迷消费来说，球迷消费行为更是表现自我成为球迷群体一分子的重要方式，并由此找寻自我追寻的存在感。王宁（2001）提出，人们的认同与消费体现为同一过程的两个方面。社会大众从个体所消费的品牌、商品、类别和消费行为特征等方面对其自身进行身份归类与定位，并进一步进行对身份地位、修养品位以及阶级阶层等全方位的评判和定位，以此来定位其社会角色并确定其在社会结构与群体中的位置。

基于以上分析，本研究假设参加球迷团体的消费者与未参加球迷团体的消费者在"赛事认同对球迷消费行为影响"方面存在差异。依据调查样本的是否参加球迷团体的球迷消费者层次，将全部1421个样本分为两组：参加球迷团体的样本为一组，未参加球迷团体的样本为一组。分别运用独立样本 T 检验方法与前文建立的结构方程模型对参加球迷团体与未参加球迷团体的消费者进行多组比较分析。

1. 是否参加球迷团体的消费者独立样本 T 检验

对是否参加球迷团体的消费者样本进行，结果如表 6—42 所示。参加与未参加球迷团体的消费者的赛事认同与消费行为在 36 个显变量上均表现出显著差异。

在"球迷个体认同""球迷群体认同""赛事价值认同""文化情境认同"和"球迷消费行为"五个维度上，参加球迷团体的球迷消费者均值表现均高于未参加球迷团体的球迷消费者。从独立样本 T 检验结果可知，参加球迷团体的球迷对于中超联赛的赛事认同程度以及实际消费、消费意愿程度都远高于未参加球迷团体的球迷消费者。

第六章 赛事认同对球迷消费行为的影响机制实证检验

表6—42 是否参加球迷团体组别独立样本 T 检验

题项	参加球迷团体			未参加球迷团体			t	Sig. (2-tailed)
	Mean	Std. Deviation	Std. Error Mean	Mean	Std. Deviation	Std. Error Mean		
C1	3.53	1.205	0.138	3.00	1.265	0.086	3.181	0.002**
C2	3.68	1.013	0.115	3.10	1.150	0.079	3.909	.000***
C3	3.76	1.071	0.121	3.01	1.195	0.082	1.195	.000***
C4	3.58	1.099	0.124	3.14	1.188	0.081	1.188	0.005**
C6	4.01	1.000	0.113	3.69	1.080	0.074	2.269	0.024*
C7	3.95	0.896	0.101	3.49	1.121	0.077	3.283	0.001**
C8	3.86	1.078	0.122	3.42	1.206	0.082	2.854	0.005**
C9	3.83	1.012	0.115	3.21	1.152	0.079	4.209	.000***
C10	3.67	1.053	0.119	3.32	1.127	0.077	2.382	0.018*
C11	3.72	0.952	0.108	3.27	1.198	0.082	3.000	0.003**
C12	3.68	0.960	0.109	3.39	1.107	0.076	2.061	0.040*
C14	3.62	1.060	0.120	2.91	1.255	0.086	4.415	.000***
C15	3.06	1.252	0.142	2.72	1.254	0.086	2.077	0.039*
C16	3.58	1.111	0.126	3.21	1.144	0.078	2.472	0.014*
C17	3.50	1.114	0.126	3.15	1.197	0.082	2.254	0.025*
C18	3.63	1.186	0.134	3.11	1.153	0.079	3.358	0.001**
C19	3.55	1.124	0.127	3.23	1.187	0.081	2.051	0.041*
C21	3.69	1.048	0.119	3.25	1.130	0.077	3.032	0.003**
C22	3.84	1.089	0.124	3.22	1.227	0.084	3.942	.000***
C24	3.79	1.085	0.123	3.50	1.095	0.075	2.040	0.042*

续 表

题项	参加球迷团体			未参加球迷团体			t	Sig. (2-tailed)
	Mean	Std. Deviation	Std. Error Mean	Mean	Std. Deviation	Std. Error Mean		
C25	3.77	0.939	0.106	3.49	1.112	0.076	2.004	0.046*
C26	3.88	0.993	0.112	3.50	1.104	0.075	2.704	0.007**
C27	3.83	0.903	0.102	3.54	1.099	0.075	2.097	0.037*
C29	3.71	0.982	0.111	3.43	1.071	0.073	1.985	0.048*
C30	3.71	1.046	0.118	3.23	1.127	0.077	3.224	0.001**
C32	3.90	0.877	0.099	3.47	1.124	0.077	3.056	0.002**
C33	3.86	1.041	0.118	3.52	1.133	0.077	2.319	0.021*
C35	3.71	1.082	0.123	3.24	1.159	0.079	3.089	0.002**
C37	3.76	1.059	0.120	3.43	1.249	0.085	2.054	0.041*
C40	3.69	1.120	0.127	3.36	1.247	0.085	2.070	0.039*
B4	3.09	0.776	0.088	2.10	1.018	0.070	7.809	.000***
B5	3.38	0.957	0.108	2.66	0.988	0.068	5.566	.000***
B10	3.13	0.958	0.109	2.54	1.331	0.091	3.566	.000***
B14	2.35	0.865	0.098	1.83	0.964	0.066	4.143	.000***
B16	2.55	0.949	0.107	1.61	0.911	0.062	7.708	.000***
B19	2.45	1.180	0.134	1.60	0.963	0.066	6.274	.000***

注：*表明在0.05水平上达到显著，**表明在0.01水平上达到显著，***表明在0.001水平上达到显著。

2. 是否参加球迷团体的消费者结构方程模型多组比较分析

运用结构方程模型的多组比较分析方法对是否参加球迷团体

第六章 赛事认同对球迷消费行为的影响机制实证检验

的消费者两组数据进行比较分析，结果如表6—43所示。x^2/df、RMSEA、CFI、IFI以及TLI等指标均达到理想状态，其他四个指标均接近理想值，表示理论模型与两组实际数据拟合较好。

表6—43 是否参加球迷团体组别比较分析主要拟合指数一览表

拟合指数	绝对拟合指数					增值拟合指数			
	x^2/df	GFI	RMSEA	AGFI	NFI	CFI	IFI	RFI	TLI
理想值	1—3	>0.9	<0.08	>0.9	>0.9	>0.9	>0.9	>0.9	>0.9
指标值	2.465	0.856	0.032	0.842	0.853	0.907	0.907	0.846	0.902

如表6—44所示，总体上，是否参加球迷团体的消费者两组数据在整个模型的适应情况包括六个方面，即参加与未参加球迷团体的球迷消费者在六个方面表现出适应模型的一致性（两组数据都同时接受或拒绝模型）。

然而，还有四个方面表现出模型适应的不一致。对于未参加球迷团体的球迷消费者而言，"球迷个体认同"对"赛事价值认同"的影响、"赛事价值认同"与"文化情境认同"对"球迷消费行为"的影响三个方面影响程度不显著。但对于参加球迷团体的球迷消费者而言，三个方面具有显著影响。这说明参加球迷团体的球迷消费者在三个方面的影响程度明显高于未参加球迷团体的球迷消费者。

与之相反的是，对于未参加球迷团体的球迷消费者而言，"球迷群体认同"对"球迷消费行为"的影响两个方面影响程度显著。但对于参加球迷团体的球迷消费者而言，此方面没有显著影响。这说明参加球迷团体的球迷消费者在"球迷群体认同"对"球迷消费行为"的影响程度明显低于未参加球迷团体的球迷消费者。

通过对是否参加球迷团体的球迷消费者进行比较，可知：对于参加球迷团体的球迷消费者而言，其受到球迷个体认同的影响较大，进而形成较强的赛事价值认同；参加球迷团体的球迷的消费行为受到球迷对中超联赛价值的认知以及文化情境认知情况影响较大。对于未参加球迷团体的球迷消费者而言，其消费行为受到其所属球迷群体认同的影响较大。

表6—44　是否参加球迷团体维度的结构方程模型检验结果

假设	参加球迷团体			未参加球迷团体		
	标准化回归系数	P值	拒绝/接受	标准化回归系数	P值	拒绝/接受
个体认同←文化情境	0.704	***	接受	0.832	***	接受
群体认同←个体认同	0.612	***	接受	0.737	***	接受
群体认同←文化情境	0.082	0.082	拒绝	0.112	0.079	拒绝
价值认同←文化情境	0.807	***	接受	0.984	***	接受
价值认同←个体认同	0.118	0.028	接受	−0.087	0.355	拒绝
价值认同←群体认同	0.050	0.196	拒绝	0.038	0.551	拒绝
消费行为←个体认同	0.723	***	接受	0.707	***	接受
消费行为←群体认同	−0.063	0.293	拒绝	−0.222	0.008	接受
消费行为←价值认同	−0.807	***	接受	0.099	0.603	拒绝
消费行为←文化情境	0.758	***	接受	0.024	0.921	拒绝

注：＊＊＊表明在0.001水平上达到显著。

第七章 研究总结

第一节 研究结论与建议

一、研究结论

1. 作为重要的前置变量,赛事认同对球迷的消费行为有着较为显著的影响作用

本研究通过文献综述、理论分析等论证过程,提出有关赛事认同对球迷消费行为影响相关的理论假设。通过构建并验证理论模型的研究步骤,进一步验证了球迷个体认同、球迷群体认同、赛事价值认同以及赛事文化情境认同四个维度对球迷消费行为呈现显著性影响。其具体表现为:球迷个体认同对球迷消费行为正向影响程度最大;赛事文化情境认同对球迷消费行为的影响为正向影响;赛事价值认同对球迷消费行为的影响为负向影响;球迷群体认同对球迷消费行为的影响为负向影响。从而证明赛事认同是影响球迷消费行为的重要前置变量。

其中,球迷个体认同对球迷消费行为正向影响程度最大,其影响系数为 0.690,并在 0.001 的水平上达到显著,这说明影响球迷消费行为的最主要因素为球迷个体认同情况。主要原因包括经济影响因素、球迷群体因素以及球迷文化三方面因素,现阶段,辽宁球迷的消费更多地体现为个体消费行为。在价值认同薄

弱阶段，中超联赛球迷的观赛动机更多地来源于个体，来源于个体需求、个性、个体价值等因素，其消费行为也主要受球迷个体认同的影响。与之相比，赛事文化情境认同对球迷消费行为的影响系数为 0.504，也在 0.01 的水平上达到显著。与球迷群体认同、文化情境认同以及赛事价值认同对消费行为的影响程度相比较，球迷个体认同成为现阶段影响其消费行为最主要的因素，反映出我国中超联赛球迷在消费过程中更多地关注自我身份的建构，与此同时，还较为忽略对球迷群体、赛事价值以及赛事文化情境等方面的考量。

值得注意的是，赛事价值认同对球迷消费行为的影响为负向影响，其影响系数分别为 -0.441，并在 0.01 水平上达到显著水平。这主要体现为球迷对赛事价值的认同度较高，然而，其具体的实际消费与消费意愿较低。主要原因为尽管球迷对中超联赛总体的价值认同较高，但其主要的认同对象为赛事的公共价值认同，即对中超联赛公共价值认同度较高，关注度较强，将中超联赛定位至准公共产品的观念较为深厚，因此，中超联赛价值认同以公共价值认同为主要部分。与之相对应的是，中超联赛的市场运行与管理较为落后，市场价值表现不突出，球迷对中超联赛的市场价值认同较低，关注度较弱，进而影响了球迷的实际消费与消费意愿。球迷对于中超联赛价值的认同成为其消费行为的重要前提，对于公共价值与市场价值的不同认知，导致了其消费行为存在一定程度的异化。在此基础上，球迷的消费行为也必然随着重公共价值、轻市场价值的认同模式，而成为赛事价值认同的奇异之果。与此同时，球迷群体认同对球迷消费行为的影响为负向影响，其影响系数为 -0.135，并在 0.01 水平上达到显著水平。主要原因为球迷对群体认同度较高，然而辽宁足球俱乐部没能很好地处理与球迷之间的关系、主场外迁频繁以及主场观赛的便利性极差等干扰因素，导致辽宁球迷的实际消费与消费意愿方面表

第七章 研究总结

现得不尽如人意。其消极影响主要在于球迷群体认同与球迷消费行为之间的沟通问题,更多地体现出球迷消费行为的复杂性,即球迷消费行为受到来自客观现实等方面的影响因素众多,并非只有球迷群体认同一个因素。球迷群体认同并非球迷消费行为影响的唯一因素,其作用的消极性只是体现出本研究从认同角度研究群体认同对消费行为影响的客观性表现。

正是因为赛事价值认同与群体认同对于球迷消费行为的影响呈现出负相关的结果,客观地反映了完全市场经济背景下的球迷对中超联赛的市场价值及公共价值认识的极化现象与认同冲突的博弈过程。

2. 赛事认同对球迷消费行为的影响机制成为体育赛事消费理论中的特殊表现形式

本研究将认同理论与消费行为有效衔接,以足球球迷为赛事认同主体开展调查研究,将认同理论研究拓展至体育赛事消费领域。首先,在明确并锁定本研究的具体研究指向与框架基础上,通过理论模型的理论基础分析及推演,继而提出本研究的十个主要理论假设,并据此构建出本研究的理论模型。其次,在各维度测量模型信度与效度检验基础上,完成结构方程模型的构建与检验,并对研究假设检验结果进行分析,证明八个理论假设成立,球迷个体认同与群体认同对赛事价值认同影响显著的两个假设不成立。最后,构建竞争性模型——结构方程模型1,通过竞争性模型比较分析与选择,证明原结构方程模型是一个相对简单又拟合得好的模型,可以较好地揭示赛事认同对球迷消费行为的影响机制。

赛事认同对球迷消费行为的影响机制结构方程模型中各潜变量间的效应汇总结果显示,有三对潜变量之间的显著影响关系仅存在直接效应,分别为文化情境认同对球迷个体认同的正向影响,赛事价值认同对球迷消费行为负向影响以及球迷个体认同对球迷群体认同的正向影响。此外,还存在三对潜变量之间的显著影响关系因为加入间接效应,而形成总效应,分别为文化情境认同对球迷群体认同的正向影响、文化情境认同对球迷消费行为的正向影响和球迷个体认同对球迷消费行为的正向影响。在此基础上,本研究进一步提出了间接变量及间接效应计算路径。影响机制结构模型的构建研究,凸显认同理论研究在体育领域的独特性,表明球迷消费行为从赛事认同方面进行解释呈现一定的特殊性。

总体上,本研究从体育的视角,以认同为理论视角,将研究核心问题定位至赛事认同对球迷消费行为的影响研究,推进认同问题的研究。影响机制结构模型得以验证表明:赛事认同为体育赛事消费理论中的特殊表现形式,并作为重要前因变量而影响着球迷的消费行为。赛事认同对球迷消费行为的影响理论模型构建,深化了认同理论、社会认同理论等对消费行为影响的研究,拓展了体育领域中的认同问题实证研究。

3. 文化情境认同总体正向影响机制较为明显,球迷个体认同对球迷群体认同正向影响显著

本研究通过量表修编、专家访谈等途径,逐步构建出包括球迷个体认同、球迷群体认同、赛事价值认同以及赛事文化情境认同四个维度的球迷赛事认同测量体系。并通过探索性因素分析、验证性因素分析等方法进一步对该测量体系予以验证。在此基础上,运用结构方程模型分析方法对该各维度的测量模型予以检验,并证明各维度测量模型的科学性与内容的合理性。结构方程模型验证结果表明,各维度之间存在一定的影响关系。球迷赛事认同测量体系内部所包含的四个假设均得以验证,即赛事文化情境认同分别对球迷个体认同(影响系数为 0.782***)、球迷群体认同(影响系数为 0.084*)、赛事价值认同(影响系数为 0.888***)产生正向显著性影响;球迷个体认同对球迷群体认同(影响系数为 0.688***)产生正向显著性影响。

第七章 研究总结

其中，文化情境认同对赛事价值认同的正向影响最为显著，其影响系数最大，达到 0.888 的程度，并在 0.001 水平达到显著。球迷对中超联赛的文化情境认同主要来自两个方面：一是球迷对于中国体育、足球文化的认同情况；二是球迷对于中国足球所处的社会情境的认同情况。球迷对于中超联赛的文化认同情况与其对赛事的公共价值认同情况存在着紧密的联系，而联赛文化认同对于联赛公共价值认同的影响显著也就成为必然结果。与此同时，球迷对于中超联赛的管理制度、观赛环境等方面表现出较强的不认同，是有较深刻的社会情境认同根源的。这也是情境认同对联赛市场价值认同呈现显著影响的主要原因。作为认同构建的一个重要组成部分，文化情境认同是连接认同者与被认同对象之间的重要纽带与桥梁，体育赛事所蕴含的文化氛围与所处的社会情境必然成为球迷重要的感知与认同对象，而赛事价值认同更多地体现为文化情境认同的主要结果。

值得注意的是，球迷个体认同（$p=0.689$）、球迷群体认同（$p=0.093$）对赛事价值认同的影响不显著。即理论假设 9 与假设 10 没有得到验证，究其原因，一方面，可能是由于在调查中出现的与之相关的系统误差或者操作误差而造成的；另一方面，也有可能是在赛事认同有关观测指标的选择方面出现问题，不能有效地反映出个体认同、群体认同与赛事价值认同之间的逻辑关系。总体上，本研究所没有被验证的两个假设，是需要后续研究加以弥补并进一步进行完善的。如果通过更深层次的理论探讨与研究设计进行后续研究，并进一步证实其结果的客观性，则可提示我们可以在理论研究层面将球迷个体认同、群体认同对赛事价值认同的影响机制进行修正。

4. 消费者特征多组比较分析表明赛事认同对球迷消费行为影响结构模型具有一定的适应性

在年龄、性别、收入、学历以及团体归属等五个特征维度，分别将不同特征各两组数据进行独立样本 T 检验，并基于结构方程模型进行多组比较分析，结果表明，五个不同特征维度在赛事认同对消费行为的具体影响路径分组表现皆出现不同。具体表现为35岁及以上、月收入等于或高于4000元、学历在专科及以下以及参加球迷团体的男性球迷，在赛事价值认同与文化情境认同对球迷消费行为的影响方面表现显著；35岁及以上、月收入低于4000元、学历在本科及以上以及未参加球迷团体的球迷，在球迷群体认同对球迷消费行为的影响方面表现显著。证明消费者不同特征在赛事认同对消费行为的影响机制中发挥作用。其中，参加球迷团体的球迷对于中超联赛的赛事认同程度以及实际消费、消费意愿程度都远高于未参加球迷团体的球迷消费者，这一点表现得较为明显。与此同时，在文化情境认同对球迷个体认同的正向影响、球迷个体认同对球迷群体认同的正向影响、文化情境认同对赛事价值认同的正向影响和球迷个体认同对球迷消费行为的正向影响等四对影响关系中，皆表现出模型适应的一致性。

二、研究建议

1. 合理协调赛事的公共价值与市场价值，构建科学的具有中国特色中超联赛价值认同机制

对中超联赛赛事价值的认同，主要包括公共价值认同与市场价值认同两个主要方面。应从赛事文化认同与情境认同两个方面，形成赛事价值认同的科学性，既注重联赛的公共价值，又要对其市场价值以必要的关注，做到价值认同的平衡，探索符合中国国情的足球职业化发展道路，最终，构建有中国特色中超联赛价值认同机制。从联赛公共价值认同角度，持续探索并实践符合中国国情发展需要的足球职业联赛公共体育服务路径；从联赛市场价值认同角度，持续探索并实践符合中国国情发展需要的足球职业联赛市场价值实现路径。

第七章 研究总结

一方面，从中超联赛文化认同的角度，继续坚持我国社会主义体育文化发展的基本指向——公共价值，持续满足国家对于中超联赛公共体育服务的宏观要求与现阶段作为公共体育产品属性的基本要求。从公民福利、百姓福祉、球迷福气等角度，始终为中超联赛的公共价值实现提供必要的政策、资金、智力等方面支持，探索并实践符合中国国情发展需要的足球职业联赛公共体育服务路径。

另一方面，从中超联赛情境认同的角度，继续坚持走有中国特色市场经济之路，全面推行《中国足球改革总体方案》，促进中超联赛职业化、市场化深入进行，逐渐消除行政、政策等影响联赛市场化改革与运行的干扰因素。从市场经济运行角度，逐渐明确中超联赛的产品定位，推进联赛向准私人产品性质过渡，学习、借鉴欧洲五大联赛管理的先进经验，注重提升中超联赛的赛事质量，努力推进打造知名度、美誉度的联赛品牌战略，从电视转播、商业赞助和门票销售等三个主要方面加强中超联赛的科学运营与管理，合理引导球迷市场需求与消费，倡导形成深层次的球迷文化消费模式，探索并实践符合中国国情发展需要的足球职业联赛市场价值实现路径。

2. 科学、合理地处理俱乐部与球迷关系，形成良好、健康的球迷群体认同

首先，俱乐部的发展应把尊重球迷放在首要位置。应充分重视球迷作为联赛主要消费者的"上帝"身份，充分意识到只有赢得球迷的信赖和支持，才能获得俱乐部的长远发展。为此，应培育俱乐部良好的服务意识，最大限度地规避主场外迁与观赛不便等干扰因素，将球迷的利益放在俱乐部生存与发展的首位。

其次，制定俱乐部合理竞争机制，实现现阶段联赛俱乐部切实的优胜劣汰。通过合理竞争机制政策方面的制定，促进各联赛俱乐部进一步深化改革，将目光短浅、无长远发展规划的、不愿

意承担社会责任的俱乐部淘汰出局,将俱乐部的发展与城市、区域的发展相结合,通过有调控的市场化运作不断优化足球产业资源优化配置,引导一批优秀俱乐部相对稳定在足球基础好、足球发展代表性和示范性强的城市,通过倡导打造百年俱乐部品牌等方式,促进中超联赛俱乐部健康、可持续发展规划的形成。

再次,俱乐部加强对球迷协会等球迷团体、组织的服务与管理。可借鉴国外职业足球俱乐部与球迷互动的成功经验,先组建、再优化俱乐部与球迷互动的专门组织机构,并始终将组织使命定位于科学、合理地处理俱乐部与球迷关系,充分发挥其中介机构的服务、沟通作用。在此基础上,指导各球迷团体与组织不断健全其运行机制与管理体制,逐渐推进俱乐部会员管理制度的形成与实践。最终,形成相对稳定的球迷团体与组织,形成俱乐部服务、指导下的健康的球迷群体认同。

3. 提高球迷的群体认同,促进基于群体认同的球迷消费

首先,促进球迷个体认同向群体认同的转化。从联赛整体运行层面,强化球迷权益的重要性,制定合理的联赛球迷利益保护机制与规范,对俱乐部提出统一的要求。在此基础上,通过政策、资金等扶植方式,加大对相对稳定的、健康运行的球迷团体与组织的倾斜力度,根据市场发展进程形成适合各自俱乐部发展需要的球迷会员制度,鼓励俱乐部实行倾向于会员的差异门票定价机制,通过多种方法与手段,将越来越多的游离于球迷团体与组织之外的球迷个体,邀请至各球迷群体,促进球迷个体认同向群体认同的转化。

其次,优化、升级球迷文化促进群体认同度提高。无论是联赛整体,还是俱乐部本身,都应充分关注对其球迷文化的培育。中超联赛应首先构建自己的联赛风格,走有中国特色联赛文化发展之路,要从联赛自身深入挖掘特色,使其区别于欧洲先进联赛而独具发展特色。俱乐部应打造符合自身城市、地域等特点的文

第七章 研究总结

化特色,树立良好的、健康的文化公众形象,勇于承担更多的社会责任,引导其球迷团体与组织的文化发展方向。在此基础上,从球队精神、企业文化、助威方式、观赛体验等方面加大对球迷文化塑造的宣传,进一步优化、升级球迷文化,以促进群体认同度提高。

再次,构建基于群体认同的球迷消费模式。球迷个体认同向群体认同的转化,球迷群体认同度的不断提高,必然形成球迷群体中的较强身份认同。尽管球迷构成的主体与个体认知均存在差异,但处于群体认同中的个体均会出现共同的兴趣、愿望、目的、隶属需要等因素,这些因素共同作用而产生一定的群体工具作用,必然进一步强化球迷群体中的身份认同,进而形成消费行为中身份认同的需要,刺激形成球迷群体稳定的消费指向。

4. 对不同特征球迷消费者群体进行市场细分,实行差异化营销与管理

年龄在35岁及以上、月收入等于或高于4000元、学历在大专及以下参加球迷团体的男性球迷,其实际消费与意愿主要受其对赛事价值与文化情境认同的影响,表现出一定的消费行为理性与成熟,较少地表现出市场消费的盲目性。因此,对这部分球迷消费者应更多地从球迷文化、联赛文化、市场前景等方面,加强其对联赛公共价值与市场价值相互均衡的理解,形成较为合理的赛事文化情境认同。

年龄在35岁及以上、月收入低于4000元、学历在本科及以上未参加球迷团体的球迷,其实际消费与意愿主要受其对球迷群体认同的影响,因此,对这部分球迷消费者进行市场细分,应更多地从俱乐部的专门球迷服务组织、球迷团体、球迷组织与俱乐部的互动关系等方面思考,促进其逐渐形成共同的目的、愿望、情感以及隶属需要等群体认同的必要心理因素。

第二节 研究的创新之处

一、球迷赛事认同测量体系的构建

本研究拟修订并编制中超联赛赛事认同的测量量表,构建球迷赛事认同测量体系,起始点为对社会认同测量量表的深入研究,在理论分析与研究基础上,创新地进行中超联赛赛事认同量表的修编。首先,通过文献综述、访谈和开放式问卷调查、收集、借鉴相关量表题项以及项目归类、汇总等四个步骤形成了由125个条目组成的中超联赛赛事认同量表初始量表。其次,通过评定、修改初始量表,形成由109条目组成的预试量表。再次,通过两轮专家咨询对预试量表进行判断与项目分析,保留并修改包括42个指标项目的正式量表。最后,通过预测试与探索性因子分析,得到了中超联赛赛事认同量表的信度和效度指标;再通过正式测试与验证性因子分析,得到了赛事认同量表的信度和效度指标。总体上,量表的修编严格遵循量表调查、设计、制定的相关步骤与规律,并具有良好的信度与效度,适用于对体育赛事进行认同性测量,并可作为后续研究的测量工具。在此基础上,进一步构建并验证了球迷赛事认同测量体系包括球迷个体认同、球迷群体认同、赛事价值认同和赛事文化情境认同四个维度。

二、构建并检验中超联赛赛事认同对球迷消费行为影响机制的理论模型

本研究将社会认同对消费行为的影响研究进一步细化与聚焦,从认同与社会认同理论研究出发,将体育赛事认同引入消费行为的影响机制研究,探索体育赛事认同对球迷消费行为的影响

机制,将"社会认同"拓展至"体育赛事认同"层面,将"消费行为"具体指向为"球迷消费行为"。在此基础上,以认知心理学的认知理论为经典,积极引入社会心理学中以人境互动理论与态度—行为—情境理论为代表的行为改变理论,以认同、社会认同的相关理论为模型研究的理论基础,通过理论推演与研究假设,提出赛事认同的四个维度,探寻不同维度与球迷消费行为之间的作用机制,构建中超联赛赛事认同对球迷消费行为影响机制的理论模型。利用结构方程模型统计建模技术,完成结构方程模型的构建与检验,通过竞争性模型比较分析与选择,证明该模型可以较好地揭示赛事认同对球迷消费行为的影响机制。从总体上,本研究从体育的视角,以认同为理论视角,以消费社会学的相关方法与理论为依托开展研究,推进了赛事认同问题的研究,丰富了认同、社会认同的理论研究的同时,拓展了消费行为影响的研究领域,促进了社会认识论相关议题的研究,彰显理论学术研究价值。

三、从实证角度对社会认同对消费行为的影响进行多组比较验证

李颖灏、朱立(2013)对社会认同对消费行为影响研究进行了较为全面的述评,分别阐述了国内外学者对该问题的研究进展、内容与深度,翔实地对该研究问题予以总结,并较明确地提出:"该研究尚处于概念性模型阶段,未从实证角度对其可行性和具体应用价值进行验证"。并认为社会认同对消费行为影响研究模型的实证检验是应重点突破的问题。本研究根据以上研究结论与分析,在构建中超联赛赛事认同对球迷消费行为影响机制的理论模型基础上,利用调查、收集得到的1421份辽宁球迷的第一手问卷数据,进一步对结构模型的效应进行实证分析与讨论,并通过基于球迷消费者特征的多组比较分析,实现了从实证角度对所构建模型的可行性和具体应用价值进行验证，拓展社会认同对消费行为影响的体育领域实证研究。总体上，在理论研究推进基础上，应用定性与定量结合的分析方法，研究基于球迷消费行为的赛事认同、组织与管理引导模式；在充分的理论与实证研究基础上，提出球迷消费行为与赛事认同管理互动的未来研究方向。

第三节 研究的局限性与展望

本研究以赛事认同对球迷消费行为的影响为研究对象，选取辽宁足球球迷为具体的调查对象开展个案研究，具有较强的针对性与区域性特征。然而，2015赛季，辽宁区域范围内仅存辽宁宏运足球俱乐部一家中超俱乐部，而之前还有大连与沈阳的中超球队，故造成本研究的研究指向相对单一，不能形成同一区域2—3家俱乐部之间的比较分析。这也直接导致实证检验问卷回收率太低问题的出现。在今后的研究中，应增加所调查中超球队的数量，可进行同一区域不同球队的球迷赛事认同的比较，也可进行不同区域不同球队的球迷赛事认同比较，综合进行中超联赛赛事认同对球迷消费行为影响的多维比较分析。

国外众多的研究中都将球迷对球队的认同作为重要研究内容，而本研究中没有将球迷对球队的认同与对赛事的认同分开进行论述。故应在今后的研究中，进一步细分赛事认同的对象与内容，将球迷对球队的认同单独划分为一个维度，或者将赛事认同与球队认同两者进行比较分析与讨论，可进一步扩展社会认同理论在体育消费领域中的研究范围，拓展其研究深度。

国内外相关研究不仅关注社会认同对消费行为的影响，还关注消费行为对社会认同的影响作用。本研究中只探索中超联赛赛事认同对球迷消费行为的影响作用机制，而没有进行反向研究。

因此，在今后的研究中，应在关注赛事认同对消费行为影响研究的基础上，进而加强对球迷消费行为对球迷个体认同、群体认同以及赛事价值认同的反作用相关研究，进一步拓展体育领域中消费认同的研究领域。

主要参考文献

一、中文文献

[1]中国人应为中超感到骄傲,有世界级球员[EB/OL].中国新闻网,2015-08-25.

[2]石德生.社会心理学视域中的"社会认同"[J].攀登,2010(1):73.

[3]哈贝马斯.交往行动理论[M].重庆:重庆出版社,1994:176-180.

[4]安东尼·吉登斯.现代与自我认同[M].赵旭东、方文译.北京:三联书店 1998:56-61.

[5]库利.人类本性与社会秩序[M].北京:华夏出版社 1989:118.

[6]王成兵.当代认同危机的人学探索[M].北京:中国社会科学出版社,2004:16.

[7]吴玉军.现代社会与自我认同焦虑[J].天津社会科学,2005(6):43-44.

[8]安东尼·吉登斯.社会学方法的新规则——一种对解释社会学的建设性批判[M].田佑中、刘江涛译.北京:社会科学文献出版社,2003:24-27.

[9]埃米尔·涂尔干.社会分工论[M].北京:三联书店,2000:

154-158.

[10]詹姆斯·科尔曼.社会理论的基础[M].北京:社会科学文献出版社,2008:231-236.

[11]李友梅.重塑转型期社会认同[J].社会学研究,2007(2):183-186.

[12]Veblen,T.有闲阶级论[M].北京:商务印书馆,1964:26-28.

[13]Lury,C.消费文化[M].南京:南京大学出版社,2003:63-66,255.

[14]王宁.消费与认同——对消费社会学的一个分析框架的探索[J].社会学研究,2001(1):9.

[15]郭李亮.关于我国足球观众消费观念及消费行为的研究[J].体育科技,1997(12):5-7.

[16]刘志云,高玖灵.湖北省足球球迷月收入与足球消费关系的初步研究[J].武汉体育学院学报,2004(1):16-18.

[17]逯明智.球迷用品市场开发浅析[J].辽宁体育科技,2003(1):77-78.

[18]邹尚全.对足球迷观看比赛动机的研究[J].辽宁师专学报,2004(1):65-67.

[19]徐波,岳贤峰,马冰,徐旭.职业足球俱乐部会员与非会员球迷主场比赛消费忠诚度比较[J].天津体育学院学报,2007(5):413-416.

[20]李广周,王永.基于社会认同的球迷暴力行为研究[J].体育与科学,2012(5):93-95.

[21]翁志强,张军.CBA赛事中球迷参与度、球队认同感及广告态度对赞助效益的影响——基于江、浙、沪现场观众的实证研究[J].北京体育大学学报,2012(1):22-25.

[22]郭毅,杜娟.基于社会身份的消费者决策形成机制研究

[J].营销科学学报,2009,5(2):31-42.

[23]李颖灏,朱立.社会认同对消费行为影响研究的述评[J].经济问题探索,2013(2):165-167.

[24]宋凯.国内外球迷现象研究[J].北京体育大学学报,1997(4):6-7.

[25]傅道华,张培志,孟宪林.球迷的经济文化功能与越轨行为成因和预防对策研究[J].中国体育科技,2006(6):33-37.

[26]马自达.球迷之研究[J].浙江体育科学,1996(5):16-17

[27]谭淼.我国足球球迷文化发展的影响因素及其建设路径研究[J].沈阳体育学院学报,2014(2):32-36.

[28]卢元镇.体育社会学[M].高等教育出版社,2001,7.

[29]梁斌,陈洪,李恩荆.集体认同传承与商业利润最大化矛盾下的英国足球球迷研究[J].成都体育学院学报,2014(3):18-19.

[30]钟丽萍.基于动机与行为特征的球迷分类及市场营销策略[J].山西师大体育学院学报,2011(2):58-59.

[31]黄海燕,陆前安,方春妮等.体育赛事的价值评估研究[J].上海体育学院学报,2008(1):21-23.

[32]闵健,李万来,卿平,刘桥.社会公共体育产品的界定与转变政府职能的研究[J].体育科学,2005,(11):3-10.

[33]吴明隆.SPSS统计应用实务:问卷分析与应用统计[M].北京:科学出版社,2003:163-165.

[34]吴明隆.结构方程模型:AMOS的操作与应用[M].重庆:重庆大学出版社,2009:86-87.

[35]杨魁.消费主义文化的符号化特征与大众传播[J].兰州大学学报,2003(1):63-64.

[36]张婷森.消费者自我概念结构模型及其应用研究[D].长沙.湖南大学,2007:53.

[37]夸梅·安东尼·阿皮亚.认同伦理学[M].南京:译林出

版社,2013:96-102.

[38]侯杰泰,温忠麟,成子娟等.结构方程模型及其应用[M].北京:教育科学出版社,2004:173-176.

[39]陈文峰.基于平衡积分卡的工程项目团队绩效关键指标研究[D].天津:天津大学,2011:45-48.

[40]叼得一.人民足球 快乐足球——谁都不敢不快乐[N].足球报,2002-03-06.

[41]黄璐.中超联赛是公共产品?——对《足球联赛产权与公共产品供给》一文中支撑基本观点的决定性理论的质疑[J].首都体育学院学报,2007(1):18-20.

[42]丁林梅,牟向东.中超联赛联合产权的合作博弈研究[J].广州体育学院学报,2008(5):27-30.

[43]李南筑.中国甲A足球联赛市场失灵的分析[J].上海体育学院学报[J],2004(1):45-46.

[44]刘正国,谷化铮.我国职业足球俱乐部主场外迁现象分析[J].西安体育学院学报,2013(4):437-439.

[45]罗子明.消费者心理学[M].北京:清华大学出版社.2002:84-89.

[46]伍庆.消费社会与消费认同[M].北京:社会科学文献出版社,2009:154.

[47]王宁.消费社会学:一个分析的视角[M].北京:社会科学文献出版社,2009:77.

二、英文文献

[1]Hawkins D. I., Mothersbaugh D. L. Consumer Behavior: Building Marketing Strategy[M]. Boston: McGraw-Hill Irwin, 2010:36-40.

[2]Erik H. Erikson. Identity and Life Cycle[M]. New York:

Norton,1959:132-135.

[3]Sheldon Stryker. Symbolic Interactionism, A Social Structural Version[M]. Paln Alto:Benjamin/Cummings,1980:76-79.

[4]Tajfel H. Experiments in Ingroup Discrimination[J]. Scientific American,1970,223(5):43-46.

[5]Dominic Abrams. "Processes of Social Identification". In Social Psychology of Identity and the Self Concept[M]. UK:Surrey University Press,1992:57-99.

[6]Dunn. Identity,Commodification,and Consumer Culture. Davis. Identity and Social Change[M]. New Brunswiek:Transaction Publishers,2000:233-236.

[7]Funk, D. C. ,James, J. Consumer Loyalty:The Meaning of Attachment in the Development of Sport Team Allegiance[J]. Journal of Sport Management,2006,20:189-217.

[8]Hill, B. ,Green, B. C. Repeat Attendance as a Function of Involvement, Loyalty, and the Sportscape across Three Football Contexts[J]. Sport Management Review,2000,3:145-162.

[9]McDonald, M. , Rascher, D. Does Bat Day Make Cents? The Effect of Promotions on the Demand for Major League Baseball[J]. Journal of Sport Management,2000,14:8-27.

[10]DeSchriver, D. & Jensen, E. Determinants of Spectator Attendance at NCAA Division Ⅱ Football Contests. Journal of Sport Management,2000,16:311-330.

[11]Trail, G. T,James, J. D. The Motivation Scale for Sport Consumption:Assessment of the Scale's Psychometric Properties [J]. Journal of Sport Behaviour,2001,24(1):108-127.

[12]Meenaghan, T. (1991), "The Role of Sponsorship in the Marketing Communications Mix"[J]. International Journal of Ad-

vertising,1991,10(1):35-47.

[13]Stephen Mumford. Allegiance and Identity[J]. Journal of The Philosophy of Sport,2004,XXXI:184-195.

[14]Foer,F. How Soccer Explains the World: An Unlikely Theory of Globalization[M]. NewYork: Harper Collins,2004.

[15]Wann,D. L. ,Branscombe,N. R. Sports Fans: Measuring Degree of Identification with Their Team. International Journal of Sports Psychology,1993,24:1-17.

[16]Wann,D. L. Preliminary Motivation of the Sport Fan Motivation Scale. Journal of Sport and Social Issues,1995,19:377-396.

[17]Donavan,D. ,Carlson,B. D. ,Zimmerman,M. The Influence of Personality Traits on Sports Fan Identification[J]. Sport Marketing Quarterly,2005,14.

[18]Natalie A. Brown,Michael B. Devlin,and Andrew C. Billings. Fan Identification Gone Extreme: Sports Communication Variables Between Fans and Sport in the Ultimate Fighting Championship[J]. International Journal of Sport Communication,2013,6:19-32.

[19] Ryan Snelgrove, Marijke Taks, Laurence Chalip et al. How Visitors and Locals at a Sport Event Differ in Motives and Identity[J]. Journal of Sport & Tourism,208,13(3):165-180.

[20]Yong Jae Ko et al. The Role of Involvement and Identification on Event Quality Perceptions and Satisfaction: A Case of US Taekwondo Open[J]. Asia Pacific Journal of Marketing and Logistics 2010,1:25.

[21]Beatrice Abalasei. (2012). Types of Audience Attending Sports Events in Romania[J]. Procedia-Social and Behavioral Sciences,2012,46:3482-3486.

[22]Reed A., Forehand M. Social Identity and Marketing: An Integrative Framework[M]. Unpublished, Wharton School of Business, University of Pennsylvania, 2003.

[23]Scott, S. G., Lane, V. R. A Stakeholder Approach to Organisational Identity. Academy of Management Review, 2000, 25: 43-62.

[24]Crawford G. Consuming Sport: Fans, Sport and Culture[M]. London: Routledge, 2004: 42.

[25]Giulianotti R. Supporters, Followers, Fan and Flaneurs: A Taxonomy of Spectator Identities in Football[J]. Journal of Sport and Social Issues, 2002, 26(1): 25-46.

[26]Funk D C, James J D. Consumer loyalty: The Meaning of Attachment in the Development of Sport Team Allegiance[J]. Journal of Sport Management, 2006, 20(2): 189-217.

[27]Wann D L, Branscombe N R. Sports Fans: Measuring Degree of Identification with Their Team[J]. International Journal of Sport Psychology, 1993, 24(1): 1-17.

[28]Kahle L, Kambra K, Rose M. A Functional Model of Fan Attendance Motivation for College Football[J]. Sport Marketing Quarterly, 1996, 5(3): 51-60.

[29] Laverie, D. A., & Arnett, D. B. Factors Affecting Fan Attendance: The Influence of Identity Salience and Satisfaction[J]. Journal of Leisure Research, 2000, 32: 225-246.

[30]Kleine, R. E., Kleine, S., Keman, J. B. Mundane Consumption and the Self: A Social Identity Perspective. Journal of Consumer Psychology, 1993, 1: 209-235.

[31]Robinson, M., Trail, G. T. Relationships among Spectator Gender, Motives and Points of Attachment in Selected Inter-

collegiate Sports. Journal of Sport Management,2005,19:58-80.

[32]Jeffrey Gerald Owen. Why Cities Subsidize Sports: The Value of Teams,Stadiums and Events[C]. The University of Iowa,2000,6:121-139.

[33] Nunnally J C. Psychometric Theory[M]. NewYork: McGraw-Hill,1978:93-94.

[34]Ford J K,MacCallumR C,Tait M. The Application of Exploratory Factor Analysis in Applied Psychology:A Critical Review and Analysis[J]. Personnel Psychology,1986,39(2):291-314.

[35]Bollen K A. Structural Equations with Latent Variables [M]. New York:Wiley&Sons,1989.

[36]Bagozzi R P,Yi Y. On the Evaluation of Structural Equation Models[J]. Journal of the Academy of Marketing Science,1988,16(1):74-94.

[37]Jöreskog K G,Sörbom D. LISREL 7:A Guide to the Program and Applications. Chicago:Spss,1989.

[38]Stern P C,Oskamp S. Managing Scarce Environmental Resources[J]. Handbook of Environmental Psychology,1987,2:1043-1088.

[39]Stern P C. New Environmental Theories:Toward a Coherent Theory of Environmentally Significant Behavior[J]. Journal of social issues,2000,56(3):407-424.

[40]ReedII,Americus. Social Identity as a Useful Perspective For Self-Concept Based Consumer Research[J]. Psychology And Marketing,2002,19(3):1-32.

[41]Wooten,David B. One-of-a-Kind in a Full House:Some Consequences of Ethnic and Gender Distinctiveness[J]. Journal of

Consumer Psychology,1995,4(3):205-224.

[42]Sirgy,M. Joseph. Self-Concept in Consumer Behavior: A Critical Review[J]. Journal of Consumer Research,1982,9:287-300.

[43]Grubb,E. L.,Grathwohl,H. L. Consumer Self Concept,Symbolism,and Market Behavior: A Theoretical Approach[J]. Journal of Marketing,1967,31:22-27.

[44]Belk. Possessions and the Extended Self"Revisited"[J]. Journal of Historical Research in Marketing,1988,7(2):184-207.

[45]Forehand,M. R.,Deshpande,R.,Reed,A. Identity Salience and the Influence of Differential Activation of Social Self-schema on Advertising Response[J]. Journal of Applied Psychology,2002,87:1086-1099.

[46]Kassarjian,Harold H. and Thomas S. Robert-son. Perspectives in Consumer Behavior[M]. 3rd Edition,Glenview,IL: Scott,Forsman,and Company,1981.

[47] Osterhus,Thomas L. Pro-Social Consumer Influence Strategies: When and How Do They Work? [J]. Journal of Marketing,1997,61(4):16-29.

[48]Fisher Robert J.,Price,Linda L. An Investigation into the Social Context of Early Adoption Behavior[J]. Journal of Consumer Research,1992,19(3):477-486.

[49]Bearden,W O,Netemeyer,R G,and Teel,JE. Measurement of Consumer Susceptibility to Interpersonal Influence[J]. Journal of Consumer Research,1989,15(2):473-481.

[50]Lord,K R,Lee,M,and Choong,P. Differences in Normative and Informational Social Influence[J]. Advances in Consumer

Research,2001,28(1):280-285.

[51]Reed A., and Forehand M., Social Identity and Marketing: An Integrative Framework. Unpublished, Wharton School of Business, University of Pennsylvania, 2003.

[52] Allen, Vernon L. Situational Factors in Conformity, in Advances in Experimental and Social Psychology[J]. 2rd Edition. Leonard Berkowitz. New York. NY: Academic Press. 1965.

[53]Lascu, Dana Nicoleta, William O. Beardenand Randall L. Rose. Norm Extrmity and Interpersonal Influences on Consumer Conformity[J]. Journal of Business Research,1995,32(3):201-212.

[54]Hedlund T, Marell A, Garling T. The Mediating Effect of Value Orientation on the Relationship between Socio-Demographic Factors and Environmental Concern in Swedish Tourists' Vacation Choices[J]. Journal of Ecotourism,2012,11(1):16-33.

[55] Dholakia R R, Uusitalo O. Switching to Electronic Stores: Consumer Characteristics and the Perception of Shopping Benefits[J]. International Journal of Retail & Distribution Management,2002,30(10):459-469.

[56]Hawkins D I, Roger J. Best, Kenneth A. Coney. Consumer Behavior, Building Marketing Strategy[M]. Irwin: McGraw-Hill,2004.

[57]Ashforth, B. E., Mael, FA. Social Identity Theory and the Organization[J]. Academy of Management Review, 1989, 14: 20-39.

附录 1

赛事认同量表修订专家咨询评议表（第一轮）

编号：_____   调查时间：_____

尊敬的专家：

您好！鉴于您的学识和成就，诚挚邀请您参加我们的专家调查！

首先，非常感谢您能参加我们这项研究的德尔菲法（Delphi）专家调查，感谢您在百忙中抽出时间来完成问卷填写工作，我对您所付出的辛勤劳动表示最诚挚的谢意！

本次专家调查目的是通过集合体育及相关领域专家、学者和实践工作者的意见，修订赛事认同量表。预计进行 2—3 轮调查。请您按照填答要求进行填答，答案无所谓正确与否，只要是您的真实意见即可。您的意见对本人的研究很重要。

本量表的修订基于《赛事认同对球迷消费行为影响研究》的需要。沿着"个体"（球迷）—"群体"（球迷协会或相关组织）—"赛事"（社会文化、体育文化、地域文化的集合或融合）的主线展开分析。以群体层面为出发点，开展赛事认同影响因素的分层分析，把"群体"作为一个中间转换器，进行双向影响，即互动研究。

本次问卷调查结果仅为学术研究之用，我们将对您所填写的

附录1 赛事认同量表修订专家咨询评议表(第一轮)

内容严格保密,不会对您个人的工作或生活带来任何影响。

由于时间紧迫,请您最好能在2月26日前将填好的问卷发到邮箱。再次向付出辛勤劳动的您表示万分的感谢!并真诚期待您对本研究的任何建议与意见。

球迷赛事认同量表修订的相关背景材料

1. 简介

本研究以赛事认同对球迷消费行为影响为课题,以辽宁中超联赛球迷消费行为为例展开研究。试图在社会认同对消费行为影响研究的基础上,进一步将体育赛事与球迷消费行为紧密结合,将球迷消费行为的出发点具体定位至对体育赛事的认同,并对赛事认同研究的必要性与可行性进行分析。与此同时,还应对赛事组织方予以关注,对球迷需求的感知,了解球迷所在地域的社会文化、经济发展水平、球迷消费偏好和特征等,以更好地打造赛事文化,积极、能动地引导和影响球迷的消费行为。在此基础上,首先,沿着"个体"(球迷)——"群体"(球迷协会或相关组织)——"赛事"(社会文化、体育文化、地域文化的集合或融合)的主线展开分析,以群体层面为出发点,开展赛事认同影响因素的分层分析,把"群体"作为一个中间转换器,进行双向影响,即互动研究;其次,梳理赛事认同影响球迷消费行为的调节因素,从相互影响的过程中,分析出来到底哪些因素是主要因素,进行赛事认同对球迷消费行为影响研究的实证检验;最后,对赛事认同影响球迷消费行为的机理及干预策略进行深层次理论探析,从而为赛事主办、产品营销和球迷管理等,提供建设性建议。

赛事认同主要体现为球迷对中超联赛的认同。拟从球迷个人

附录1 赛事认同量表修订专家咨询评议表(第一轮)

身份认同、群体社会认同、赛事本体认同、赛事文化认同和球迷消费认同五个方面搭建中超联赛赛事认同的研究框架。以球迷个体、群体为赛事认同的主体,以赛事本体价值为赛事认同的客体,以赛事文化为赛事主客体互动的媒介,以球迷的实际消费行为为赛事认同的结果。

2. 量表相关问题条目的由来

通过文献综述研究,本人总结出赛事认同相关的影响因素主要包括个体因素、群体因素、赛事因素与文化因素等四个部分,故拟将赛事认同量表划分为四个维度。其中,个体因素包括个人认知、情感、行为及环境四个指标;群体因素包括群体的共同目的、隶属需要、共同兴趣、压力情境及群体的工具作用五个指标;赛事因素包括中超联赛的公共价值与市场价值两个指标;文化因素包括物质文化、制度文化、行为文化和心态文化四个指标。

通过与国内外专家沟通交流,借鉴国外现有的体育认同量表(Points of Attachment Index)、体育消费动机量表(Scale for Motivators of Sport Consumption)、身份认同量表(AIQ-IIIx)等量表,以及综合国内专家有关赛事相关研究内容与调查项目。在此基础上,以"请您描述您对中超比赛的认同包括什么"为核心问题,通过网络版和纸质两种方式发放和回收开放式问卷,并通过开放的结构性访谈,初步筛选出109个球迷中超联赛赛事认同相关条目。经过归纳整理,初步将所有量表条目纳入球迷赛事认同的四个研究维度与十五个指标中。

3. 相关概念解释

3.1 社会认同

社会认同是群体认同和社会分类这两个过程互动的产物。泰弗尔(Tajfel)将社会认同定义为:"个体认识到他属于特定的社会群体,同时也认识到作为群体成员带给他的情感和价值意义。"吉登斯(Giddens)认为,社会认同指涉个体或者群体对各种社会现象、文化、群体的认识，以及在这些认识和自我认同基础上将自己划归到某一群体，并对所归属群体产生认同的过程。

3.2 消费认同

随着消费社会的到来，人们的身份认同越来越受到消费的影响，消费正在成为社会分层的一个重要指标。消费社会学者对消费认同的概念进行了界定，即人们通过消费方式来表达自己与他人或社会群体之间的同一性或差异性，将自己归属于特定的社会群体，从而对自己进行社会定位和归类。

3.3 赛事认同

在社会认同与消费认同研究的基础上，尝试对赛事认同概念的探索。笔者以足球球迷消费的视角，提出赛事认同成为球迷在现代社会中建构认同的重要方式，认为赛事认同是球迷通过特殊的体育消费方式——赛事消费来表达个人身份以及球迷群体组织的特殊性，进一步通过与赛事品牌、目的、行为、球迷群体规范、身份辨识能力等方面形成关联，以此将自己划归为特定的球迷群体，以实现球迷个体与球迷群体、赛事品牌、赛事环境以及赛事文化等方面的对接，并最终实现其社会定位和归类。从当前学术研究的现状来看，对赛事认同的关注和研究目前仍处于起步阶段，在学术界具体研究中，目前并无统一的规范性定义和特征描述。本研究拟从球迷角度，对中超联赛的赛事认同框架做出探索性研究。

您的基本情况（在相对应的位置打"√"即可）：

您的年龄	40岁以下	40—49岁	50—59岁	60岁及以上
文化程度	本科	硕士	博士	

附录1 赛事认同量表修订专家咨询评议表(第一轮)

续 表

工作性质	教学科研	行政管理	赛事运作实务		
专业技术职称	正高级	副高级	处级	处级以下	
您对中超联赛的熟悉程度	很熟悉	较熟悉	一般	较不熟悉	不熟悉
您对足球球迷的熟悉程度	很熟悉	较熟悉	一般	较不熟悉	不熟悉

赛事认同量表

一、本部分测量您对球迷个体因素与赛事认同关系程度的判断,答案无关对错,根据您的实际判断,请表明您对每一个项目的认同程度,在相对应的位置打"√"。

		不重要	较不重要	一般	较重要	很重要
一、个体因素						
指标1:认知						
题号	项 目					
1	我认为中超比赛的球迷是个特殊的群体					
2	我为能成为中超联赛的球迷而感到荣幸					

续 表

		不重要	较不重要	一般	较重要	很重要
3	我认为中超比赛是国内水平最高、职业化前景最好的足球赛事					
4	我认为中超比赛与足球发达国家联赛差距很大					
5	成为一名足球球迷,对我很重要					
6	成为辽宁足球队的球迷对我很有意义					
7	我的球迷身份反映着我的社会身份					
指标2:情感						
题号	项　目					
8	成为中超球迷表达着我的足球情结					
9	当看到中超足球比赛宣传时,我会很兴奋					
10	跟其他比赛相比,我更喜欢观看中超比赛					
11	如果中超比赛取消了,我会很舍不得					
12	作为球迷观赛,可以提升我对公共道德的认知					
13	作为球迷观赛,我感觉自己的价值得到提升					
14	每次观看辽宁队比赛,我都充满激情					
15	每次观看辽宁队比赛都增强我的自豪感					
指标3:行为						
题号	项　目					
16	和孩子、妻子一起看中超,成为一种家庭娱乐活动					

附录1 赛事认同量表修订专家咨询评议表(第一轮)

续 表

题号	项 目	不重要	较不重要	一般	较重要	很重要
17	我希望通过看比赛,结识更多的球迷朋友					
18	我很高兴能够为自己喜欢的球队加油、呐喊、助威					
19	现场观赛是我对中超比赛支持的表达方式					
20	我会在观看中超比赛过程中,充分发泄情绪					
21	当辽宁队取得好成绩,我会很兴奋					
22	作为球迷,我会购买中超联赛相关的产品					
指标4:环境						
题号	项 目					
23	我认为中国足球的环境正处于由坏转好的趋势中					
24	当前国内足球发展环境让我更坚定地成为一名足球球迷					
25	我认为中超联赛发展的大环境愈发良好					
26	跟比赛成绩相比,我更喜欢体验、感受赛场热烈氛围					
27	我认为中超比赛坚持公平性很重要					
28	成为辽宁队的球迷因为辽宁人非常喜欢足球					
29	成为中超的球迷是因为周围人都喜欢足球					

如果您有更好的建议,请写在下面,我们衷心欢迎您的指导!

二、本部分测量您对球迷群体因素与赛事认同关系程度的判断,答案无关对错,根据您的实际判断,请表明您对每一个项目的认同程度,在相对应的位置打"√"。

		不重要	较不重要	一般	较重要	很重要
二、群体因素						
指标1:共同目的						
题号	项 目					
30	中超的发展离不开球迷的大力支持					
31	作为球迷,都期盼中超的发展越来越好					
32	我在用球迷的实际行动支持中超发展					
33	中国队打进、夺得世界杯是我们共同的梦想					
34	球迷共同的心愿就是共享足球带来的快乐					
35	我认为关注中超就是关注辽宁队					
指标2:隶属需要						
题号	项 目					
36	每次到比赛现场看球,像是回到家一样					
37	如果能成为球队球迷俱乐部的一员,我感到很幸运					
38	我很担心受到球迷组织成员的不理睬或排斥					
39	我认为比赛现场中支持同一支球队的球迷是一家人					
40	我认为球迷的身份让我们与其他人区分开来					

附录1 赛事认同量表修订专家咨询评议表(第一轮)

续 表

题号	项 目	不重要	较不重要	一般	较重要	很重要
41	成为球队的球迷俱乐部的一员让我享受到一种优越感					
42	成为辽宁队的球迷一员,让我找到了有组织的感觉					
	指标3:共同兴趣					
题号	项 目					
43	现场观赛时,我对高品质的物质享受不怎么关注					
44	我们都是因为喜欢足球而成为中超球迷的					
45	我很愿意与其他球迷聊中超比赛					
46	我喜欢与其他球迷一起观看中超比赛					
47	我喜欢与其他球迷一起庆祝主队的胜利					
48	如果让我加入球队的球迷团体,是因为它所坚持的观点、价值观					
49	我认为辽宁足球球迷代表着辽宁人的性格					
	指标4:压力情境					
题号	项 目					
50	中国足球成绩差,更驱使我成为球迷群体的一员					
51	工作与生活的压力大、乏味使我成为球迷群体的一员					

续 表

		不重要	较不重要	一般	较重要	很重要
52	中超联赛的水平低使得球迷的团体缺乏凝聚力					
53	中超赛事办得不好使得球迷规模有限					
54	辽宁队的实力弱让辽宁球迷更团结					
55	辽宁经济的不景气使得球迷规模有限					
	指标5：群体的工具作用					
题号	项　目					
56	一起观看中超比赛，可以为我提供暂时摆脱生活压力的机会					
57	除了一起看球外，我与其他球迷之间还常有一些非正式的集体活动					
58	当我所熟悉的球迷朋友面临生活上的困难时，我愿意不求回报地帮助他们					
59	观看中超比赛时，我喜欢与别人进行社会交往					
60	我往往很信任我们球迷俱乐部中的球迷朋友					
61	一起观看辽宁队比赛，让我更加热爱我们的城市了					

如果您有更好的建议，请写在下面，我们衷心欢迎您的指导！

附录1 赛事认同量表修订专家咨询评议表（第一轮）

三、本部分测量您对赛事因素与赛事认同关系程度的判断，答案无关对错，根据您的实际判断，请表明您对每一个项目内容的认同程度，在相对应的位置打"√"。

		不重要	较不重要	一般	较重要	很重要
三、赛事因素						
指标1：公共价值						
题号	项目					
62	我认为中超比赛使举办地居民各方面水平有所提高					
63	我认为中超比赛可促进中国足球的发展					
64	我认为中超比赛能使居民获得休闲机会					
65	我认为中超比赛可以增强居民体育健身意识					
66	我认为中超比赛能为居民提供学习足球运动技能与文化的机会					
67	我认为中超比赛对举办城市知名度和形象有提升					
68	中超比赛的良性发展可以提升国家、民族凝聚力					
69	中超比赛促使足球运动成为一种社会时尚					
70	中超比赛的公平、公正可以促进社会道德水平的提高					
71	中超联赛会为辽宁百姓提供了更实惠的公共体育服务					

续　表

		不重要	较不重要	一般	较重要	很重要
72	中超联赛的良好发展可以培养公民的爱国情感					
73	中超联赛的良性发展使得球迷对中国足球充满信心					
74	中超联赛的良性发展会培养积极向上的公民					
75	中超联赛的良性发展会提升公民的团队					
指标2：市场价值						
题号	项　目					
76	中超联赛对举办城市的经济发展有巨大的促进作用					
77	中超联赛可以刺激更多的体育消费					
78	我认为中超比赛给举办地带来新的消费额					
79	中超联赛的发展会使得越来越多的球迷到现场消费					
80	中超联赛会发展成为最值钱的国际足球品牌					
81	我认为中超比赛可以促进足球产业的发展					
82	中超联赛有助于促进辽宁整体经济的发展					
83	我认为中超会创造出中国的金牌球市					

如果您有更好的建议，请写在下面，我们衷心欢迎您的指导！

附录1 赛事认同量表修订专家咨询评议表（第一轮）

四、本部分测量您对文化因素与赛事认同关系程度的判断，答案无关对错，根据您的实际判断，请表明您对每一个项目内容的认同程度，在相对应的位置打"√"。

		不重要	较不重要	一般	较重要	很重要
四、文化因素						
指标1：物质文化						
题号	项目					
84	我几乎不了解中超的官方标识					
85	我对中超赛场硬件设施很满意					
86	我认为中超赛场的草皮质量不好					
87	我认为中超比赛的电视转播效果不好					
88	我认为辽宁队主场的观赛环境有待改善					
89	我认为辽宁队主场城市选择应周全考虑					
指标2：制度文化						
题号	项目					
90	我几乎不了解中超比赛的办赛理念					
91	我几乎不了解联赛的管理制度					
92	我认为中超比赛的发展受足协、体育总局的影响较大					
93	我认为中超比赛的发展受国家政治影响较大					
94	我认为中超比赛的发展受经济影响较大					
95	我认为中超比赛的发展受裁判影响较大					
96	我认为辽宁队的成绩受经济影响较大					

续表

		不重要	较不重要	一般	较重要	很重要
指标3：行为文化						
题号	项目					
97	我认为中超球员的整体文化素质不高					
98	我认为中超球员的行为举止、职业素养有待改善					
99	我认为赛场娱乐活动（啦啦队、中场休息活动等）应增强					
100	我认为中超联赛赛场整体氛围不错					
101	我认为赛场的口号、助威语、加油歌有待改善					
102	我认为中超的宣传不到位					
103	我认为中超比赛的精彩程度不高					
指标4：心态文化						
题号	项目					
104	中超联赛承载着中国足球运动的希望					
105	中超联赛可以使我获得观看足球的艺术享受					
106	观看中超联赛是我消遣娱乐的一种方式					
107	支持中超联赛是我支持中国足球的一种方式					
108	观看中超比赛可以提高我的审美情趣，陶冶情操					
109	辽宁足球赋予我更深刻的文化身份					

如果您有更好的建议，请写在下面，我们衷心欢迎您的指导！

附录 2

赛事认同量表修订专家咨询评议表（第二轮）

编号：_____   调查时间：_____

尊敬的女士/先生：

您好！

首先，再次感谢您能参加我们这项研究的德尔菲法（Delphi）专家调查，感谢您在百忙中抽出时间来完成问卷填写工作，我对您所付出的辛勤劳动表示最诚挚的谢意！

本量表的修订基于《赛事认同对球迷消费行为影响研究》的需要。沿着"个体"（球迷）—"群体"（球迷协会或相关组织）—"赛事"（社会文化、体育文化、地域文化的集合或融合）的主线展开分析。以群体层面为出发点，开展赛事认同影响因素的分层分析，把"群体"作为一个中间转换器，进行双向影响，即互动研究。

在您的热情支持下，第一轮专家咨询已顺利完成。在此，我们向付出宝贵时间和辛勤劳动的您表示万分的感谢！第一轮专家的积极系数是 100%，很多专家除了认真填写各项表格外，还对指标体系设计提出了建设性意见。

通过对第一轮回收咨询表的统计分析，并综合各专家的意见，对赛事认同量表进行认真修改，形成第二轮专家咨询表，本次咨询的主要目的是再次考量本量表的内容效度。所有填答问题我们只用于研究分析，恳请各位专家放心填答，不要出现漏答。您的意见对本人的研究很重要。

由于时间紧迫，恳请您在繁忙事务中抽出时间填答咨询表并尽快反馈。再次向付出辛勤劳动的您表示万分的感谢！并真诚期待您对本研究的任何建议与意见。

祝您工作顺利！身体健康！

附录 2　赛事认同量表修订专家咨询评议表（第二轮）

第二轮专家咨询填表说明

1. 第一轮专家意见说明

在第一轮专家咨询中，多位专家对指标体系提出了建议，如有的专家提出"量表是球迷对中超联赛整体的认同情况，不应局限于辽宁城市球队"。因此，根据专家建议，第二轮量表指标内容中将辽宁城市区域性去除。

此外，很多专家对指标项目的增减问题也提出了实质性建议，经过认真分析，本文采纳了专家的大部分意见，具体体现在对量表指标项目的删除方面。

2. 指标体系修改情况

根据第一轮专家咨询的结果，综合考虑以下几个方面的因素，包括专家关于指标内容重要性的评分结果（算术均数、标准差等）、临界比率、各维度的因子载荷情况、专家所提出的合理建议、所选指标与球迷对中超联赛认同的紧密程度以及指标之间的相互替代性等，我们对量表指标内容草案进行了一定的修改，形成了第二轮专家咨询问卷。

（1）删除的指标

项目分析：

第一轮专家咨询时提供的量表三级指标项目共 109 项，通过第一轮专家评分统计，分别计算出每一指标项目的算数平均数与标准差。

首先,对量表的项目进行项目分析,求出每一维度下每一题项的"临界比率(CR值)",求出高、低两组专家意见在每题得分平均数差异的显著性检验,如果题项的CR值达显著性水平,即表示每个题项能鉴别不同受试者的反应程度,则据此判定题项是否剔除。本研究项目分析,采用的是27%为高低分依据,结果显示,该量表中4个维度中共18个题项未达显著水平($P>0.05$),在这里可考虑剔除。

探索性因素分析:

首先,我们对该量表进行了取样适当性量数及球形检验,结果,KMO值等于0.624,球形检验的卡方值为684.463,并达到显著水平($P<0.05$)。一般而言,KMO值小于0.5时较不易进行因素分析,在这里达到统计要求。依据塔巴赫尼卡(Tabachnica)与菲尔德(Fidell)(2007)提出的标准,当负荷量大于0.63,也就是该因素可以解释观察变量40%的变异量之时,是非常好的情况。从统计结果来看,根据量表总体条目数量大小调整与进行第二轮咨询的需要,截取负荷量大于0.63的题项,保留并修改成现在的65个指标项目量表。

(2)修改的指标

三级指标:

将"中超联赛的良性发展会提升公民的团队"改为"中超联赛的良性发展会提升公民的团队意识"

将"我认为关注中超就是关注辽宁队"改为"我认为关注中超就是关注家乡球队"

将"我认为辽宁队主场的观赛环境有待改善"改为"我认为中超联赛主场的观赛环境有待改善"

将"我认为辽宁队主场城市选择应周全考虑"改为"我认为中超联赛主场城市选择应周全考虑"

将"我认为辽宁队的成绩受经济影响较大"改为"我认为俱

附录 2　赛事认同量表修订专家咨询评议表（第二轮）

乐部的成绩受经济影响较大"

　　将"我认为中超联赛赛场整体氛围不错"改为"我认为中超联赛赛场整体氛围有待改善"

赛事认同量表修订（第二轮）

您的姓名：_____

您的工作单位：_____

您的基本情况（在相对应的位置打"√"即可）：

文化程度	本科	硕士	博士		
工作性质	教学科研	行政管理	赛事运作实务		
您的年龄	40多以下	40—49岁	50—59岁	60岁及以上	
专业技术职称	正高级	副高级	处级	处级以下	
您对中超联赛的熟悉程度	很熟悉	较熟悉	一般	较不熟悉	不熟悉
您对足球球迷的熟悉程度	很熟悉	较熟悉	一般	较不熟悉	不熟悉
您从事足球或赛事相关的研究与管理工作年限	5年以下	5—10年	11—15年	16—20年	20年以上

附录2 赛事认同量表修订专家咨询评议表（第二轮）

一、本部分测量您对一级、二级指标内容重要性的判断，答案无关对错，根据您的实际判断，请表明您对每一个项目的认同程度，在相对应的位置打"√"。

一级指标评价

指标属性	不重要	较不重要	一般	较重要	很重要
1. 球迷个体认同					
2. 球迷群体认同					
3. 赛事价值认同					
4. 赛事文化认同					

二级指标评价

指标属性	不重要	较不重要	一般	较重要	很重要
1.1 球迷个体认知					
1.2 球迷情感					
1.3 球迷行为					
1.4 赛事环境认知					
2.1 共同目的					
2.2 隶属需要					
2.3 共同兴趣					
2.4 压力情境					
2.5 群体的工具作用					
3.1 赛事的公共价值					
3.2 赛事的市场价值					
4.1 物质文化					

续 表

指标属性	不重要	较不重要	一般	较重要	很重要
4.2 制度文化					
4.3 行为文化					
4.4 心态文化					

二、本部分测量您对三级指标内容重要性的判断，答案无关对错，根据您的实际判断，请表明您对每一个项目的认同程度，在相对应的位置直接写明分数即可。

三级评价指标

一级指标	三级指标	第一轮专家咨询结果（因子载荷）	重要性（1—5）
	项 目		
1. 球迷个体认同	1. 成为中超球迷表达着我的足球情结	.874	
	2. 当看到中超足球比赛宣传时，我会很兴奋	.813	
	3. 成为一名足球球迷，对我很重要	.808	
	4. 现场观赛是我对中超比赛支持的表达方式	.783	
	5. 我很高兴能够为自己喜欢的球队加油、呐喊、助威	.701	
	6. 我会在观看中超比赛过程中，充分发泄情绪	.656	
	7. 和孩子、妻子一起看中超，成为一种家庭娱乐活动	.655	
	8. 当辽宁队取得好成绩，我会很兴奋	.932	
	9. 每次观看辽宁队比赛都增强我的自豪感	.915	

附录2 赛事认同量表修订专家咨询评议表（第二轮）

续 表

一级指标	三级指标	第一轮专家咨询结果（因子载荷）	重要性（1—5）
1. 球迷个体认同	10. 每次观看辽宁队比赛，我都充满激情	.912	
	11. 成为辽宁队的球迷因为辽宁人非常喜欢足球	.910	
	12. 成为中超的球迷是因为周围人都喜欢足球	.860	
	13. 成为辽宁足球队的球迷对我很有意义	.810	
	14. 作为球迷观赛，我感觉自己的价值得到提升	.665	
	15. 我认为中超比赛是国内水平最高、职业化前景最好的足球赛事	.735	
	16. 我认为中超联赛发展的大环境愈发良好	.654	
	17. 作为球迷观赛，可以提升我对公共道德的认知	.835	
	18. 作为球迷，我会购买中超联赛相关的产品	.781	
	项 目		
2. 球迷群体认同	19. 工作与生活的压力大、乏味使我成为球迷群体的一员	.886	
	20. 中国足球成绩差，更驱使我成为球迷群体的一员	.754	
	21. 如果让我加入球队的球迷团体，是因为它所坚持的观点、价值观	.643	
	22. 辽宁队的实力弱让辽宁球迷更团结	.850	
	23. 我认为关注中超就是关注家乡球队	.793	
	24. 我们都是因为喜欢足球而成为中超球迷的	.833	
	25. 现场观赛时，我对高品质的物质享受不怎么关注	.728	

续 表

一级指标	三级指标	第一轮专家咨询结果（因子载荷）	重要性（1—5）
2. 球迷群体认同	26. 中超赛事办得不好使得球迷规模有限	.847	
	27. 中超联赛的水平低使得球迷的团体缺乏凝聚力	.755	
	28. 辽宁经济的不景气使得球迷规模有限	.827	
	29. 每次到比赛现场看球，像是回到家一样	.808	
	30. 一起观看中超比赛，可以为我提供暂时摆脱生活压力的机会	.679	
	31. 成为球队的球迷俱乐部的一员让我享受到一种优越感	.788	
	项　　目		
3. 赛事价值认同	32. 中超联赛的良好发展可以培养公民的爱国情感	.860	
	33. 中超联赛的良性发展使得球迷对中国足球充满信心	.817	
	34. 我认为中超会创造出中国的金牌球市	.744	
	35. 中超联赛的良性发展会培养积极向上的公民	.649	
	36. 中超比赛已经促使足球运动成为一种社会时尚	.785	
	37. 中超比赛的公平、公正可促进社会道德水平的提高	.727	
	38. 中超联赛的良性发展会提升公民的团队意识	.668	
	39. 中超联赛对举办城市的经济发展有巨大的促进作用	.891	
	40. 我认为中超比赛可以促进足球产业的发展	.796	

附录2 赛事认同量表修订专家咨询评议表(第二轮)

续 表

一级指标	三级指标	第一轮专家咨询结果(因子载荷)	重要性(1—5)
3.赛事价值认同	41. 我认为中超比赛给举办地带来新的消费额	.695	
	42. 中超联赛可以刺激更多的体育消费	.630	
	43. 我认为中超比赛可以增强居民体育健身意识	.708	
	44. 中超联赛会发展成为最值钱的国际足球品牌	.681	
	45. 我认为中超比赛能给居民提供学习足球运动技能与文化的机会	.643	
	46. 中超比赛的良性发展可以提升国家、民族凝聚力	.866	
	47. 中超联赛有助于促进辽宁整体经济发展	.782	
	48. 我认为中超比赛使举办地居民各方面水平有所提高	.902	
项 目			
4.赛事文化认同	49. 观看中超联赛是我消遣娱乐的一种方式	.736	
	50. 中超联赛承载着中国足球运动的希望	.735	
	51. 中超联赛可以使我获得观看足球的艺术享受	.732	
	52. 观看中超比赛可以提高我的审美情趣,陶冶情操	.714	
	53. 我认为中超比赛的发展受足协、体育总局的影响较大	.669	
	54. 我几乎不了解中超比赛的办赛理念	.895	
	55. 我几乎不了解联赛的管理制度	.815	
	56. 我几乎不了解中超的官方标识	.698	

续　表

一级指标	三级指标	第一轮专家咨询结果（因子载荷）	重要性（1—5）
4.赛事文化认同	57. 我认为中超赛场的草皮质量不好	.666	
	58. 我认为中超联赛主场的观赛环境有待改善	.836	
	59. 我认为中超联赛主场城市选择应周全考虑	.770	
	60. 我认为中超球员的行为举止、职业素养有待改善	.804	
	61. 我认为中超联赛赛场整体氛围有待改善	.784	
	62. 我认为赛场娱乐活动（啦啦队、中场休息活动等）应增强	.723	
	63. 我认为中超比赛的发展受国家政治影响较大	.812	
	64. 我认为中超比赛的发展受经济影响较大	.740	
	65. 我认为赛场的口号、助威语、加油歌有待改善	.847	

附录 3

专家访谈提纲

1. 中超联赛的上座率世界排名第十位,超过日本 J 联赛,然而,中超联赛及各俱乐部的收入情况不佳,主要原因是什么?影响其赛事运作的主要因素包括哪些?

2. 中超联赛能否跻身世界知名联赛的行列?中超联赛如何提升其市场价值?

3. 2015 赛季前十轮中超联赛的场均上座率超过 2 万人,而辽宁宏运足球俱乐部的场均上座率只有 1 万人,影响辽足上座率的主要因素是什么?

4. 从公共体育发展角度看,我国足球中超联赛有没有什么特殊性?中超联赛如何兼顾其公共价值?

5. 辽宁足球球迷的消费结构是否合理?如何优化辽宁足球球迷的消费行为与结构?

6. 您认为是否应该加强球迷对中超联赛的赛事认同?如何加强?

附录 4

中超足球联赛球迷赛事认同与消费调查问卷

问卷编号：_____   调查时间：_____

尊敬的女士/先生：
您好！

  首先，非常感谢您能参加本次问卷调查！本次调查是一次学术研究，目的在于了解中超足球联赛球迷的赛事认同与消费行为。

  问卷的答案本身没有对错好坏之分，请您按照您的实际情况填写即可。

  本次问卷调查结果仅为学术研究之用，我们将对您所填写的内容严格保密，不会对您个人的工作或生活带来任何影响。

  再次感谢您所给予的大力支持！

附录4　中超足球联赛球迷赛事认同与消费调查问卷

第一部分　中超联赛球迷消费行为调查

A. 基本信息

1. 性别：　　A. 女　　　　　　B. 男
2. 年龄：
A. 18 岁以下　　B. 18—24 岁　　C. 25—34 岁
D. 35—44 岁　　E. 45—54 岁　　F. 55—64 岁
G. 65 岁及以上
3. 您的婚姻状况：　A. 已婚　　　B. 未婚
4. 受教育程度：
A. 初中及以下　　B. 高中/中专　　C. 大专或高职
D. 大学本科　　　E. 研究生及以上
5. 月收入水平为：
A. 无经济收入　　B. 2000 元以下　　C. 2000—3999 元
D. 4000—5999 元　E. 6000—7999 元
F. 8000—9999 元　G. 10000 元及以上
6. 职业类型为：
A. 技术专业人员　　B. 企事业单位人员　　C. 公司职员
D. 自由职业者　　　E. 政府机关人员　　　F. 学生
G. 军人　　　　　　H. 待业中　　　　　　I. 退休
J. 家庭主妇　　　　K. 其他
7. 您所在的城市：_____

B. 问卷内容（请在下列各题符合您的意见的答案上打"√"）

1. 您是足球球迷吗？　　　　　　A. 是　　B. 不是

2. 您是否参加中超联赛球迷团体？　　A. 是　　B. 否

3. 请问您关注中超联赛的时间（包括现场观看和电视转播观看）为：_____年（提示本赛季为中超联赛的第 **12** 个赛季）

4. 您观看中超联赛 电视转播 的频率怎样？

　　A. 基本不看　　　　B. 偶尔看　　　　C. 关注重大比赛

　　D. 经常看　　　　　E. 每轮必看

5. 您是否愿意成为辽宁足球俱乐部球迷协会的会员？

　　A. 很不愿意　　　　B. 不太愿意　　　　C. 一般

　　D. 比较愿意　　　　E. 非常愿意

6. 通常通过哪种方式获得中超联赛信息？

　　A. 报纸　　　　　　B. 电视　　　　　　C. 杂志

　　D. 网络　　　　　　E. 其他

7. 观看中超联赛的主要途径：

　　A. 电视　　　　　　B. 网络　　　　　　C. 现场看球

8. 请问您的足球运动参与情况为：

　　A. 不踢足球　　　　　B. 零星踢过几次，没有成为习惯

　　C. 每季度 1—2 次　　D. 每月 1—2 次　　E. 每周 1—2 次

9. 参加足球运动的花费主要包括（按主要次序选择排列）：

　　A. 足球装备　　　　B. 场地费　　　　　C. 交通费

　　D. 饮品　　　　　　E. 餐费

　　① ___　② ___　③ ___　④ ___　⑤ ___

10. 如果关注的球赛有付费转播的场所，是否愿意看？

　　A. 很不愿意　　　　B. 不太愿意　　　　C. 一般

　　D. 比较愿意　　　　E. 非常愿意

附录4　中超足球联赛球迷赛事认同与消费调查问卷

11. 您经常跟谁一起观看中超电视转播？（可多选）

A. 朋友　　　　　　　　　　　　B. 家人

C. 球迷俱乐部的球迷　　　　　　D. 其他

12. 您是否愿意到现场去观看中超比赛？

A. 很不愿意　　　　B. 不太愿意　　　C. 一般

D. 比较愿意　　　　E. 非常愿意

13. 您经常跟谁一起去现场看中超联赛？（可多选）

A. 朋友　　　　　　　　　　　　B. 家人

C. 球迷俱乐部的球迷　　　　　　D. 其他

14. 请问下述哪项描述和您的中超现场观赛行为最为相似？

A. 没有现场观赛经历　　　　　　B. 首次观赛

C. 每赛季会有偶尔场次的零星观赛

D. 拥有赛季套票，多数都会观看

E. 为主队忠实球迷，任何比赛都会看

15. 请问您去现场看球，购买的中超联赛球票票品为：

A. 年票　　　　　　B. 散票　　　　　C. 没买过

16. 请问您每年购买中超联赛球票大约花费为：

A. 没有花费　　　　B. 100元以内　　　C. 100—300元

D. 30—500元　　　　E. 500元以上

17. 请问您获得中超联赛球票的渠道是什么？（可多选）

A. 俱乐部官方网站　B. 票务代理网站　　C. 现场票房

D. 客户赠送　　　　E. 朋友赠送　　　　F. 赞助商活动赠票

G. 现场黄牛　　　　H. 其他（请注明）_____

18. 每次现场观看中超联赛，花费主要包括（按主要次序选择排列）：

A. 门票　　　　　　B. 纪念品　　　　　C. 交通费

D. 饮品　　　　　　E. 餐费

①_____　②_____　③_____　④_____　⑤_____

19. 除球票消费之外，您现场观赛年均其他消费额为：

A. 没有消费　　　　B. 300 元以内　　　C. 300—1000 元

D. 1001—3000 元　　E. 3000 元以上

20. 您听说过中超联赛官方特许商品及宣传吗？

A. 听说过　　　　　B. 没有　　　　　　C. 没注意

21. 您是否购买过中超联赛官方特许商品？

A. 是，纪念品为：_____　　　　　B. 否

22. 您是否愿意购买含有辽宁俱乐部标记的标志物或纪念品？

A. 很不愿意　　　　B. 不太愿意　　　　C. 一般

D. 比较愿意　　　　E. 非常愿意

23. 您对含有辽宁俱乐部标记的标志物或纪念品的评价为：

A. 很不好　　　　　B. 较不好　　　　　C. 一般

D. 较好　　　　　　E. 很好

24. 您对目前辽宁足球俱乐部提供服务（如主场观众环境条件，球迷服务等）的总体感觉是：

A. 不满意　　　　　B. 较不满意　　　　C. 一般

D. 较满意　　　　　E. 很满意

25. 制约您去现场看球的主要因素是什么？（可多选）

A. 主场距离较远　　B. 花费较大　　　　C. 比赛不精彩

D. 没有喜欢的球星　E. 主场氛围不好

F. 球场秩序不好　　G. 球场服务不好

H. 其他（请注明）_____

26. 您愿意继续支持中超联赛发展吗？

A. 很不愿意　　　　B. 不太愿意　　　　C. 一般

D. 比较愿意　　　　E. 非常愿意

附录4 中超足球联赛球迷赛事认同与消费调查问卷

第二部分 中超足球联赛球迷的赛事认同调查

根据您的实际判断,请表明您对每一个项目的认同程度,在相对应的位置打"√"。

球迷个体认同	不认同	较不认同	一般	较认同	很认同
1. 成为中超球迷表达着我的足球情结					
2. 当看到中超足球联赛宣传时,我会很兴奋					
3. 成为一名足球球迷,对我很重要					
4. 现场观赛是我对中超联赛支持的表达方式					
5. 我很高兴能够为自己喜欢的球队加油、呐喊、助威					
6. 当辽宁队取得好成绩,我会很兴奋					
7. 每次观看辽宁队比赛都增强我的自豪感					
8. 每次观看辽宁队比赛,我都充满激情					
9. 成为辽宁队的球迷因为辽宁人非常喜欢足球					
10. 成为辽宁足球队的球迷对我很有意义					
11. 我认为中超联赛是国内水平最高、职业化前景最好的体育赛事					
12. 我认为中超联赛发展的大环境愈发良好					
13. 我认为中超联赛不够精彩					
14. 作为球迷,我会购买中超联赛相关的产品					

续 表

球迷群体认同	不认同	较不认同	一般	较认同	很认同
15. 工作与生活的压力大、乏味使我成为球迷群体的一员					
16. 如果让我加入球队的球迷团体，是因为它所坚持的观点、价值观					
17. 辽宁球迷忠诚度与球队联赛成绩无关					
18. 成为辽宁队球迷的一员，让我找到了有组织的感觉					
19. 中超联赛的水平低使得球迷的团体缺乏凝聚力					
20. 辽宁经济的不景气使得球迷规模有限					
21. 每次到比赛现场看球，像是回到家一样					
22. 成为球队的球迷俱乐部的一员让我享受到一种优越感					

赛事价值认同	不认同	较不认同	一般	较认同	很认同
23. 中超联赛的良好发展可以培养公民的爱国情感					
24. 中超联赛的良性发展使得球迷对中国足球充满信心					
25. 中超联赛的公平、公正可促进社会道德水平的提高					
26. 中超联赛对举办城市的经济发展有巨大的促进作用					
27. 我认为中超联赛可以促进足球产业的发展					

附录4 中超足球联赛球迷赛事认同与消费调查问卷

续 表

球迷群体认同	不认同	较不认同	一般	较认同	很认同
28. 我认为中超联赛给举办地带来新的消费额					
29. 我认为中超联赛可以增强居民体育健身意识					
30. 中超联赛会发展成为最值钱的国际足球品牌					
31. 我认为中超联赛能给居民提供学习足球运动技能与文化的机会					
32. 中超联赛的良性发展可提升国家、民族凝聚力					
33. 中超联赛有助于促进辽宁整体经济与社会发展					
赛事文化认同	不认同	较不认同	一般	较认同	很认同
34. 观看中超联赛是我消遣娱乐的一种方式					
35. 中超联赛可以使我获得观看足球的艺术享受					
36. 观看中超联赛可以提高我的审美情趣,陶冶情操					
37. 我几乎不了解联赛的管理制度					
38. 我认为中超联赛主场的观赛环境有待改善					
39. 我认为中超联赛赛场整体氛围有待改善					
40. 我认为中超联赛的发展受国家政治影响较大					
41. 我希望越来越多的国际级球星加盟中超联赛					
42. 我认为中超联赛的发展受中国传统文化影响较大					

本问卷到此结束,谢谢您的填答。麻烦您再检查一下,您的意见十分宝贵,请不要漏答任何一题,由衷感谢您的配合与帮助!

后 记

本研究的过程充满了艰辛和困难,最后能够顺利完成得到了许多人的帮助,在此我要对他们表示由衷的感谢!

首先,我要感谢我的博士导师张贵敏教授。他勤勉认真、严谨治学,用自己的实际行动为我树立了榜样,让我懂得只有坚持不懈的努力和不计回报的付出才可能达到自己的学术目标和期望;而他对研究热点的敏锐捕捉、对研究方法的准确把握以及对研究过程的严谨要求,更是为我以后的科研工作指明了前进的方向。本研究是在张贵敏教授的悉心指导下完成的,从选题、撰写、审校到最终定稿,都凝结着他的智慧和辛劳。对于老师的支持与帮助,我必铭记于心并永远感恩。

其次,我要感谢上海体育学院经济管理学院教过我的各位老师。正是他们无私的传道授业解惑,我才能在学业上不断进步。尤其感谢张林教授、曹可强教授、李海教授、刘东锋教授、刘兵教授、陈锡尧教授、钟天朗教授、黄海燕教授在我毕业论文的开题、中期考核、预答辩等过程中提出的非常宝贵的意见。

感谢沈阳体育学院帮助过我的同事们,尤其是董传升教授、宛霞教授、于秀教授、林勇虎教授、于泉海教授、邹德新教授、斯力格教授、张璐教授、程公教授、陆雯副教授、郑非副教授、赵宏雯副教授、赵洪鹏副教授等在我研究过程中给我的指导与帮助。还要感谢足球教研室谭淼、李立峰、高明淇、张辉等几位老

后 记

师对我问卷调查的支持与帮助。

感谢上海体育学院 2012 级博士周战伟、费加明、张伟、王凯、陈瑜、陈斌、乔泽波、郇昌店等同学在我进行专家咨询期间所提供的支持与帮助。感谢在我进行问卷调查过程中众多朋友给予我的无私帮助。还要感谢我的师弟师妹们在我材料报送过程中给予我的热忱帮助。

感谢我的妻子！6 年间，她从女朋友变成妻子，一路携手走来，其间酸甜苦辣，自在心头。永远不能忘记的是，在任何选择和困难面前，我们的原则都是"同进同退"。尤其是在我攻读博士学位期间，无论是经济方面，还是心理方面，她都给了我莫大的支持。从第一个孩子的出生与抚养，到现在第二个孩子的孕育，她始终都在用实际行动诠释着对我及家庭的爱，我会永远铭记于心。这部书，也是献给我可爱的 4 岁女儿以及即将出生孩子的礼物。

感谢我的父母。尤其感谢我的妈妈在我攻读博士学位期间对家庭无微不至、无怨无悔的照料与付出，她是我心中最伟大的母亲。还要感谢我的岳父母，多年来默默支持我的学业与家庭，让我永怀感恩之心，终生铭记。